自学的方法

基于25年服务15000个家庭经验的自学类优质图书

[美]朱莉·鲍嘉 Julie Bogart 著

THE

BRAVE

LEARNER

Finding Everyday Magic in Homeschool, Learning, and Life

中国青年出版社

图书在版编目（CIP）数据

自学的方法：基于25年服务15000个家庭经验的自学
类优质图书 / (美) 朱莉·鲍嘉著；邓林园，王婧怡译.
北京：中国青年出版社，2025. 5. -- ISBN 978-7-5153-
7769-8

Ⅰ. G78

中国国家版本馆CIP数据核字第2025PK5120号

The Brave Learner: Finding Everyday Magic in Homeschool, Learning, and Life
Copyright © 2019 by Julie Bogart
All rights reserved including the right of reproduction in whole or in part in any form.
This edition published by arrangement with TarcherPerigee, an imprint of Penguin Publishing Group, a division of Penguin Random House LLC.
Simplified Chinese translation copyright © 2025 by China Youth Press.
All rights reserved.

自学的方法：
基于25年服务15000个家庭经验的自学类优质图书

作　　者：[美]朱莉·鲍嘉

译　　者：邓林园　王婧怡

策划编辑：刘　吉

责任编辑：刘　吉

美术编辑：杜雨萃

出　　版：中国青年出版社

发　　行：北京中青文文化传媒有限公司

电　　话：010-65511272 / 65516873

公司网址：www.cyb.com.cn

购书网址：zqwts.tmall.com

印　　刷：大厂回族自治县益利印刷有限公司

版　　次：2025年5月第1版

印　　次：2025年5月第1次印刷

开　　本：787mm×1092mm　　1/16

字　　数：180千字

印　　张：20.5

京权图字：01-2024-3858

书　　号：ISBN 978-7-5153-7769-8

定　　价：69.00元

版权声明

献给诺亚、约翰娜、雅各布、利亚姆和凯特琳
——那些教我如何学习的人

献给我的母亲
——那个教我如何去爱的人

世界上没有比家更好的地方了
——多萝茜，《绿野仙踪》主人公

CONTENTS
目　录

FOREWORD
序　言

　　我与"在家上学"已经有几十年的渊源了——最初我自己是在家上学的学生，后来我成了4个在家学习的孩子的妈妈（我写这篇文章时，他们的年龄在18岁到28岁）。在那段时间里，我非常努力地培养孩子们的学习热情，但直到在家上学之旅接近尾声时，我才意识到这是多么不可能的事。

　　我们无法创造对教育的热爱，就像创造力自身或浪漫的爱情一样，学习热情是一种神秘的内生行动；我们无法从外部灌输它，就像我们无法控制一个青少年希望渺茫的初恋一样。

　　这么多年的经历终于让我明白，作为一名家长，作为一名家长老师，我的工作不是说服我的孩子爱上语法、数学、历史或科学（谢天谢地，因为正如作者朱莉用智慧和必要的幽默指出的，这是不可能发生的）。相反，我们的任务是提供一个富含氧气的环境，让孩子们燃起新的兴趣、进入充实的生活：也就是说，提供一个丰富的、多样的、精彩的环境，让孩子们能够找到自己的道路，进入有意义、有挑战的成年生活。

　　这就是本书所要解决的问题：为了给孩子们提供真正需要的东西，我们作为父母可以采取的态度、方法和策略，也即书中所言"让有魔力的学习热情爆发的环境条件"。对于以标准为驱动、以结果为导向、过于短视地关注考试成绩和大学申请的教育体系来说，这是一种迫切需要的理念层面的纠偏。

这本书有一个宏大的理念设想，旨在把孩子培养成独特的、古怪的，甚至有时令人发狂的，但总是有魔力的家庭成员；同时它也具有实用性——项目清单、操作步骤和思维实验，这些都是对理念的应用至关重要的脚手架。作者朱莉不只是告诉你孩子们应该接触看待事物的不同方式，她还建议购买双筒望远镜、珠宝专用放大镜、3D眼镜和万花筒，这样你就可以从身体行动上改变他们看东西的方式，让他们与更普遍的感知建立联系。朱莉不会简单地告诉你培养青少年的学习独立性有多重要，她会给你一张找寻学习机会的清单，让你在自己生活的区域进行调查，从而帮助你的孩子走上独立学习之路。为了唤醒孩子们对艺术的兴趣，朱莉不仅给你提出在手边准备"一大堆物品"的建议，她还会列一个丰富的物品清单，你可以直接带它去大超市采购。

朱莉也没有忘记，孩子并不总是和我们待在一起——在家上学的阶段与我们的一生相比是短暂的。当你读完本书时，你会意识到自己不仅仅是在重新评估孩子的学习风格，你也开始重新评估自己了。正如朱莉所写，"知道你是谁，知道什么能给你带来比孩子更大的快乐，这会在在家上学的旅程结束时给你带来慰藉和乐观。不仅如此，在家上学还会让你做出你注定要做出的贡献"。

这是一本很有价值的教育手册，我真希望我在孩子还小的时候就能拥有一本（朱莉的孩子们当时也很小，她从教育孩子中提炼的智慧来之不易）。而且它还不止于此。这是一本关于如何活在当下、如何在日常劳动中找到生活的即时乐趣的入门指南——即使在孩子似乎对任何事情都不感兴趣的日子里（可能是几周，也可能是几个月）。

这也是现实生活，"勇敢的学习者"不会退缩，朱莉会给你带来接受现实的勇气，让你心平气和，让你充满活力，然后怀着自己和孩子都会好起来的坚定信念，静待花开。

——苏珊·怀斯·鲍尔

《扎实的头脑》的作者

INTRODUCTION
引 言

　　这个世界充满了奇迹，只是我们早已司空见惯，以至于将它们视为理所当然。

——汉斯·克里斯汀·安徒生，丹麦童话作家

　　在开始阅读正文内容之前，请给自己倒一杯咖啡或茶，把阅读灯调整到合适的位置和光线，让自己保持舒服的姿势，我会等着你。准备好了吗？

　　在温暖、舒适的氛围中，让我们来面对教育孩子的艰巨任务。我邀请你加入我的寻宝游戏，寻找已经在家庭中发挥作用的日常魔法。在这本书中，我为你提供了一种亲切、温和的方法来养育、在家教育你的孩子——这是个助你实现梦想的行动计划。试想一下，你的孩子将会主动学习古代历史、拉丁语语法或者如何给花园施肥。你不用担心孩子玩太久电子游戏或看太久电视，那会是什么样子？试想一下，你知道如何消化糟糕的一天。暂停一下——你看到了一个孩子兴奋地想和你分享写作的渴望，另一个孩子在享受练习代数方程的努力。假设到了一学年结束的时候，孩子和你分享快乐的学习记忆，享受待在一起的时刻，取得了显而易见的学习进步。

这种感觉不是很好吗？

对教育孩子这件事感觉这么好，是有可能做到的。

我在这里，正是为了帮助你在日常生活中获得更多这样的感觉。

我遇到的每一位家庭教师和家长，都会提到同一个追求："我只想让我的孩子热爱学习。"我也一样。我有5个已经成年的孩子，在17年时间里，我一直带着同样脆弱的心愿在家教育他们，常会在课程、教育理论、在家上学理念之间来回挣扎。我似乎总是慢半拍——好像我永远也赶不上别人的脚步。

在任何一个理念体系的核心，对学习的热爱都被认为是打开宝贵教育财富的神奇钥匙。然而，谁会说自己能够运用它呢？当我开始我的在家教育之旅时，我想象着我的"爱学习的孩子"会觉醒，从楼梯上冲下来，扑向数学书，宣布："我迫不及待地要学分数运算了！"我敢和你打赌——这种情景从来没有出现过，一次也没有。

在我多年的在家教育历程中，"热爱学习"的美好愿景屡屡发生变化——有可能它意味着孩子们的学习热情能像魔力一样教他们学会语法；有可能它意味着我能找到一个让孩子们爱上学几何的技巧；有可能它意味着我们从古希腊一直学下去，直到孩子们沉迷于自学历史知识。我想知道，古典教育模式是不是对的，或者我是不是应该全力支持非学校教育（它的诱人之处在于，认为孩子们可以在没有正式指导的情况下学会他们需要知道的一切）。我问自己：有什么办法能让孩子们因为求知欲而努力学习他们不知道的东西？

我们将视线转向传统的学校科目，热爱和学习似乎是无关的。在日复一日的教学和家庭作业中变得疲惫不堪的父母，已经不再尝试让课程变得"好玩"或"有趣"。教育像是同时抛接好几颗鸡蛋的杂耍：监督好几个孩子做不同进度的习题，一个蹒跚学步的孩子在厨房墙上涂鸦，一个婴儿往地上吐唾沫。

"热爱学习"背后的核心思想是，孩子会发现挑战做某项任务足够有趣，并坚持下去，直到熟练掌握它。一个显而易见的问题是：我们如何从现状到达理想状态？在孩子的混乱、父母的自我怀疑、流感风暴和通行的学习标准之间，对学习的热爱能茁壮成长吗？答案是肯定的，它可以。

在家教育事业的核心是，相信家长是足够优秀的——你的精力、智谋、创造力和热情足以满足你的孩子。20多年来，我有幸直接与数千个在家教育的家庭合作过。我钦佩这些家长的勇气、责任心和韧性。我（通过我的"勇敢的作家"项目）指导他们教孩子写作，（通过家庭学校联盟）指导他们的在家教育。

我发现家长们对自己很苛刻，即使是那些在别人看来很有能力的人，也会忧心忡忡，受困于"更多、更不同、更先进"的恶性循环。在家上学的家长花更多的钱、改用不同的课程、采用更先进的教育理念，试图以此来消除担忧，然后他们用和以前一样的标准来评估结果，最后还是和以前一样担心——陷入新一轮"更多、更不同、更先进"的恶性循环中。

解决方案不在于学习材料或教育理念。相反，要想在在家教育中体验到快乐、平和、进步，需要一种范式的转变——改变我们看待和规划家庭学校的标准。在过去的几十年里，我一直沉迷于在教育孩子时检验学习理论，以及见证世界各地的在家上学的家庭做同样的事。在这本书中，我为你提供了包括我家在内的众多家庭所接受的在家教育法则和实践经验，这些法则和实践经验将帮助你在学习中获得更多的热爱，并在努力的同时更加宽容自己。

创建一个更友善、更亲和的家庭学校的关键，是关注我们忽视的细节——家庭的舒适、自然学习的法则，以及亲子间亲密关系的柔情。抛弃传统的评价方法——年级水平、学习范围、学习顺序、共识标准，这需要勇气。孩子很自然地就会这样做，不管被什么主题的内容吸引，他们都敢于相信自己可以学任何想学的东西。然而父母们却犹豫不决，我也一样。我想知道：我怎样才能确保我的孩子学到了他们应该学的东西？你必须勇敢地学着以一种新的方式来看待和实施教育，相信你的孩子会顺利到达成年的彼岸，做好准备迎接他们的未来。

几年前，在直播刚刚兴起的时候，我做了一个主题为"有魔力的教育"的小演讲，在其中谈到了蜡烛和信任，眼神交流和幽默感，可预测的常规活动和盛大的惊喜，发现孩子的热情和兴趣中潜藏的学校科目，有勇气重新想象教育的模样。我解释了研究结果：孩子们已经开始学习了，父母是最能有效地引导和扩展孩子自然学习倾向的人。学习过程中的魔力法则，吸引了成千上万的在家教育者的关注。

我推断：所有的学习都离不开好奇、愉悦、联结的魔力，比如数学和历史这样的传统科目，以及空手道和棋盘游戏这样的个人爱好。有魔力的教育有一个简单的观点：当我们的家庭繁荣时，学习也会蓬勃发展。然而，这一观点在父母与孩子各自成长的条件相冲突时变得复杂起来。在这种难以捉摸的情况下，我们强加给孩子一个责任，那就是为他们提供有助于考上大学的教育，难怪这项任务让人感到艰巨。

然而，我们只要在如何看待学习、如何与孩子相处、如何在家里营造有吸引力的环境方面做一些适当的调整，就能彻底改变我们为人父母和教育孩子的经历。这些法则发挥作用的原因在于，它们是根据你的家庭的独特节奏和个性量身定制的，你可以自由地摆脱对某种教条思想的严格遵守。不仅如此，请尽情尝试、探索、实验、应用或不用本书中的内容。允许自己享受发现的乐趣——一个想法如何激发另一个想法，并带来全新的视角！

为了最大限度地发挥我所分享的实践经验和法则的价值，我邀请你成为一个勇敢的学习者，关注自己的变化——什么激发了你的热情，什么引起了你的怀疑。对自己的反应保持兴趣，用日记本记录下来，在页面的空白处提出问题。觉察你渴望自由和支持的内在小孩，将这些经历转化为对孩子学习探索的同理心。

在家庭学校中运用了这些策略的家长写信给我，说自己突然看到了孩子潜藏的快乐且渴望学习的一面。父母们激发起自己天生的创造力和同理心，无论什么科目都能找到学习的魔力，帮助孩子找到学习的动力，他们不再苛责自己未能实现过高的期待。传统学校环境中的孩子，如果他们的父母接受勇敢学习和家庭联结的法则，孩子的学校经历自然也会丰富。

大多数在家上学的父母都喜欢和他们的孩子和睦相处，分享这个庞大宇宙的奇迹，一起更好地认识它。你现在就可以行动起来，一旦你运用了在家教育的魔力，并与孩子们的心灵和思想产生联结，世界就会像一本"写你自己的冒险之旅"的书一样，向你敞开大门。学习将是愉快的、自然的、享受的，你并不需要完美地运用这些观点和思路。允许转变的发生。深呼吸，勇敢一些。吃块饼干，继续阅读。

让我们开始吧。

PART ONE

☆

第一部分
学习的魔力景象

孩子的学习风格始于家庭环境——在这个父母创造的环境中，父母接受孩子本来的样子，为孩子提供快乐的体验、方便的工具和父母的参与。魔力在教育中的作用是什么？是什么点燃了孩子的学习热情？是什么抑制了孩子的学习动力？在家教育者如何发现潜藏在孩子兴趣中的学科内容？

第1章

有魔力的生活

为我们的家庭创造有魔力的环境

毕竟，我们是一群艺术家……我们创造了一个其他人必须生活在其中的环境。我们应该意识到这样一个事实，我们创造的包含自己在内的环境，会影响到与我们生活在一起的人。

——伊迪丝·谢弗，《隐藏的家政艺术》的作者

我有位邻居名叫多蒂，她是我的在家教育"盟友"。某天，我正推着婴儿车走在家门口的人行道上。突然，多蒂冲到我面前，从地上捡起了一根枯树枝——这意味着婴儿车不会被这颗"地雷"绊倒，我的孩子也不会从婴儿车里掉出来、摔在地上。幸好有多蒂帮我清扫道路，避免了这样恐怖的事情发生。我如释重负地叹了口气，非常感激多蒂帮忙。两个小时后，我来到了多蒂家。在她家的客厅里，我又看到了刚刚那根蓬乱的枯树枝，它已经被巧妙地钉在了墙上，给整个房间营造出一种莫名的美感，这简直是意外的惊喜。显而易见，多蒂捡枯树枝时，可能完全没考虑到树枝会给我的婴儿车带来危险，而是专注于发掘一件独特的墙面装饰物！她的眼睛真的充满了魔力！

我能进入有魔力的生活状态，真的要归功于多蒂。多蒂看待世界的角度和我们大多数人不一样，她用的二手家具虽然不配套，但依然给客人带来了温馨的感觉：沙发上面摆着圆鼓鼓的枕头，沙发后面铺着厨房地毯。舒适的角落里放着可以坐的蒲团，旁边的篮子里装满了拼图、积木、毛毡娃娃，还有一台可以用的录音机。这个灰褐色的房间不免有些单调，但一把芥末色扶手椅却成了点睛之笔。这把椅子是《杰森一家》动画片风格的，温暖的灯光照在椅子上，照亮了上面放的毛绒毯子和毛绒玩具。很多时候，多蒂的孩子们就坐在椅子上，一边抱着玩具熊，一边翻看着手里的图画书。

在多蒂家客厅的中央，也就是客人一进门看到的位置，放着一张结实的大桌子，上面摆满了美术用品——装在锡罐里大大小小的画笔、用来装水的空奶粉罐、眼睛形状的手工零件、烟斗通条、亮片贴纸、各种胶水、彩纸和牛皮纸、颜料和黏土、蜡笔和记号笔，还有左手剪和右手剪。桌子上方的晾衣绳上挂的是晾干的美术作品。

她那700平方英尺（约为65平方米）的房子非常有趣、充满生机，而不仅仅是"可爱"或"豪华"。房子里虽然杂乱，却引人入胜；虽然未经修饰，但并不脏。它就像一位艺术家的邀请，随时欢迎一切可能性和各种活动。当你来到多蒂家时，你会觉得自己可以尝试冒险——这里有犯错误的余地和失败的空间，并且没有人会介意。

我家和多蒂家仅有一墙之隔。5年来，我们几乎每天都去多蒂家做客。一天下午，多蒂站在家门口，挥舞着手中的胶枪和焊接帽欢迎我们："我们在做仙女屋！拿把椅子过来坐！"我注意到，桌子上零散地摆放着饼干、树枝、苔藓、松果、干花和半杯果汁，多蒂身后的洗碗槽里堆满了没洗的碗碟。她的两个孩子低着头、全神贯注地玩着危险的热胶。而多蒂最小的女儿伊娃，不知从哪儿突然冒了出来，她手拿一盒面部彩绘颜料，并把脸颊朝向妈妈，要求帮她在脸上做彩绘。多蒂一边向我们讲解如何建造结构合理的小木屋，一边利落地帮伊娃在脸上画了虎纹图案。

孩子们自行分散在狭小的公寓里——一些人去搭建小木屋，另一些人则躲进后面房间的大化妆篮里。过了一会儿，4个孩子回来了，他们手里拿着一摞帽子和一本书，书名是《卖帽子》。多蒂的大儿子布鲁克说道："我们想为你们表演一个节目！"

4个孩子排成一排，穿着爸爸画画时穿的工作衫。布鲁克大声朗读，其他孩子依次走进来、摞起帽子、表演书中的一幕幕场景。过程中免不了出现失误，有的孩子太害羞了不敢说话，还有的孩子太自由了一直说个不停。导演的指导声、要求观众安静的嘘声和大家的笑声此起彼伏，直到表演结束。

表演结束后，孩子们各自散开，有几个人回到美术桌旁，加入到仙女小木屋的搭建中。多蒂突然离开，然后又神奇地出现了——她用一个亮蓝色托盘端来了自己做的面包、果酱和柠檬水。大家做了这么多活动早就饿了，于是一起满足地吃吃喝喝。这就是和多蒂待在一起的一天。

认识多蒂后，我做的第一件事就是布置了一张我自己的"随时开张"的美术桌。如果你想这样，那你也可以做到！

多蒂的魔力美术桌

要想让你的家庭充满魔力，请先准备一张摆满美术用品、随时可用的桌子。

为保护家里的卫生、地面和墙壁，请注意以下基本要求：

1. 桌子：不要选贵重的，要稳定的（不可以是摇摇晃晃的），要受得住热胶、油漆和永久记号笔在上面涂画。可以用透明塑料布盖在上面，并把塑料的边角塞到桌子下面，用胶带粘好，这样孩子们使用的时候桌子就不会动了。根据孩子的年龄选择桌子的高度：孩子年幼时用低一点的桌子，孩子长大些再换高的。

2. 椅子：要与桌子的高度匹配，有椅背，稳定不易倾斜，不要选贵重的（它们会沾满彩绘和胶水）。

3. 地板：把桌子放在旧地毯上面。

4. 孩子们：从旧货商店买一些男士的有纽扣的短袖衬衫，把它们挂在靠近桌子的墙上。这些衣服可以反着穿（纽扣在后面）作为罩衫来保护孩子自己的衣服。

5. 墙壁：如果桌子靠墙摆放，在桌边贴一条1英尺（约为30公分）宽的防撞条隔开一些，避免弄脏墙壁。

丰富的材料

1. 绘画工具：蛋彩画颜料、水彩、丙烯酸、发泡涂料、手指涂料、粗刷子、细刷子、泡沫刷、薄切海绵。

2. 书写工具：可洗记号笔、油画棒、彩色铅笔、木炭、黑色勾边笔、荧光笔、各种颜色的记号笔（注意：这些记号笔是永久性的、画上就擦不掉）、粉笔、素描笔、白板记号笔（专业提示：把白板记号笔用胶带固定在白板上，以明确它们不是用来在纸上画的）、普通的2B铅笔、中性笔。

3. 表面材料：彩色和白色的纸，有漂亮边框的文具，棕色纸袋，烘焙纸，便利贴，记事卡，硬纸板，包装纸，铝箔，海报板，卡纸，信封，帆布，木块，河石，一面镜子，一块白板，玻璃烛台，碎布，砂纸，着色书，毛毡，黑纸，小日记和笔记本。

4. 粘贴工具：大量的胶水棒，白胶，热胶枪和疯狂胶（在监督下使用），织物胶，订书机，标签，打孔和环，透明胶带，双面胶带，遮光胶带，透明包装胶带，强力胶，彩色胶。

5. 配件：眼睛形状的零件，烟斗通条，亮片（注意安全，不要误食），五彩纸屑（注意安全，不要误食），贴纸，橡皮图章，刻印模板，纱线，丝线，绣花线，造型黏土，雕塑烘焙黏土，布料碎片，目录，杂志，绒球，木屑，冰棒棍。

6. 储物工具：清洗干净的空锡罐可以用来放画笔和书写工具。一个淋浴球桶用来装眼睛形状的零件、烟斗通条、胶水棒和亮片。在附近挂一条有衣夹的晾衣绳，用来展示美术作品。挂在墙上的公告板也可以起到类似的作用（如果你愿意，可以用彩色的包装纸把它包裹起来，以配合装饰）。在书架上留出一个空架子来展示那些不能挂起来的东西。使用厚底玻璃杯来盛水，以便在绘画更换颜色之间清洗画笔。这种杯子相比锡罐更不容易被打翻。造型黏土可以保存在桌子下面的小饼干板上，然后在使用时拿上来。

7. 摆放位置：把这张桌子放在客厅或其他家里常去的地方。如果放在地下室或卧室，就很少有人过去用了。

现在可以开始玩了！

这张桌子的神奇之处在于它随时都可以使用。先从一些用品开始：也许是颜料、马克笔、干净的白纸、胶水和眼睛形状的零件。每周或每隔几天添加新的原材料，把桌子上旧的东西替换掉。

给孩子们一个惊喜！让他们醒来时看到一桌树枝、树皮、苔藓和橡子。他们可能会发现你已经在做仙女小木屋了。他们会加入你吗？试试吧！从小溪里找到光滑的石头并带回家，把它们涂上颜料做成镇纸，或者把它们堆起来粘在一起做成雕塑。

加上羽毛笔和墨水，就可以在烛光下书写。

桌子一个月重置一次是合适的。总有一天，桌子会变成"墙纸"，没有人再注意到它。到那时，请把它忘掉，再根据这本书尝试一个不同的做法。

替代方案：如果空间狭小的家里放不下一个专门的美术桌，可以在餐桌附近放一个有许多隐藏孔洞、内置抽屉的小柜子，来实现美术桌的功能。

在过去的5年里，我和多蒂一起在家教学，获得了许多轻松愉快的体验，做仙女屋和表演帽子出售的经历就是其中之一。以下是一些其他的例子：

* 在海滩上野餐，在浮木上生火炒鸡蛋

* 在海滩上探索潮汐池

* 观鸟

* 开加州淘金热主题派对

* 用桶装猪油做实验

* 用硼砂做黏液

* 玩面部彩绘并盛装打扮

* 摩洛哥下午茶，搭配自制面包和美甲活动

* 深夜派对，朗读关于太阳系恒星和行星的诗歌

* 季节性的活动

* 用徒步旅行中采摘的野生黑莓做馅饼

* 缝被子

* 做农家早餐，有火腿、煎饼、苹果派和奶酪块

* 去农贸市场和小西贡（美国的越侨聚居区）实地考察

＊　给手电筒贴标签

也许你认为我们的生活很完美——但事实并非如此，数学知识和语音拼读也悄悄进入了我们的生活，还有内疚、发脾气、分娩、怀疑、无聊、孩子尿床、语言障碍、压力、贫穷、怀孕、蛲虫和虱子、孤独和疲惫。

我们尽管面临着养育孩子、经营婚姻、成年人的自我成长等挑战，但也伴随着惊喜、神秘、风险和冒险的线索一路向前。现在回想起来，原来我们是在魔法力量的引导和滋养下成长的。

＊ 什么是魔力？ ＊

魔力在于放松，而不是用力。这是个好消息吧？正是强制孩子上学和做作业的艰辛工作耗尽了你的精力，并且让孩子心生厌烦。我发现对魔力的接受和使用可以释放能量——一种让学习自然发生、毫不费力地向前发展的积极能量。有魔力的教育和生活充满了快乐的小惊喜——它们散落地点缀在仙境般的日子里。这些有魔力的时刻就像机场的自动人行道一样帮助你快速穿行——虽然你仍在机场行走，但会因为自动人行道而走得更容易、更快、更好。整个过程中，你都感觉自己很胜任地——流畅、有力、自由地——朝着你需要去的方向前进。在教育中，当我们创造出有魔力的时刻时，就是把自己放在了快乐的自动人行道上。

也就是说，有魔力并不是快乐的代名词。有魔力是一种体验过程，要通过一系列意想不到的情感和经历去获得快乐：兴奋、恐惧、期待、亲密、悬念、色彩、满足、奇思妙想、风味、拥抱、眼神交流、坚忍不拔、温柔、浪漫、钦佩和舒适，不胜枚举！

它就像万圣节的兴奋感远不止吃免费糖果的快乐。躲在戏服里，敲陌生人的门，在黑暗中来回走动，可能有鬼魂、南瓜灯，还有令人毛骨悚然的音乐……这些快乐的时刻来自有魔力的精心准备——甚至包括故意选择恐怖的体验！

对我来说，有魔力的生活是在平凡的环境中有更强的意识——随时准备迎接"快乐的惊喜"。当我们调整到有魔力的状态时，就好像戴上了特殊的眼镜，能够像多蒂那样，发现人行道中央的一根枯树枝可以成为可爱的壁挂材料。此时，快乐会向我们走来，而不是离我们远去。

为什么一张摆满美术用品、随时可用的桌子比教室里照本宣科的美术课更吸引孩子？为什么前者有魔力属性，而后者没有魔力属性呢？

学习和生活的日常魔力

当我开始这项在家教育的工作时，我想为自己和孩子创造一种温暖而难忘的生活状态，而不仅仅是为达到教育的目的。我们不是只为了孩子将来找工作做准备，我们应该让孩子感受到当下的美好和难以忘怀。快乐不应该是最终指向的目标，而应该是全心全意过好当下生活的即时产物。

我想，如果我们喜欢现在的生活，我们的教育就已经开始了。我不认为学习是苦差事，也不认为大人应该对孩子们做什么。我希望我的家人喜欢一起在真实的感觉中学习。

当孩子们自发地被任何事物吸引时，从药丸虫到美国乌鸦，从小苏打火山到希腊字母表，我会认真观察他们的举动。因此，我曾看到用低矮的桌子、枕头、天妇罗、筷子、纸巾、樱花、纸鹤和和服来摆一顿日本料理的力量。要知道，为了应考而学习日本知识，绝不会留下如我们这般体验尝试的深刻印记。

也就是说，举办派对和搭建仙女屋的日子是很辛苦的。如果你觉得这些没有创意怎么办？我也不是一直都这样做。"让他们忙着，让他们活着"是我的座右铭。不管你有多少个孩子——1个到15个——做这两件事都要花费你所有的精力。我可以想象你现在正在小声嘀咕："难道我除了教分数、拼写和上厕所之外，还要变出无数的派对吗？"

我很清楚你的担忧。如果有魔力的教育意味着每10分钟的合作就需要数小时的准备，那又何苦这么麻烦呢？幸运的是，有魔力的教育就像点燃了一把火。火会自己燃烧，你所需要的只是一盒火柴。

第 2 章

火花四溢

点燃学习的热情

教育的核心不在于方法、技术和手段，而在于火花……不仅仅是事实性知识，也不仅仅是理论性认识，而是去发掘并深刻地领悟到我们自己、他人和世界的天赋才能，就像点燃了火花一样。

——帕克·J. 帕尔默，玛丽·罗斯·奥雷利
作品《激进的存在》中的人物

直观地讲，我认为学习不仅仅是掌握事实性知识。我成年后的经历也证实了这一点：当我沉迷于缝被子或做酸奶时，这件事会充满我的生活——地板上散落着各种布料碎片，厨房的灶台上抹布包裹着罐装的白色酸奶渣。当我30多岁学吉他的时候，没有人再来督促我练习，但我就把吉他放在客厅的架子上，每天都要主动拿起它，折磨大家的耳朵好几次，直到手指流血才会停止练习。对学习的热情就是如此炽热、强烈、停不下来。

火花是对魔力的贴切比喻——让我想到坩埚、蜡烛、烟花和篝火。在广播和电视节目出现前，人类的祖先很早就为夜空下明亮的篝火着迷了。

因此，人类几千年来一直是火的狂热追逐者。喜欢火的理由很充分：火带来温暖、闪闪发光、不可预测、无比强大。要不然，为什么迪士尼乐园每年要花数百万美元在精心制作的烟花表演上？

有魔力的学习生活就像火花，它是可燃的，闪闪发光的，令人着迷的，还有一点可怕的，最终会给学习者留下沉浸式的快乐记忆。我们怎么样能达到这种状态呢？在孩子身上这更加复杂。那我们接下来展开说一说。

✳ 点燃学习火花的重要事件 ✳

重要的是，你会像我一样把顺序搞错吗？我的意思是，你有没有想要孩子在没有火种的情况下自发地点燃学习热情？有家长告诉我："我大声给孩子们读了动画片《风中奇缘》的一章故事，想让他们进行续写练习，但孩子们抱怨自己没什么可写的。"他们当然没什么可写的。短短的一章只够让这些孩子勉强认识主人公波卡洪塔斯。更糟糕的是，其他人（作者）已经用尽了所有的优美词句（所有的燃烧都是为了自己的火焰）。为了写作，每个想要成为作家的人都需要"摇动"灌木丛去寻找素材——建立自己的词汇储备库。写作是需要燃料的（其他科目也一样）。

可当我们真正看到孩子学习的火花随机迸发时，家长们又会困惑，为什么这团火焰没法持久燃烧下去。也许孩子的火种用完了（缺乏额外的交流或资源）。当火焰消退时，人们很容易对之前熊熊燃烧的学习热情之火产生怀疑（比如：他为什么不继续写这个故事呢？她一定是不喜欢数学）。我们大多数人认为，学习热情这团火如果点燃了，就是不会熄灭的；但当火焰逐渐变小，直到变成温热的火星儿时，我们就好像视而不见了。

那么，学习热情究竟是随机的（就像雷击引发的野火），还是可以（在一个用破报纸、火柴和干木头精心建造的壁炉里）被精心培育的？这个难题一直困扰着世界各地的家长和教育工作者。

✻ 行动的魔力 ✻

想象一下，你的孩子正在读他喜欢的系列丛书。他把与这些书相关的电影看了3遍，直到能将主角的台词复述出来。他发现还有关于这些故事的衍生游戏，于是开始玩这些衍生游戏。身临其境的体验就像点燃他想象力的燃料，此时只需要一点小火花，他就会深入探究这个主题。正巧，孩子发现了一个众多粉丝聚集的小说网站，这就像火花一般点燃了他的想象力。他想写作！他想为角色们创设新的场景故事！

突然间，孩子沉浸在他脑海中涌现出的新场景里。他每天写几页，顾不上刷牙洗脸，也不想停下写作、去做数学题。电脑的Word文档中满是他难以压抑的创作激情之火——有拼写错误，有爆发的特殊语句，也有精准的描述和对话，还有缺失的标点符号，以及惊险的悬疑片段。他东拉西扯、天马行空地写着，终于写到了最激动人心的时刻，却没有给故事一个结尾。他耗尽了最后一点燃料：动力减弱，满足感取代了紧迫感。他离开电脑去探索新的兴趣了。一次有魔力的学习体验的生命周期告一段落，成了一段美好的记忆。不过，我们勇敢的学习者会将这些记忆储存在心里，当下一次冒险到来时重新点燃生命。

* 助燃的风箱还是灭火的水桶? *

此时，一旦父母介入，我们的孩子，也就是创作中的小说作家将会如何？当你看到孩子爆发出火一般的学习热情时，你可以选择——要么对着火焰吹气鼓风，要么倒一桶冷水把火浇灭。你的孩子，这个刚崭露头角的小作家，邀请你来阅读这个故事。如果你是一个风箱一般的家长，你会关注到写作的能量，有力的语言，书中原本的角色设定和孩子描述之间的一致性，丰富的想象力，孩子主动创作而不是完成任务的奇迹。你可能也会注意到杂乱无章的句子；逻辑漏洞；还有拼写错误。不过你忽略了这些，因为你看到了熊熊大火般的学习热情。你意识到了现在不是灭火的时候，而是拉风箱的时候！你做得太棒了！

如果你是一个灭火水桶一样的家长，你就会错过故事中的创造力、情节和开放式走向。你只会注意到没有按规范大写的字母，担心故事缺少一个明确的结局。你会因故事中的专门术语感到困惑，并且忍不住说了出来。即使看到了故事的精妙之处，你还是会担心：我要如何帮助他继续发挥写作天赋？难道他不应该再多写一些吗？

充满热情的小作家，要么饱受支持，写作热情越燃越烈；要么被一桶水浇灭了热情，从此放弃继续写作。

如果充满热情的学习者受到鼓励和称赞，他将在有热情燃料的有限时间里持续学习。对话互动、阅读书籍和开展想象游戏可能会让热情的火焰持续燃烧。有时火花会持续燃烧，但有时天气条件会变化——如果木头变湿了，就很难保持燃烧状态。你可能搞不明白孩子为什么会突然失去兴趣。有时火焰转瞬即逝，因为他现有的热情只够燃烧一小会儿。

当自发的热情消退时，请放心：把心中所想付诸行动的宝贵体验将凝结成一段温暖的记忆，在他心中难以忘怀。这就是魔力！如果你的孩子被接纳、被肯定，这样的魔力状态还会再出现。正是这种对自发启动的热情创造了教育的动力，孩子们从中学会相信自己——勇敢地追随自己的好奇心，并为热情的火花保留一点火种。

但你我都知道：孩子学习热情的火焰可能会轻而易举地被家长的偶然行为浇灭。我就做过这样的事！假设你家孩子想学缝被子，但你不会缝。你会为了方便自己指导，将这位小裁缝的兴趣点引向园艺吗？也许你的孩子正沉迷于游戏《我的世界》，如果你看不到游戏的教育价值，会怎么处理这件事？忽视，限制，奚落，还是反对？更麻烦的情况是，如果孩子的好奇心可能会（在道德上、在身体上或在情感上）有危险，你要怎么办？比如当孩子被恐怖电影吸引或想学拳击时。如果你家孩子性格羞怯、从没离开过家，但非常渴望去参加为期一周的机器人夏令营，你又该怎么办？简单地说"不"是很容易的，这样可以结束对话、让大人避免了感到不舒服，但会浇灭孩子的热情火焰。

那么，摆在我们面前的问题是：即使父母对这个话题感到不舒服，他们也能为助力这种有魔力的热情爆发创造条件吗？

那个时候……水桶晃来晃去，但我选择了点燃火焰

雅各布10岁那会儿对夜空很感兴趣，我却对他说："嘿，过来这边！你能选一首诗吗？——一首我了解的诗。"但雅各布非常执着：他从图书馆借了一些关于太阳系的书；他要我们给他买一架望远镜作为生日礼物；他做起了卖饼干的小生意，只为筹集资金去参加太空夏令营。

我默许了。我知道他正处在有热情的魔力状态中（天文学作为一门学科是值得尊敬的；老天爷啊，还好不是电子游戏——后面的章节会详细说明这一点），但我觉得自己没有能力指导他。我一直以为应该是由我给孩子们介绍各个学科，而不是由他们给我介绍！另外，我也不关心天文学。真的，我一想到这些就觉得心累。我在对星座一无所知的情况下也顺利长大成人了。星座到底有多重要呢？

不过，热情是有力量的。它透过人的微笑闪闪发光；它克服阻力，产生吸引力。雅各布的热情变得无法抗拒，他的好奇心成为我的第一位天文学老师。我们一起看书——雅各布向我解释他读了什么；我们一起讨论星座；我们试图在后院上方的天空中找到这些星座。我发现我给雅各布最好的礼物是我的研究能力：我为他找到了一些人（天文爱好者）；我找到了我们城市的古天文台（我甚至不知道这座建筑就在我们的城市里）；我买了他想要的工具（望远镜、星座图）。

　　这是一次进入未知领域的尴尬旅程，我一直希望能速战速决（这是真心话）。和雅各布一起研究天文学，意味着要从那些很容易做的、让我快乐的事情中抽出时间——他的兴趣对我来说很麻烦，而且可能会使我感到厌烦；还意味着要在半夜从温暖舒适的床上爬起来，冒着严寒，用望远镜对准漆黑的夜空。

　　一天夜里的凌晨4点，我就是这么做的。按照雅各布的指令，我把眼睛放在玻璃镜片旁边：眯着眼睛，睫毛一直抖动，干扰得我什么也看不见……雅各布教我放松下来。眼前的图像变清晰了，我的视野里出现了一个完美的红色圆球，有一个可见的扁平环围绕着它。恍然间，这个星球变得真实起来——我热泪盈眶："哦！天哪！小雅各布！土星！这是真的！"那个清晨之前，土星在我的生命中只存在于课本上。有魔力的夜空礼物——40年来课本都没能教给我的东西，我10岁的儿子却通过魔力般的一瞬间就带给了我。所有的天文学知识都是我跟着雅各布学的，而不是我教给他的。我怎么能不惊讶、不着迷呢？这就是魔力。

第3章

魔力之门

怪物和地图的教训

芝麻开门。

——《阿里巴巴与四十大盗》

有一条举世公认的真理：拥有一个好老师是可遇而不可求的，遇到这样的机会，孩子一定要抓住。唉，可孩子们不会在乎这个。如果孩子没有对学习的主动向往，就不可能要求他们学习时能有灵感、热情或自律。或者我换个说法：你不能强迫别人接受你的关心。

但成年人会试图这样做——我们用分数、小礼物或是冰激凌圣代来激励孩子阅读、写作和练钢琴；孩子甚至要在烈日下练习5个小时的投篮罚球，以突破自己的纪录，除了自我突破带来的满足感，再没有其他回报。我们缘何在传统的学校教育中变本加厉？

也许学习就像一个随机的大转盘——有些孩子落在了语法上，有些落在了微生物学上，还有一些落在了电子游戏上。然而父母只是要求孩子忍气吞声地完成作业，就像一个神秘的宗教，只让孩子们对"正确"的科目感兴趣。

学习可以毫不费力、顺其自然吗？正是因为相信这一点，我报名成为一名在家教育工作者。我喜欢儿童主导学习的理念，但无法想象把它付诸实践，毕竟考大学也是非常重要的事情。我曾告诉自己，我想要孩子做快乐的学习者，其实私心里更想要孩子做乐于配合的学习者。实际上，我曾误以为乐于配合的学习者就是快乐的学习者，是我的孩子们让我及时醒悟过来。

抱怨"我讨厌学校"是很常见的现象，诺亚在4年级的时候就会这么说。当时，我正满怀真诚、极尽用心地在家教他，但他的抱怨简直伤透了我的心。我最开始做在家上学的项目时，和大家一样，是想要摆脱传统学校课堂的乏味枯燥和繁杂要求。但我们常会以回到传统状态而告终，比如坚持要求孩子们去做讨厌的数学题！

✳ 发现之门 ✳

你知道皮克斯公司的电影《怪兽电力公司》吗？每当一个怪兽在公司里打开一扇门，一个遥远的地方，比如白雪皑皑的喜马拉雅山，就会出现在眼前。也就是说，在怪兽们生活的世界的另一边，还有一个等待被探索的新世界！正如成千上万个孩子在家上学的家庭所发现的那样，有魔力的学习就是运用了这个思路。打开电子游戏的大门，会发现里面有希腊神话和古代历史。打开女性高级时装的大门，会走进"拼写和词汇"的房间——比如看到花边褶皱、高级定制、服装品牌（等词汇）。打开过期的社会新闻报刊（比如《琼斯妈妈》）的大门，会从中发现在后院建造简易小屋的操作说明。打开科幻电影中人造语言的大门，会因此遇到各种人造语言、语言学和国际音标知识。

我记得美国诗人罗伯特·弗罗斯特曾说："路连着路。"

譬如，浴缸活塞（的设计、材料、生产、分销、广告宣传）与数学、科技、工程、商业、文学和运输的复杂应用有关，但我们很少这样考虑。你是不是觉得非常惊奇呢！实际上，有魔力的教育的一个法则恰恰是看到这令人惊奇的相互联系。让我们一起找到有魔力之门的门把手，并转动它！

✳ 有魔力的基本法则 ✳

要想开启这种有魔力的教育模式，请戴上这副"多蒂眼镜"。你还记得吗？多蒂从地上的一根枯树枝里发现了一幅艺术品。有魔力的教育有两个关键法则，它们要求你从不同于以往的角度看待问题。你戴上"多蒂眼镜"了吗？太棒了！它们增加了粉红的色调。

基本法则 1：万事皆可教

让我们把这个令人不安的想法写出来——万事皆可教。

成功的教育，关键不在于记住第一次世界大战的战斗顺序，也不在于获得数学几何考试的成绩A。强大有力的教育要培养有意义地运用各种信息的能力。说实话，历史、科学、音乐、美术、文学、政治理论、外语、人文科学和社会科学，本身是引人入胜的，但如果在没有场景设定的情况下进行灌输，就不是这样了。教育专家、英语教授、国家教学论坛撰稿人威廉·莱因史密斯强调："真正的学习意味着使用。如果某样东西不能立即被使用，或以某种方式应用，那么它就不会被掌握。"真是发人深省啊！每当我们向孩子介绍一个新概念时，我们都可以先问自己：这个想法或技能的即时用途和价值是什么？

莱因史密斯还说，告诫孩子"现在学的，将来会有用的"是不够的。如果某个知识点没有即时价值，它就变得无关紧要，孩子就不会想去记住它。例如，当我关心如何将信息传达给读者时，学习写作就变得有趣了；但反过来，当我掌握了写作技能时，却并不一定会有写作灵感。

同样，成年人不会定期参加数学测试，但数学会出现在银行账户里、年终税单上、经营企业中、烘焙时和重新装修厨房时。在马拉松训练、给汽车换油时，数学原理也在起作用。许多成年人在工作中使用数学，无论是Excel电子表格、工程设计还是化学公式。掌握数学可能需要一部分的死记硬背，但我们的任务是帮助孩子在当下就看到数学与生活息息相关，而不是等到长大成人才明白这一点。

当我向孩子们介绍科学知识时，他们会喊："我们来做化学物质混合实验吧！"当然啦！谁想只看写在书上的科学知识呢？学化学，用硼砂制作黏液比只看书更好；学生物，切开一只死去的鸡、剥去皮、戳肌肉、重新组装内脏，比只看书更好；学物理，从二楼的窗户投出手工制作的降落伞来验证飞行的特性，比只看书更好。

学校的各个科目不是同一个机构里的一座座孤岛。20世纪早期的英国教育家夏洛蒂·梅森喜欢将教育界定为一门"关系的科学"。所有的学科，无论是文化课，还是实用技能课、美术课，都存在有意义的相互关联。换句话说，我们中的任何一个人都可以通过各种各样的魔法门进入传统的学校科目。"芝麻开门"真的可以做到！

基本法则2：孩子已经热爱学习了

请你问问自己：人类什么时候不学习？其实每天人们都在有意或无意地学习。人们学习如何从干洗店走到游乐园；如何在城市的人流中穿行；如何使用新款智能手机的软件。一个姐姐在学如何戏弄她的弟弟；她的弟弟则在学如何反击姐姐。全世界的成人和儿童，都在使用学习这一与生俱来的工具，完成生活中的每一件事。

我怎样才能让孩子热爱学习？

这真是个宏伟的目标！

学习不是这个问题的主要焦点，隐藏在"让"后面的内容才是。成年人问的是："我怎样才能'让'孩子们乐于接受我给他们带来的教育？"

教育是由善良友好的成年人日复一日在教室内外带给孩子们的活动。孩子们等待着父母和老师的指导，成年人会说："这会很有趣！"（这么说，其实是一种强制性的声明。）乐趣、热爱、快乐，这些是不能被命令或要求的；孩子们不会按你期待的那样，对你的辛勤工作表示感激。人对事物的热爱基于自愿原则和快乐原则，而不是被生活中悲壮的故事所感动。

热爱不是责任，也不仅仅是一种行动——它是浪漫、热情、喜欢、吸引和快乐，这些都是动力。当大人要求孩子热爱学习时，其实是在要求孩子觉得学习是愉快的，因为这样大人就不用唠叨他们了。

许多教育工作者使出浑身解数却没能给孩子带来快乐，他们因此感到沮丧，这难道不奇怪吗？是的，这就是我们问题的起点。当我们认为我们作为家长的任务是为孩子们做好教育准备时，意思是，让他们从我们这里接过学习任务并顺从地完成，这时他们几乎没有自由空间留给快乐。更进一步地说，有时候，我们太过刻意地让一节课变得"有趣"，反而会越快招来孩子的反抗。他们咯咯地笑，互相打闹，场面陷入一片混乱。家长对"有趣"的坚持让此刻本可能存在的学习乐趣荡然无存。孩子们本能的反应是自己找点乐子——他们会制造不受大人欢迎的恶作剧！

当我们后退一步，允许孩子们展示他们喜欢的东西时，他们会展示什么？游戏《魔兽世界》？迪士尼电影？舞台妆饰？手工编织？滑板？社交软件？那数学呢？他们什么时候会喜欢学高中和大学需要学的科目？我们简直要崩溃了！

✳ 自然而然的学习 ✳

研究大脑的学者雷纳特·凯恩和杰弗里·凯恩（凯恩夫妇）这样解读学习的真正的本质：

学习是本能和现实之间的桥梁。我们自觉或不自觉地适应和调整以面对不断变化的世界，因学习而成为可能。早在学校和直接教学法出现之前，学习就已经存在了。这是每个教室里的每个孩子每时每刻都在自然而然地做的事情；这是一个持续发生的、自然而然的过程。我们必须首先了解学习，以便掌握教育可以是怎样、应该是怎样。

凯恩夫妇在《12条脑智学习原理运用》中解释到：人类是有生命的系统，因此，学习既是生理的，也是心理的（既是我们身体的一部分，也是我们思想的一部分）。因为人类天生具有社会性，并且在寻找意义，我们的人际关系和情绪情感才是学习的关键，而不是死记硬背教科书中的金科玉律。换句话说，孩子产生归属感和愉悦感的时候，是他（她）学得最多、最好的时候。也许这就是父母对电子游戏和漫画书感到焦虑的原因，他们看得到孩子的快乐，知道学习正在发生，但怀疑所学内容的价值！除非我们把传统的学校科目变得对孩子们有意义（能让孩子们产生归属感和愉悦感），否则我们很难让孩子们喜欢学它们。

学习是复杂的，它不仅仅是记住历史事件的日期或拼写单词表。凯恩夫妇解释说，有意识学习和无意识学习可以同时发生。例如，在不懂乘法运算的情况下，使用记忆技巧来背熟乘法表是可能的。而当孩子们遇到更有难度的数学题时，他们不具备进行乘法运算所需的理解力，之前背会的乘法表也就派不上用场了。

当孩子们面对难度适当的挑战时，当他们给所学的东西赋予意义时，他们能更好地吸收复杂的知识。当孩子们感到害怕或受到呵斥时，他们就不愿冒着这样的风险继续学习。如果成年人斥责一个孩子或给他打很低的分数，这个孩子可能以后会一直逃避这个可怕的科目。

我们都听过有的成年人说"我数学不好"或"我不会拼写"来为自己找借口，以免再次暴露自己不行。这恰恰反映了，压力和嘲笑是关闭学习热情的阀门。

让我们暂停一下传统的教育模式，相信学习每时每刻都在发生。问题在于：孩子正在学什么？除了掌握事实性知识和信息，孩子有机会去给所学的东西赋予意义吗？作为一名教育者，我要如何做？

✳ **魔法的助力** ✳

如果把这些想法用"有魔力的眼镜"（多蒂眼镜）来表达，我们正在谈论的如何唤起孩子的求知欲，就像在童话故事中，公主会一直沉睡，直到一个吻把她唤醒，这个吻让公主获得了新的身份和能力。

孩子确实需要学习数学技能、精通写作。传统学校教育的问题在于，没有耐心等待孩子沉睡的求知欲被唤醒。在非学校教育（在家教育）模式里，最理想的情况是以看似有魔力的、没有课程的自然学习方式耐心地等待着，相信孩子的求知欲会在恰当的时间、恰当的科目被唤起，也就是"好奇心之吻"把孩子的求知欲从沉睡中唤醒。

传统的教育模式常常把孩子硬塞进排斥甚至扼杀好奇心和学习能力的课堂中。哦！我似乎听到了反对的声音："如果我儿子对历史从来都不感兴趣怎么办？""如果我女儿从来不想读书怎么办？"我明白了，我也有过这样的经历，没有人愿意忽视自己的孩子，这种纠结是真实的，教育的选拔标准和自然而然的学习能一直和谐共存、不相互排斥吗？感觉就像一段婚姻需要婚前协议做保障一样。

解决方案在课程购买或学校资助中是找不到的。相反，我们应该问自己：是什么让我们产生了学习欲？我想知道，孩子们的好奇心是否会引导他们投入分数运算或标点符号的怀抱；他们是否能被唤醒，认识到语法的价值，就像《美女与野兽》中的贝儿突然发现野兽是一个善良的家伙一样？

答案是肯定的，但就像我们喜欢的童话故事一样，觉醒得益于魔法的助力。当我们期望用教育标准来达到"啊哈"瞬间的觉醒，而不是用魔法工具时，我们就会失败。幸运的是，在学习环境中引入魔法比任何其他方法都要轻松得多。研究人员告诉我们，大脑喜欢新鲜事物。而魔法的力量肯定会提供新鲜事物！

读到这里，你可能在想："但是孩子热衷的事情让我快要疯掉了！"你可能坚信自己的孩子不像我的孩子那样有"正经"的好奇心——他们只想整天建造我的世界（指游戏），而不是像我儿子雅各布那样研究光芒万丈的、无边无际的宇宙。

在展开进一步讨论之前，让我们先探索一下你的孩子目前的兴趣以及你的教育目标。事实证明，自然而然的学习和传统的学科学习在同一扇魔力之门的两边。

学习的大陆

这个活动可以帮助你以不同于以往的方式看待孩子的学习——让你不再担心孩子可能得不到恰当的教育。它还能帮助你把孩子做得轻松愉快的各种事联系起来，把孩子的兴趣与传统的学校科目（学业进步所需要的科目）联系起来。

操作说明

列一张传统的学校科目的清单。（下面是初级清单。）通过划分数学类型（几何、长除法、其他运算）或历史朝代（古代、中世纪、美国、远东）或写作要素（语法、拼写、格式、修订），将其进一步分解。

- 阅读

- 写作

- 数学

- 历史

- 科学

- 哲学

- 宗教

- 外语

- 艺术

- 音乐

- 社会科学

- 体育

列出孩子当前的兴趣爱好。比如像这样：

- 钢琴

- 游戏《我的世界》

- 迪士尼动画片

- 同人小说

- 动画片《飞哥与小佛》

- 系列小说《雷蒙·斯尼奇的不幸历险》

- 足球

- 希腊神话

- 棋盘游戏

- 飞机

- 动物园里的动物

如果你认为你的孩子没有任何兴趣，你要从自己身上找一找原因。你可能认为这些兴趣是没有价值的。认真观察你的孩子一整天。即使他的兴趣对你来说微不足道（比如看迪士尼动画片），也要把它列在清单上。

接下来，尽可能具体地将孩子的热情与学科领域联系起来。

操作步骤

1. 查看主要科目并检查它的所有特征：关于该科目的词汇（阅读，拼写，语法），它的历史（起源，位置，原因），它与历史的关系（地缘政治背景，宗教，冲突或战争），与主题相关的名人（创造者，发明家，参与者，君主，军事人员，从业者，学者），争议（冲突），其在社会或宗教或政治中的作用，等等。书籍和诗歌，艺术品和戏剧，电影和电视剧，这些都包括在内。

2. 将这些特征与传统的学校科目对应匹配（使用你自己列的

表）。

3. 在一张白纸的中间画一个泡泡；把孩子的兴趣写在泡泡里面。

4. 在这个泡泡附近，多画几个新的泡泡。

5. 写一个学校的学科名称，并列出它与孩子主要兴趣的关系。

6. 在你的学习大陆中添加新的"国家形状"。做一个有更多连接的外圈（见插图）。

这样就会看到一个学习大陆出现啦！把这张图保存下来，我们这本书还会再次提到它。

示例

孩子的主要兴趣：钢琴

• 音乐：作曲，理论，表演，音乐风格和作品

• 历史：古典作曲家和爵士音乐家，钢琴的历史

• 宗教：宗教仪式的构成（赞美诗），与风琴的关系

• 科学：琴键和踏板的物理基础；振动和声音；失聪创作者（贝多芬）

• 外语：拉丁语中的音乐语言，如"tempo"和"adagio"

• 社会学：社会中的各种用途（教堂，酒吧，皇家宫廷）

• 数学：音阶，键，转位，作曲，编曲，节拍记号，乐谱，节奏

• 文学：《爱莫扎特的猫》（帕特里夏·奥斯汀）、《钢琴》（威

廉·米勒）、音乐文学（作品本身）

- 电影/戏剧：《钢琴》《艾玛迪斯》

看这张插图：钢琴在中心，与其他物体相邻，其他物体又彼此相邻。

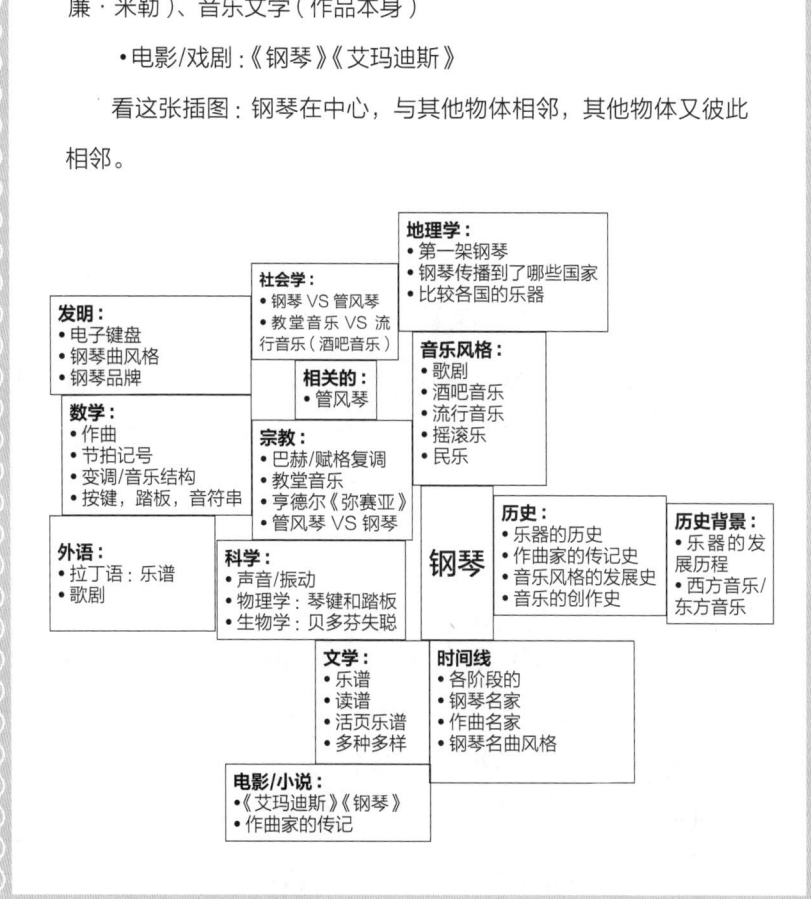

　　有魔力的教育是利用火种来激发学习兴趣的教育，它对任何主题都适用。即使是像动画片这种明显与学习无关的主题，也有其历史，也是一种艺术形式，有叙事情节，由专业的作家、艺术家创作而成。比如《飞哥与小佛》是一部动画片连续剧（你可能会问，它是什么？），它可以从剧本、幽默感、艺术性、人物塑造和社会议题等方面进行审视。当你和孩子讨论文学作品（小说或故事）时，《飞哥与小佛》可以作为参考或对照；它可以用作衬托或例证。但如果我们把动画片归入无关紧要的垃圾节目的范畴，强迫孩子不能考虑动画片，那么我们将难以与孩子谈论真正的文学。

　　孩子是否需要在每次弹钢琴或看电视时学习所有相关科目呢？不需要。但如果家长和老师认真对待孩子的兴趣，孩子总会有机会与各个学科建立有意义的联系。

问问自己

　　当你对孩子的沉迷感到焦虑时，问问自己下面这几个问题：

* 还有哪些其他的学习领域与这个主题相邻？

* 路连着路吗？

* 我能做些什么？

　　如果我们选择看到事物之间的联系，并相信孩子对学习的热爱已经在发挥作用了，那么，万事皆可教。

PART TWO

第二部分

施展魔法：勇敢学习的超能力

作为孩子走向世界的成长基点，家庭最重要的存在价值，不在于它是比学校更好的学校，而在于它根本就不是学校。

——约翰·霍尔特

父母们说："我想要我的孩子爱学习。"他们的意思是："我希望孩子配合我的教学计划，不要翻白眼。"孩子们说："我想要学得开心！"他们的意思是："我希望在大人要我做的事情和玩电子游戏上投入一样多的精力。"

"我想学几何"是我们更喜欢听到的话。"我必须学几何才能上大学"是我们要接受的结果。我们怎样才能在孩子们"不得不做的事"中加入更多的"想做的事"？

尽管整天研究课程设计很有意思，但在原本枯燥的学科学习中开设一门高级课程未必能解决问题。把时间用在研究你的孩子如何学习，是比考虑教给孩子什么知识更有回报的投资。学习的重点不在于更好的课程内容，而在于更好的过程体验——也就是教育改革家威廉·莱因史密斯所说的"教育亲密关系"。

事实证明，有很多教学原则有助于孩子们的学习，比如用多种多样的科目、技巧和话题带来亲密的接触。我知道长长的清单很难执行，别担心，我懂你的顾虑！我要教你一个简单的方法，就像食物要一口一口地吃，教孩子也要一步一步地来。

我将这些策略分成3组，每组有4种教育的"超能力"。你不需要每天都在每个科目上应用它们；当你在在家教育中陷入乏味或抗拒的困境时，翻翻这些章节。比如每个月尝试一种，一年就可以试过所有的超能力。现在你觉得容易些了吗？很好！

这12种超能力是：

* 魔力的4种原力：惊喜、神秘、风险和探险
* 学习的4种能力：好奇、合作、专注和庆祝

＊ 4个入口：头脑、身体、心灵和精神

＊ 如何使用第二部分 ＊

阅读它，享受它，然后再应用它。如果你想学得快一些，可以每周应用一种超能力（这样就是一个12周的速成班）。如果你是那种讨厌日程表的明确安排的人（嘿！朋友，我也一样！），那你可以在合适的时候，随意翻看任一章节。

"一件事" 原则

慢即是快。当你在家庭学校实施任何新的"东西"时，一次只安排一件事。

1. 准备。选择一个教学项目/想法/计划/原则。接下来，练习它，购买相关材料，制作备份，组织，思考概念，阅读说明，多了解这个"新事物"。抽时间做这件事，雇保姆照看孩子或者让孩子自己看会儿电视也没关系。当你处于最佳状态时，给自己充分的准备时间作为礼物。

2. 执行。明确活动当天的日程安排（没有牙医预约，不用为刚生完孩子的朋友准备饭菜，没有与其他家庭共上的课程）。暂时搁置其他课程，比如数学、历史和拉丁语，专注于你的"这一件事"。关掉手机，关掉电脑，有人敲门也别理会。

3. 享受。专注于此时此地，关注孩子的反应，观察他们的投入情况。不要预先考虑明天或下周你要做什么。只是享受这段经历！

4. 回忆。下周，愉快地回忆在你的"一件事"时刻发生了什么。说说看！问问孩子回想起了什么。温暖的回忆会在你的家庭学校中形成动力，塑造你的家庭文化形象。

当你在家庭学校里一次只安排一件事时，你就为下一件事创造了空间。你会有精力去"创造"额外的项目或实践活动，以"一件事"的状态面对每件事。你会为你的孩子提供优质的教育，而不仅仅是敷衍了事。你的孩子会逐渐相信，当你带来一个新想法时，它很可能是一个好想法。先前的快乐体验构成了信任的基础。请记住：有时候，我们和孩子在一起最美好的时光并不一定会有外显的教育价值。

第4章

魔力的4种原力

惊喜、神秘、风险和探险

很多关于教和学的资料都是非常具体的——实用的、实践的、实操的建议。我们的许多教学知识都是经验性的、循证的、逻辑连贯的。但这些都不能解释那些有魔力的、神秘的（学习）瞬间，那些让人汗毛直竖、心跳加速的激动时刻。

——玛丽埃伦·韦默

我们身处的地球是由4种基本的物理力控制的，我没有研究过这些力，但我知道其中一种力让我的脚每天都能粘在地上，为此，我很感激。同样，一段勇敢的学习之旅是由4种基本的魔法原力引发的。即使在此时此刻，你可能也没有意识到这些原力是如何改善你的生活的。某个瞬间，你会被这些似乎有仙气的东西所吸引，突然觉得充满力量、心情愉悦，甚至倍感兴奋。然后，虽然你什么都没做错，但是刚刚的快乐状态在一阵烟雾中消失了，你会怀疑所有的乐趣都去了哪里。

每一部浪漫喜剧、每一段童话故事和每一个主题公园都依赖于4种魔法原力：惊喜、神秘、风险和探险。比如，坠入爱河、孕育孩子、去其他国家旅行、坐过山车，这些经历中充满了惊奇和浪漫。人类真的非常渴望魔力！

　　无论是选择让孩子上私立学校，还是联系本学区的工作人员为孩子寻找合适的家教老师，或是自己承担起在家教育的艰巨任务，我们总是对孩子的教育充满想象。我在与家长的交谈中发现，他们对孩子快乐地、自觉地探索各种学习和兴趣内容的情景很是向往；他们希望孩子在家上学比在学校上学的同龄人表现得更好，如果哪天孩子没有体现出学业上的进步和向好的趋势，他们就会觉得一定是自己哪里做错了。当然啦！如果你真的沉浸在"孩子要接受比金子更好的教育"这样的想象里，所有的障碍都会像保护睡美人的荆棘一样扎得你痛苦不已。

✳ 一种生活方式，而不是一个项目 ✳

　　在我30多年的生活和研究中，在家上学并不是一件独立于家庭之外的"事情"。在家教育是一种家庭生活方式（无论是住在公寓楼、别墅还是蒙古包）——一年365天，一天24小时都住在家里。在家里，可能一双袜子只能找到一只了，可能8岁的孩子尿床了，也可能孩子的数学书又不见了。无论你选择研究潮汐池还是乘法表，都没有休息时间。无论你是亲力亲为还是袖手旁观，在家教育都将继续。学习是自然而然的，也是必然发生的。但学到了什么，这是我们可以掌握的！

　　我发现，在家教育进展顺利的时候，也跟学校教育不太一样。我和孩子们在一起的美好时光有一种"侥幸"的感觉——它几乎是偶然发生的。如果这些时光是没有计划的、没有课程安排的、没有与学校科目对应的，我还能把它们"算作"正规的教育吗？

在我们完成了日程安排的时候，我感到很满意，因为我可以给计划中的所有项目打上对钩。然而一个星期过去之后，我却想不起来孩子们到底学了什么。孩子们还会记得我给他们读的内容吗？我能说出除法在习题本之外的任何有意义的用途吗？

在一周结束的时候进行回顾才发现，没有哪一天把已完成的日程勾掉让我觉得印象深刻，它也没有带来我所期待的慰藉。我执行这个日程表，是基于"上学是可靠的"这样的信念——意思是，如果我强制执行一个具体的计划来完成整个学年的任务，我的孩子们就会"掌握"所有需要的信息，从而受到良好的教育。

不幸的是，仅仅实施了一周，我便感到非常混乱。当孩子们只是乖乖地完成学校作业一样的任务时，我完全无法从他们身上看到我期待的高标准的自主学习状态。这并不是说他们没有练习或掌握技能；问题出在学习的魔力属性已经让位于证明学习进度的、需要死记硬背的书面材料。孩子们开始反抗：我今天还得做数学吗？我到了你这个年纪还需要学过去分词吗？面对这样真诚而有效的问题，我真不知道该说些什么。

当学习之绳到达死气沉沉的一端时，我又荡向了另外一端。是的，在我放手的时候，最理想的教育状态出现了。非学校教育者（也就是不使用传统课程的在家教育者）告诉我，以快乐为导向的学习状态能带来更有力的教育。我相信自己必须要放手和让步。然而，几周后，当散漫了许久的孩子们感到无聊并互相找碴儿时，我发现自己又被激怒了。我一直相信"非学校教育是神奇的"——我放手，就会自动培养出一个自主学习的孩子，和在学校受过良好教育的同龄人一样。

你知道最糟糕的是什么吗？我觉得自己被在家教育的理念欺负了！似乎我无论转向哪个方向，都做得"不够正确"——如果我能更好地安排时间，或者让孩子从出生起就不上学，这些做法就会奏效！每个节点我都慢人一步：为什么在诺亚5岁的时候我不知道这个教育方法？为什么别人很容易就能做到，我却很难？

但实际上，即使在那些我认为的低谷期，孩子们也在我面前显示出了令人吃惊的、旺盛的学习状态。我忙着把自己塞进一个教育理念的套子里，以至于有可能错过已经在我眼皮底下发生的丰富的教育过程！研究人员和专家称这种经历为"自然而然的学习"；我称之为魔法，魔法——勇敢的学习。因为说实话：相信不费吹灰之力就在学习是需要勇气的。我们通常需要磨难来证明一个孩子正在接受教育。

✳ 驿马快信活动 ✳

在20世纪90年代的某天，那天的早餐时间，我在图书馆读了一本关于"驿马快信"的书。受到启发，诺亚（当时7岁）问我们是否可以假装成小马，互相传递邮件。安娜插话说，如果我们都要变成小马，她最好的朋友伊娃不能也变成小马吗？我拿起电话，打给伊娃的妈妈多蒂；我邀请她的孩子们参加我们即兴的驿马快信活动。他们把当天的语法学习抛在一边。我们又给附近的两个家庭打了电话，他们也搁置了那天的在家上学计划。

我们带着自行车、婴儿车、背包、纸和铅笔在户外见面。每个人都写了看起来有点蠢的信件。这些信件被塞进信封、寄给朋友。孩子们被分配到街上的不同位置。

安娜，从街的另一边开始。

伊娃，把你的自行车骑到离安娜100码（大约90米）远的地方。别忘了拿你的背包！

诺亚，你把自行车停在这个死胡同的尽头。

……

片刻之间，几辆自行车呼啸而过，背包里的东西以最快的速度从一个骑手手里传到另一个骑手手里。内森（当时10岁）用秒表给骑手计时。就这样循环着玩！大家兴高采烈地写着新的纸条，看上去更荒诞了。当自行车飞驰而过时，蹒跚学步的婴儿尖叫起来。我和我的朋友们轮流帮助"驿马快信的骑手们"平稳地在环形街道上行驶——安慰摔倒的孩子，包扎流血的膝盖。孩子们的车轮越转越快，环形运输变得越发流畅，骑手们在打破自己的纪录时击掌、大笑。新的骑手们如愿轮换着玩，加入进来。一场派对诞生了！"驿马快信的骑手们"变得又累又饿，于是大家一起在草坪上吃了午餐。

偶然发生的学习。这是我很久以前从一本书中学到的经验。自行车和小马——暂时可以替代一下——以一种简易的方式展示了带着一封紧急信件从一个地方赶到另一个地方意味着什么。友谊，使用秒表，写信，写寄送地址，合作，运动，19世纪的美国……这么多的学习，这么多的乐趣。只要你愿意放弃那一个早上的课程安排就可以做到。

当我尝试跟随突如其来的灵感去行动时，孩子们就像爱丽丝梦游仙境掉进兔子洞那样，进入了学习的状态。一旦我们发现自己在这种状态里，魔法之力就会发挥作用。惊喜、神秘、风险和探险4种原力接踵而至——就像灰姑娘的仙女教母一样有魔力。我们不再是一群在家里练习拼写的邻家孩子，而是在社区街道的舞台上表演生动的历史动作剧的演员。

我并不是说每天都要像我们的驿马快信活动一样自发和有创意。才不可能呢！我的大部分日子也不是这样。在你惊慌失措并试图把这个偶然事件梳理出逻辑之前，让我们再多讨论一下魔法的特性，看看我们是否能找到办法为它们在你的家庭中出现创造空间。

✳ 有魔力的教育 ✳

我喜欢"有魔力"这个词。这个词就像在施展魔法——我们期待好的东西即将随之而来。或者，至少我希望我的魔法是好魔法，难道你不是这样吗？我不想要邪恶的女巫魔法（也就是诅咒），但有时候这就是学校系统的样子——对学习祛魅。我们在寻找的是一种有魔力的、专注的、快乐的学习方式。当我们看到它时，我们不想打断它。我们想要激发更多这样的时刻，简直要跳起来进入这样的状态：我要给我的孩子施魔法！我要让有魔力的学习成真！

我也不想打击你，亲爱的读者，你做不到的。魔法是很狡猾的，它就在眼前，但你却无法看到，直到时机成熟，然后砰的一声突然出现！就像从魔法棒中掷出的咒语一样，魔法将每一个经过它的人都带入一种满足、活跃的快乐之中。我们的驿马快信活动就是这样一个时刻。我本可以在施加咒语的时候把它击碎：施加一个反向诅咒！

成为"驿马快信骑手"的要求本可能会得到日程安排的回应："没有时

间做驿马快信活动了，诺亚。我们11点有个拼写测试，凯特琳需要小睡一下。"

它也可能会得到现实顾虑的回应："在家上学的日子里，我们不能打扰其他家庭。"

它也可能会得到愤怒的回应："别让我们打乱既定的行程！你只是想逃避做语法习题。"

更糟的是，可能根本没人认真听："你说什么？傻孩子，我们可没有小马！"

偶然发生的学习或灵光乍现的学习，你必须对此保持敏感，才能把愿景变为现实。我相信，放弃日程安排，打扰其他家庭，把时间投入一个没有尝试过的体验中，是会有回报的。那天确实如此。我选择把孩子的玩耍热情看作学习热情，在我们的社区举办了一个驿马快信活动，把这个愿景变为现实。结果呢？我们拥有了快乐的参与式学习，父母和孩子之间的信任，以及教育和关系的亲密。

魔法的特性就在我们眼皮底下，甚至有时我们会忘记利用这些强大的盟友。就好像教育的概念本身就会祛魅——如何从学习中汲取快乐、生命力和想象力。

让我们来看看如何充分利用这4种原力。对于小孩子，惊喜和神秘的力量尤其强大。对于青少年，风险和探险则更为适合。我已经列出了一些可以在家里尝试的入门级的练习。一旦你开始行动，你将会冒出无数的新想法。我保证是这样的！

✱ 原力1：惊喜 ✱

通常情况下，孩子真正学到的东西与老师原本想教的不同——这种现象既令人困惑又十分有趣。但是，我们能做的就是欣然接受这种惊喜。

——威廉·莱因史密斯

整个世界对婴幼儿、小孩子来说都是新的，惊喜无处不在！比如，一勺勺面粉，加上筛过的砂糖和盐，与搅散的鸡蛋、融化的黄油和适量的牛奶混合，放在热烤箱里，就会变成一个扎扎实实的生日蛋糕。这就像施展魔法，没有一个孩子不想参与到这个活动中来。那么，是时候烤一块神奇的学习蛋糕了！

惊喜使人开心

惊喜总是突如其来、出乎意料、令人眼花缭乱！你有没有做过这样的数学游戏：对一长串数字进行加减乘除，结果总是得到7？是不是非常吃惊、非常开心、充满惊喜？

学校的每一门学科都饱含惊喜的元素，我们的任务是和孩子们一起发掘惊喜。以学习阅读为例。如果你是这样做——告诉孩子们阅读是他们学习中的重要组成部分；拿着书和笔一板一眼地教他们；大声朗读给他们听，期待他们产生自主阅读的愿望。我承认，给孩子读书是件好事，但这种做法可能不会激发孩子主动阅读和学习的愿望。我曾和遇到了类似问题的父母讨论过，他们想知道自己到底做错了什么。那么，是什么真正促使孩子主动选择去阅读呢？我们要利用惊喜的魔力，惊喜就像一个坚实的盟友。我们要从孩子的视角看待阅读和写作——他们才刚刚进入书面语的世界。

我的书，我自己创作的书

书面的文字是有力量的，它们比口头的语言更持久，受到每个人的尊敬。我发现，吸引孩子阅读的方法之一，是从孩子自己独特、活跃的思维开始。当孩子说出那些古怪的、荒诞的、有趣的想法时，把它们记录下来。比如，约翰娜4岁那会儿，我做了一堆简易小书（把白纸对折，用彩纸做封面，钉在一起）。她喜欢画公主和森林里的动物。我问她这些画是关于什么故事的。约翰娜会讲述她在画纸上看到的内容，我把她的话快速地记在每一页图画的最下方。

午睡之前，当我给孩子们读故事书时，我也大声朗读约翰娜创作的"书"。当约翰娜意识到，纸上潦草的字迹记录了她自己创作的故事时，这是多么令人激动的瞬间！突然间，阅读就像一种有魔法的力量，而不仅仅是学校的一门课程。

早在认识字母之前，约翰娜就已经有了当作家的自豪感，至于抄写单词这样的事情自然不在话下。因为想通过阅读为写作积累素材，她对阅读的兴趣也爆发了。过5岁生日那天，约翰娜宣布："今天我要学会阅读！"当然啦，这需要好几年的艰苦努力才能实现，但是学习的种子已经种下了。惊喜并不一定是用来教学的，它主要是为学习奠定基础（我们稍后会讲到这个）。

换个角度看世界

勇敢的使者

当你想让孩子学习时，很容易采用"老师式"的教育方式。但请记得，这是在家里，不是在学校。让我们从换个角度看待自己开始。你和孩子的关系是参与和融入，而不是任务清单。你是谁、你怎样做比你知道什么更重要。如果你以出人意料的样子出现，孩子们就不会把你当作习以为常的存在。也就是说，让他们看到那个有点笨拙的、慷慨大方的、满怀好奇的、孩子气的你——一个有活力的学习者。

*把你的小家伙从温暖的被窝里叫醒，让他们在院子里吃早餐，大声朗读。

*穿着古装去上历史课。

*在孩子面前承认你也有很多不懂，并主动学习。

*和孩子一起参与同样的活动项目。

*和孩子一起玩电子游戏或看动画片。

*跳过当天的"难"的科目。

*烤布朗尼蛋糕，并在数学课上吃。

*搁置日程表，整个上午都玩游戏。

*在（去咖啡馆、图书馆或公园的）路上上课。

*对沮丧的孩子表示赞同："拉丁语真的很有挑战性！"

*改变体验：用橡皮泥玩字母拼读游戏，用现金练习加减法，在学习之前玩网络游戏，而不是学完再玩。

*提供意想不到的支持（给在玩耍的孩子带点零食，清理孩子做完手工

留下的烂摊子，坐在孩子旁边陪伴他努力解决问题）。

*给予意想不到的自主空间（允许孩子独自做事，独自使用新工具，与你有不同的意见，跟着直觉走，一直做一件她愿意做的事）。

展露你的诚实、脆弱、愚蠢、随性、开放、慷慨、有创造力和偶尔的一点狂野，给孩子们一点惊喜。他们会为此感谢你的。

可能摆在咖啡桌上的物品选项清单

* 美术用品

* 算盘

* 计算器

* 乐高套装

* 积木

* 图画书

* 木偶

* 七巧板

* 棋盘游戏

* 电子游戏

* 千斤顶或挑木棍游戏

* 一副牌（普通的扑克牌，或卡纸牌，或字母牌，或数字牌，等等）

* 毛毡，剪刀和丝线

* 脑筋急转弯

* 花盆，陶罐，非洲紫罗兰花

* 烘焙工具和食谱

* 计数小棒（或其他数学工具）

* 拼图

* 折纸

* 地图

* 空白的剪贴簿

* 贴画

* 手持的打击乐器，如三角铁或手鼓

* 小说以外的图书

* 诗集

* 溜溜球

* 书法纸和毛笔

* 袜子玩偶套装

* 魔方

* 毛线和织针

你可以摆在咖啡桌上的物品清单是无穷无尽的。对于不去学校上学的孩子，这样的做法像是在"播撒种子"，孩子们可以自己去探索和发现"挡在他们面前"的东西。这期间不需要说明指导，你的沉默将有助于孩子建立信心。这就好像你在说："我相信你知道要怎么做。"不过如果这个物品是电器或者需要用火加热，你需要在孩子身边提供支持和监督。

让你的孩子们兴奋起来！惊喜就是爱——它们会告诉接收的一方："我们不待在一起的时候，我也一直在想你。"

学校的科目

使用"清理咖啡桌"的方法来激发孩子对学校科目的兴趣。比如，如果你在研究古罗马，你可以剪一些篱笆上的枝条来做一个月桂花环（在当时是胜利的象征），画一张古罗马的地图，然后煮一些洋蓟（当时的豪华食品）吃。

花钱买惊喜，而不是课程。给自己定个规矩：不要教你自己都觉得无聊的东西。对某个学科进行探索，直到你发现了感到惊讶的内容。比如，为了探索拉丁语，我可能会列出有拉丁词根的英语单词；我会把它们写在彩色的卡片上，在房子里到处张贴。一张罗马帝国的彩色地图（包含古代世界所有讲拉丁语的地方）能很好地介绍这门语言吗？我想是有可能的。

在打开一本呆板的练习册之前，先找到惊喜。

放学回家的惊喜

在新学年开始的时候，用放学回家的传统给孩子一个惊喜。

* 用漂亮的纸包好课本

* 一起打开一箱箱的新书

* 为每个孩子准备书包里的学习用品

* 吃一顿丰盛的煎饼早餐

第一天，我给每个孩子写了专属卡片，放在他们的早餐盘子里。我用贴纸给卡片做了装饰，并在上面写了我期待一起学习的内容。在孩子上大学后，我发现这些珍贵的卡片被藏在袜子抽屉和床头柜里。把教育孩子当作一场庆祝活动，给他们一个惊喜——让新学年第一天像生日派对一样特别，让一年中的其余时间像你对孩子的爱一样温柔。

问问自己

当学习遇到阻力或困难时，问自己以下问题：

* 我怎样才能以一种令人惊讶的方式向孩子表达？

* 我可以用什么来搭配这个科目或活动，让我的孩子感到惊讶和快乐？

* 原力 2：神秘 *

神秘是创造力的核心。还有惊喜。

——茱莉亚·卡梅隆

惊喜利用的是人们的轻信、喜悦、期待和幽默；而神秘则让人沉醉于深邃、敬畏、惊叹之中，它要求人们保持耐心，并在拥抱这个浩瀚无垠、不可知的宇宙时，感受到自己的渺小（存在的渺小）。

就在前门外面

当我和我妈妈带着5个孩子在附近散步时，我已经明白孩子们会逐渐变疲惫。他们坐在婴儿车里，哭喊着要水喝。我多希望我们住在小溪边或树林里，洛杉矶郊区的人行道并没有提供多少"自然风景"。

我们一行人刚从公寓出来，利亚姆（当时4岁）就发现一只瓢虫在空中盘旋。瓢虫轻轻地落在他的胳膊上，其他几个孩子都伸长了脖子看过来。

利亚姆问，为什么瓢虫薄纱般的黑色翅膀会从红色斑点的贝壳下面探出来。他有办法让瓢虫飞走，但它会飞回来，继续在他的衬衫袖子上爬。

约翰娜注意到附近还有其他瓢虫。她想知道它们是否在吃植物，于是我们试着寻找证据。不确定我们找得对不对，但看到叶子的边缘有点破烂，我们猜可能是被瓢虫啃食过。一小群瓢虫被我的5个孩子拨弄散了，它们同时从灌木丛中飞了出来，展开了透明的黑色翅膀。利亚姆看着瓢虫飞走，难过得直流眼泪，他想知道它们为什么要离开我们。

这一切都发生在距离我家前门2英尺（大约60厘米）之内的地方。

我妈妈说过："发生在太阳底下的每一件小事，孩子们都会注意到，他们对这个世界感到惊奇。"

我渴望到别的地方住的想法似乎很荒谬，我忽略了离客厅几英尺远的地方就有一个神秘的自然世界。为什么只有住在一个有大后院和小溪的房子里，才会更关注大自然呢？

神秘感吸引着我们的注意力

惊喜会激发兴趣，神秘感会维持兴趣。可以把神秘感想象成添加到火堆中的火种，惊喜则是点燃火种的火柴。是神秘感（一切事物不可知的核心）让火焰持续燃烧。当我的小女儿凯特琳还是个蹒跚学步的孩子时，她只知道"椅子"的意思是我抱着她坐的摇椅。当她意识到还有椅子不会摇晃、还有椅子由织物和皮革制成时，新的想法便产生了。每一次与"椅子"的接触都在加深她对这个概念的理解，并且会挑战之前的认知。

每一项活动、每一个学习领域、每一门学科都笼罩在未知之中——总有更多的东西需要了解。这就是为什么博士生将他们多年的学术训练凝练到200页的论文中来阐释一个最微小的主题——因为他们被这个主题的核心奥秘所吸引。

孩子们总是没完没了地问问题（有时让我们错愕不已）。持久的着迷是被认真对待的产物，而不是被忽视冷落的结果。利用这种强大的力量，找到不可思议和令人敬畏的东西，然后把它抽取出来，让它更壮大、更不可思议、更令人敬畏！忍住，不要直接帮孩子解决问题或给出答案。享受未知，享受惊喜。

比如，慢吞吞地读一页又一页的语法书是乏味的，以某一个词语为例进行探索会不会更有趣呢？比如"table"这个词通常被视为名词，它也可以用作动词，"I table this discussion"（我提出了这次讨论）；或者稍微修饰一下，作为形容词，"table-flat hair"（扁平的头发）。我们对语言还能施什么别的咒语，让它说出自己的秘密呢？

尝试突破，反复试验，来回切换，调整细节，然后再次尝试揭开谜团。当"学校作业"变得索然无味时，可能是因为在死记硬背的技能练习和规则遵守过程中，失去了它原本的魔力。

换个角度看世界

"9·11"事件中，双子塔倒塌时，我的第一印象是一架私人飞机撞上了这幢大楼。当新闻主播介绍这架飞机是一架商用飞机时，我们意识到悲剧的规模变大了——训练有素的商用飞机飞行员怎么会意外撞上双子塔呢？当新闻报道双子塔等多个地标相继被商用飞机击中时，我们的看法又发生了转变；此时，我们开始怀疑这是一场恐怖袭击。

　　无论研究哪个领域，都没有固定不变的观点。随着信息的扩展、眼睛的观察、信息来源可信度的变化，我们对某个事物或事件的感知也在动态调整。对神秘感的理解是我们对已知真相进行越来越深入的校正的过程。孩子们喜欢拓宽自己的视野。使用这些"感知"工具来帮助你的孩子轻松地拓宽视野：

* 双筒望远镜（把它们放在有喂鸟器的窗户附近）

* 显微镜（不需要很贵；配一些预制玻片）

* 天文望远镜

* 放大镜

* 珠宝专用放大镜（用于查看岩石、沉积层、宝石、人类的头发、化石、箭头状物品）

* 潜水面罩或护目镜（在水下使用）

* 万花筒

* 带长焦镜头的相机

* 镜子

* 自制的潜望镜

* IMAX（超大屏的）影片

* 看3D电影的3D眼镜

* VR眼镜

试一试！

　　* 参观艺术博物馆，拿着缩印的明信片与画作真迹进行比较。什么内容在明信片的2D视图中丢失了，但在原画作的3D版本中是清晰的？

　　* 去动物园比较同一类别的动物（比如所有的蛇、所有的大型猫科动物或所有的企鹅）。同一类别的不同动物之间有什么相似之处、有什么不同之处？

　　* 连续几周关注一类新闻报道（比如飓风的天气预报）。留意看这个新闻的标题，并持续追踪它是如何随着信息变得更具体而变化的。

　　* 比较、对比一本书的原著和它的电影版。

　　* 去天文台参观，先用肉眼观察夜空，再逐渐换用精度越来越高的望远镜。

　　学习能力建立在能够在不同观点之间转换想法的基础上——批判性地审视已知的东西，并以新的方式思考它。拓宽视野的工具为灵活的思考奠定了基础。

在家里行动吧

阅读，体验，遇见

　　有3种方法可以加深我们与一个新主题之间的关系。第一种方法是"阅读"。阅读能够提供背景信息。为了更全面地了解情况，我们加上了第二种方法——"体验"。对于历史事件，我们可以参观相关的博物馆或历史遗迹。对于科学原理，我们可以做相应的实验。对于文学积累，我们可以成立读书小组、举办读书会。对于数学公式，我们可以缝被子或玩相关的游戏。体验能够拓宽我们的理解——让理论知识具有实践性和经验性。

第三种方法——探索一个主题最有力的方法是"遇见"。比如，在日常生活中见过鹰，与在野外生存指南里读过或在动物园里观察过完全不一样。书中的鹰是由我们掌控的二维图像，我们可以随时远离它；动物园里的鹰让我们对"鹰"有了更完整的体验——它的翅膀、叫声、粪便的气味——但这些都发生在安全的距离之外。在自家的后院遇见一只鹰，是与阅读、参观完全不同的教育过程——当时，松鼠和山雀在它面前只有脆弱，它的飞行速度像闪电一样快；我害怕得心跳都快要停了，直到这只猛禽尖叫着飞离了我的视野。遇见那只鹰的每个细节永远地印刻在了我的脑海里！当我们在日常生活中与"鹰"亲密接触时，"鹰"的神秘感就会增加。

"遇见"将我们直接置于神秘感的中心。它会启发我们——还有很多的未知，这并不是我们使用现有的技能和工具就能轻易实现的。阅读另一个国家的人写的书，是拓展一个新主题的好方法，比如了解马达加斯加；看其他国家的电影、听他们的新闻采访将提升在书中难以获得的直观经验。然而，如果来自马达加斯加的一家人搬到隔壁，这种遇见会大大加深之前所学到的一切。

阅读有关太阳系的书籍，是了解太阳、月亮和行星的一种方法。为了加深体验，我们还可以带孩子去天文馆。在那里，会有专业的讲解员将恒星和行星的图像投影到球形屋顶上。而用望远镜直接观察时，人类终于有机会遇见真实的行星——让所学真正变得丰富。

阅读某种宗教文化的书籍和参观其礼拜场所、参加朝圣日活动是不一样的。而移居外国，到一个主导宗教与自己祖国不同的地方生活，又是完全不同的际遇。看电视播放的体育比赛和亲临比赛现场也是不一样的。看别人玩游戏和自己玩游戏的沉浸程度也是不一样的。

阅读、体验、遇见，这3种都是有效的学习方法——每一种都会深化学习经验，让我们能够深入它的核心奥秘。

1. 阅读：网络寻宝游戏。 阅读小说和小说以外的书，统计数据和新闻报道，深入研究一个主题，然后问一些优质的问题。比如在网上搜寻莎士比亚、飞机或种族主义等话题的资料，创建一个问题列表，换用越来越精准的搜索词，给问题找到尽可能多的答案，然后让这些答案引发更多的问题。大一些的孩子（青少年）可以自己上网搜索，年幼的孩子可以和家长一起检索。如果条件允许，可以把小的电脑投影到大的屏幕上。

我准备了两组问题。第一组是适合小孩子的。第二组是面向青少年的，适用于挖掘一个存在矛盾冲突的话题。

5岁至12岁的孩子

* 这个话题与什么科目有关（比如数学、语言、科学、艺术、体育）？

* 谁擅长做这个？

* 哪个国家（或城市、地区）以这个话题而闻名？为什么？

* 关于这个话题，有哪些历史遗迹吗？

* 列出这个话题的出名之处（比如引用、发现、突破、出版物、历史变化）。

* 搜索这个主题的图片/视频。最先出现的是什么？哪个图像吸引

了你的注意?

* 点击搜到的图片或视频。它会带你进入什么网页?

* 现在你已经搜索过了，关于这个主题你还想知道什么?

13岁至18岁的孩子

* 在网上检索这个话题时加上"冲突"这个词。与这个主题相关的矛盾冲突是什么?

* 冲突双方的当事人分别是谁?

* 冲突双方之间有什么利害关系?

* 谁是这场冲突中的名人和/或专家?

* 对于这场冲突，已经尝试过哪些解决方案?

* 有哪些解决方案已经被提出来，但还没有尝试过?

* 世界上还有什么地方会出现这种情况? 那个地方是如何处理的?

* 这场冲突引发了哪些政治、伦理和宗教问题?

* 冲突双方都有哪些社会组织团体?

* 谁为这个问题提供可靠的数据?

* 你在做完这么多调查之后，有什么想法?

"网络寻宝游戏"向我们展示了优质问题的价值，以及从多样的角度广泛阅读的力量。这也是一个评估和思考哪些信息来源最有用的机会。如果你愿意，可以做一些笔记。我会一边搜索，一边吃巧克力片或燕麦饼干，但这只是我个人的习惯。

2. 体验：四处探索。安排旅行，去那些与你想开展的学习活动相关的地方。是的，你去的地方将会非常有趣！当我们研究美国的西进运动时，我们去了美国西部的迪士尼乐园，在其中的"边疆世界"区域游逛。那里的浣熊皮帽、火枪、戴维·克罗基特（当时的一位政治家）的故事、循环播放的《风的颜色》歌曲视频（《风中奇缘》主题曲），都吸引着我们，让我们以前在书中读过的内容变得生动起来。

查找你所在城市的历史遗迹。我们家最棒的一次短途旅行，是参观美国俄亥俄州西南部的"地下铁路"遗址（尽管当时气温低到了零下8摄氏度！）。当时，我们沿着俄亥俄河乘船行进，从里普利的约翰·兰金故居欣赏了肯塔基州的景色。遥想废奴运动期间的隆冬，出逃的黑奴家庭在艰难地渡河之后，正是在这里得到了庇护、吃到了食物。我们亲身感受到那个冬天的寒冷，让我们想象中的黑奴冒险逃亡更显意义非凡。

我们读过美国废奴主义者哈丽特·塔布曼的生平，也看过一部关于废奴运动的纪录片。而站在美国人最初获得自由时曾站过的地方，望着那汹涌澎湃的俄亥俄河，想知道究竟有人是怎么活着来到俄亥俄河的，已经完全是另一回事了。

如果外出到实地去有一定难度，可以选择在家里做活动。作家劳拉·英格尔斯·怀尔德在她的作品《大森林里的小木屋》中写了在雪地里制作枫糖的建议。我们一家人在奶粉罐里用重奶油和大理石"搅打"黄油；我们还自己动手制作蜡烛，晚上伴着烛光阅读。只要有可能，就在家里做这些体验活动，孩子们都会喜欢！

3. 遇见：了解他人。我们对亚洲的学习开始于一家人去加州奥兰治县的小西贡一日游。当时，我们遇到了一位越南艺术家。在越南战争期间，他和家人逃往美国，却不幸遭遇翻船事故，他的妻子和孩子都因此丧生。他的画室（夹在购物中心的杂货店和面包店之间的地方），挂满了战前越南景象的精美画作。我很惭愧地说，在参观他的画室之前，我对越南这个国家的唯一印象是饱受战争蹂躏的黑白照片和凝固汽油弹，我从没想过越南在战前曾如此美丽。遇见这位越南艺术家，改变了我们一家人，颠覆了我们对越南有限的看法。

"遇见"会强制我们改变原先的观点，去接纳和包容那些就在我们眼前、与我们不同但又让人感到安心的、相似的人。在书本里学到的是有限的。比起阅读和体验，"遇见"能更快地拨动神秘感的开关。

试一试！

　　* 参观你所在城市的文化中心。

　　* 找寻对应兴趣领域的专业人士。如果孩子在学吉他，你可以找一家手工制作的吉他店。如果孩子喜欢地质学，你可以去珠宝店看看宝石是如何打磨的。如果孩子常玩橄榄球，你可以去看NFL（美国职业橄榄球联盟）球队的训练（是免费看的）。

　　* 研学旅行（如果条件允许）。暂时（甚至几个星期）搬到另一个城市或另一个国家生活，去身临其境地学习。自行选择旅行去哪里、看到什么并记住它们。

　　* 参加一个你不熟悉的宗教或文化活动。

　　* 接触并采访那些遭遇过战争、自然灾害、癌症或其他生命威胁并幸存下来的人。

* 和与自己截然不同的人交朋友。如果你擅长写作，去交一些数学好的朋友。如果你住在农村，那就去大城市认识朋友。摆脱你的习惯，接触令人兴奋的新事物。

问问自己

当学习变得枯燥无味时，问自己以下问题：

* 还有什么要学的？

* 我们可以阅读、体验和遇见什么来加深我们与这个主题的关系？

✳ 原力 3：风险 ✳

欲求珍珠，必潜水底。

——中国谚语

选择让孩子在家上学是一件有风险的事，这就像在挥舞着拳头大喊"我比外边那些有资质的老师更有能力教我的孩子"——大胆和疯狂之处在于你让孩子身陷风险——毕竟你自己接受了正规的学校教育，然而孩子却要靠你而不是靠学校来教育。是你的大胆冒进让他们的教育处在风险之中。比如，孩子没有做完数学题，可能会让你变得暴躁，可你对此完全无法掌控——你不可能钻进孩子的大脑，强迫他（她）学习。但你依然勇往直前——为了孩子的在家学习，甘愿牺牲自己的假期时间，你是如此热情高涨。

你猜怎么着？你的孩子也是如此，他们也想在风险中寻找刺激。你要知道，在家上学对他们来说没有风险，他们过着田园般的生活，只需要在四墙之内与再熟悉不过的父母相处。他们不急于向任何人证明任何事情，不像你——你觉得自己必须向所有人证明所有事情。

如果你可以评估一下在家上学的风险性，并思考它如何迫使自己勤勉不辍，你就会明白为什么风险对孩子的学习探险之旅至关重要——孩子需要建立自己的目标愿景，像你的目标愿景（向所有人证明所有事情）那样大胆、宏大，但也有失败的可能性。实际上，这也是他们想要整天玩那些讨厌的网络游戏的原因——其中有风险、有探险、有失败、也有成功！

宏伟、艰难、大胆的目标

吉姆·柯林斯在其畅销书《基业长青》中，描述了被公司愿景"收买"的员工与没有使命感的员工之间的区别。员工不会仅仅为了公司的蓬勃兴旺而更努力地工作，他们需要个人层面的激励——为他们所看重的目标勾画令人信服的愿景。

读柯林斯的书时，我联想到了我的孩子们。如果他们真的不关心我的愿景（教育要为考大学做准备），那么用什么来激励孩子们投入学习探险中呢？我被柯林斯提出的"BHAG"（发音为"必罕格"）的概念所吸引，也就是"宏伟、艰难、大胆的目标"（Big Hairy Audacious Goal，首字母组成了BHAG）。

"BHAG吸引着人们——它会伸出手，紧紧抓住人心。它是切实有形的、充满活力的、高度聚焦的。人们马上就能'明白'，这几乎不需要解释。"柯林斯描述了前总统肯尼迪的BHAG对太空计划的影响。肯尼迪没有写一份冗长的使命宣言来说明探索太空的重要性，而是要求美国宇航局（NASA）挑战登陆月球！BHAG提供了重点——它将太空计划的所有目标集中在一个易于理解的可监测目标（登陆月球）上。

我立刻睁大了眼睛——这就是我一直在寻找的语言！我想让孩子们感受到，他们接受什么样的教育在很大程度上是由他们自己控制的。

我找到孩子们并问他们：

如果钱不是问题，而且有足够的时间给你们用，你们想做什么？

我被他们的回答吓了一跳！我的女儿约翰娜（当时11岁）说她想学古典舞蹈，去参加舞会，就像简·奥斯汀写的《傲慢与偏见》里在彭伯利庄园举行的舞会一样。我瞬间蒙了，我们能不能只是给她看舞蹈视频呢？唉，我早就知道会这样。但我准备好了，给有冒险精神的孩子提供了父母可以提供的三样东西：

* **调查基础**：我找到了一家成人的古典舞社，这里每周上课，他们欢迎约翰娜和她的兄弟来参加。

* **经费支持**：我们没有钱，我问古典舞社我们是否可以用劳动支付。最后达成的一致是，我们每星期一为古典舞社分发传单，他们同意免除每周8美元的费用。我们做到了，风雪无阻。

* **交通保障**：我每周开车带5个孩子一起去上舞蹈课，也是我开车带他们出入社区，把传单塞在别人家的门把手上。

我们对古典舞的投入相当大：每周的一个晚上，其他3个孩子跟着诺亚和约翰娜一起上课；每周的一个下午，在交通高峰期分发传单；在其他课的课间练习舞蹈——与学古典舞相关的活动占用了大量的时间，挤占了其他活动，有时甚至挤占了传统的学校课程。

然而，这些投入带来了丰厚的回报。到年底的时候，舞社举办了一次大型舞会，有一位女士借给约翰娜一件符合舞蹈时代背景的长袍。我们全家都到了舞会现场，我们看着诺亚和约翰娜表演弗吉尼亚舞、波尔卡舞、华尔兹和其他各种舞蹈。这是对约翰娜大有所获的庆祝！

遵循孩子的BHAG目标是有风险的，要有时间、金钱、对资源的投入、对项目的信心——有时还会彻底陷入低谷。比如，凯特琳学小提琴的尝试以失败告终，但诺亚对莎士比亚的热爱让他在一家青少年文学社团工作了好几年。谁知道会怎么样呢！

金钱不一定是必需品——我们可以集思广益，用金钱以外的方式帮助孩子们实现梦想。关键在于突破智力的极限，和孩子一起想象大胆而美好的生活状态！在这样的愿景下，各种资源就会涌现出来帮助我们。

风险让你和你的孩子敢于畅想。如果我们在做完学习任务和家务之后，再用所剩无几的精力去面对孩子们"遥不可及的幻想"，我们将无法实现这些目标。可是反过来：当我们给孩子们喜欢做的事情注入能量时，他们就会从中获得满足和快乐，进而能够面对那些不那么喜欢的事。

敢于换个角度思考

除了大胆冒进的行动以外，还要为有风险的思考留出空间。孩子会不断涌现新想法，家长要学着接受这些与自己有差异的新想法。对小孩子来说，"我家做事"的方式就是"正确"的方式；上高中之后，孩子会注意到其他的选择。例如，思考有多少种饮食方式：我家人（美国人）的饮食方式，我的犹太邻居的饮食方式，中国人的饮食方式，患有肠炎的表弟的饮食方式……我们所列举的多样答案构成了相似中包含着差异的基础。21世纪的教育重视扩展和包容，而不是19世纪主张的狭隘和排斥。我们不再追求千篇一律，转而接受和而不同。

接受风险意味着愿意接受这些差异，而不是在恐惧或焦虑中崩溃。如果盲目崇拜专家给出的正确答案，将之当作唯一的教育方法，我们将无法实现这一目标。

换个角度看世界

总是有棉花糖和彩虹相伴的童年是我们的愿望，但孩子总有一天会从家庭的安全屋破茧而出。我们要接受的第一个风险就是换个角度看待我们的孩子。

相信你的孩子，相信你自己，相信这个过程。

如果孩子相信你能包容，她会冒着风险告诉你她的需求。如果她不相信你会支持她，她就会选择隐瞒自己的想法。

尽可能多地给你的孩子他们想要的，然后放手，并相信这个过程。

布兰登·斯坦顿是广受欢迎的博主"纽约人类"的摄影师，他分享过一个妈妈和她6岁的儿子鲁米的故事。布兰登在纽约市的中央公园遇到了小男孩鲁米，鲁米坐在毯子上卖玩具，为买一匹马筹集资金。实际上，这位妈妈当然知道，住在纽约市区的公寓是无法拥有一匹马的，她也明白卖玩具的钱不够买马。但无论如何，她支持儿子的梦想，鲁米那天赚了1美元。

当布兰登遇到这对母子时，他拍下了他们的照片，并在他的主页分享了他们的故事。他的粉丝们非常感动，他们想为鲁米做点什么。为了让鲁米一家去有马的牧场度一周的假，由布兰登在某在线众筹平台上注册账户，捐款源源不断地涌来。捐款的总金额超过了3.2万美元，不仅足够度假用，还可以拿出2万美元捐给纽约市的骑马治疗中心。

这个男孩的妈妈让这一切成为可能——她信任她的孩子，支持他，然后信任这个过程（毕竟她不可能预先知道他善意的筹款的结果）。实现孩子梦想的做法吸引了他人帮助，这就是魔法！

在某些时候，你会发现，当你深入了解孩子的梦想时，原本被忽略的可用资源就出现了。当你的女儿说她想学钢琴时，她的朋友刚好有一架不想要的钢琴。当生日前允许孩子自由选择想做什么时（比如上表演课、参加夏令营、加入长曲棍球队），就会有邻居愿意分享自己花园里的一小块地给你的孩子种蔬菜，并教孩子如何施肥。

按照以下步骤做：

* 问问你的孩子，如果他们有足够的钱和时间，他们想做什么。

* 想办法支持孩子的梦想，哪怕只是其中的一小部分。

* 信任你的孩子。

在家里行动吧

不管你愿不愿意，你的孩子都会遇到风险。所以，提高自己的风险承受能力吧！

1. 身体。做运动，爬树，在墙头上行走，操作机器（缝纫，搅拌，拉锯，计算，拍摄），制作混合物，测试他们的力量和协调性。

2. 思想。 广泛阅读，解决谜题，享受填字游戏，玩转双关语，了解其他人、其他地方，提出问题，让孩子自己找到答案。

3. 打发时间。 左摇右晃地坐着，发呆，躺着，闲逛，把同一个系列的书读很多遍（比如哈利波特），还有更多其他事。当他们有时间休息时，新的想法就会涌现出来。打发时间和无聊不一样。打发时间意味着你的孩子没做什么在你看来有意义的事，但在快乐地做自己。

4. 朋友。 结交新朋友！加入团队、俱乐部、班级和社区志愿者项目，去认识和你不同的人，去认识和你相似的人。记住：网上交的朋友也是真实的，接受他们的存在。当然，要确保孩子的安全，了解他们结交的人。

风险意味着刺激和危险。与正在冒险的孩子保持密切的关系——近到足以提供友善的支持，远到足以让孩子觉得自己是在冒险。

问问自己

当生活变得平淡无奇时，问自己以下问题：

* 我的孩子想要追求什么样的远大目标？

* 我如何对我的孩子、我自己和整个过程表示信任和支持？

✳ 原力 4：探险 ✳

在一天结束的时候，你的脚会脏，你的头发会乱，但你的眼睛闪闪发光。

——音乐专辑《亮丽人生》

魔法的第四种原力是探险。探险有不同的难度级别——从在攀爬器材上攀登，到用保护绳进行室内攀登，到在峡谷中的户外攀岩，再到优胜美地国家公园的山顶攀登。探险意味着充满活力的旅程。与此相比，在海边喝饮料的假期就显得不那么重要了。

探险并不一定等同于冒生命危险，但它确实意味着危险。一次学习探险可能意味着你（作为家长）会感到有点不舒服（好吧，很不舒服）。我们的原力中，风险和探险的关键区别在于，风险适用于思想、想法；而探险是与位置相关的，去到无限远的地方，或者至少不在家里。

走出家门，走进碧海蓝天

在家上学的孩子几乎所有的时间都和家长待在一起。他们不会自己走到几英里外的一栋楼里，并努力记住把自己的黄色毛衣、长笛和午餐盒带回家。孩子就待在你的视野里，一直都很安全。

然而，为了获得更好的成长，他们需要机会来测试自己的生活自理能力，这件事只有你不在旁边帮忙的时候才能实现。在家上学的孩子有很多方式可以拥有这样的经历，但不包括去学校，所以我们家长提供的机会非常关键。

学习探险包括在家上学的社团、双学籍课程（大专和高中）、在线课程和单独辅导。孩子们也喜欢非传统的课堂体验。比如，利亚姆在辛辛那提市的动物园上夜校，约翰娜和诺亚在辛辛那提市的莎士比亚剧团上表演课。

找（亲子双方以外的）第三方专家来教你的孩子。如果对大一些的孩子来说，把作业交给家长检查已经变得毫无意义，这可能意味着缺少了学习探险。那就给孩子提供机会吧！也可以考虑报成人培训班：艺术学校、潜水资格证、武术、平面设计、摄影、陶瓷艺术、电脑Excel、救生员训练、心肺复苏术等培训。并非所有的课程都必须是"大学预科课"或学校科目。

在外表演

体育、舞蹈、乐器、艺术和戏剧的课堂是孩子们在父母监督下外出的主要场所。指导老师有着与父母不同的期望，孩子们要学着去应对这些，这是他们必须要学的！即使老师的教学方式与在家时完全不同（只要不是虐待孩子），那就没关系。你的任务是帮助孩子找到与老师合作的方法。

孩子们需要一个机会来"打磨"他们的个性。父母对自己孩子的特点总是无限宽容（他们也应该如此），其他成年人可不会这样对你的孩子。但他们也会给你的孩子机会去改变、去适应、去融入，这很重要，请相信他们有能力做到。

去其他城市参加比赛，在舞台上表演——这些经历都很有力量，因为它们让孩子有机会展示自己目标的实现程度。不仅如此，表演的标准还教会孩子们，他们的努力工作和投入对整个团队、集体都有影响。

离开家

学着远离家乡是父母需要为在家上学的孩子提供的另一种探险。在奶奶家过夜是很好的第一步，还可以是，与朋友一起过夜，年轻人团体周末外出，儿童旅行团，以及各种各样的夏令营活动（机器人，太空，小提琴，芭蕾，外语，户外素拓等），这些为孩子们提供了一个检验他们自理能力的机会。年纪大一些的孩子，青少年，尤其受益于这些活动：一些青少年去国外做义工，还有一些出国留学。

换个角度看世界

如果你的孩子看起来古怪且暴躁，那可能是他们已经厌倦了家里的环境，快运用你作为父母的权力去研究一下。不要认为标注了"成年人"的课程是禁止孩子们进入的。许多在家上学的孩子参加过面向成年人的活动项目——从做瑜伽到在动物收容所工作，再到为政治选举打电话。

试一试

* 在动物园担任青少年导游志愿者

* 加入舞蹈社团

* 参与内战复盘

* 在动物收容所遛狗

* 为政治选举打电话拉票

* 参与大型国际组织的活动

* 去剧院看演出

* 获得潜水资格证

* 加入机器人社团

* 参加艺术课程

* 在当地的大学学烹饪

* 获得武术黑带

* 用年票滑雪

* 到小学的教室里做志愿者

* 学习装饰蛋糕

* 开一家网店，参加工艺品博览会

* 在4-H青年博览会上做动物表演（4-H是Head, Heart, Hands, and Health，这是一个全球性的青年发展组织）

* 背包远行

* 长跑（马拉松，超级马拉松）

* 找工作

在家里（为离家）行动吧

把孩子送出家门是一个大动作，这不免令人生畏。一些父母担心孩子会遇到坏人、坏事，所以他们从不允许孩子晚上外出，但这种恐惧可能会造成严重的后果。

重要的是要为孩子的安全采取适当的措施，然后相信孩子会拥有自己的经历。对于很小的孩子，没有必要把他们送到外边。当他们长到8-12岁的时候，他们可能会享受与一个值得信赖的亲人待在一起的时光。我的孩子们8岁左右那会儿，我妈妈分别带他们每个人外出度过了一个周末：一个去了安沙波列哥沙漠，另一个去了圣地亚哥的野生动物园，还有一个去了圣地亚哥动物园过夜。这些经历是宝贵的，我的孩子们仍然保存着外婆为他们制作的那些活动的纪念相册。

大一点的孩子在露宿营地学着自理。我们本地的在家上学社团组织了一年一度的夏令营，100多个孩子参加了这次活动。尽管有父母担任顾问，但适应新环境对每个人来说都是充满活力的（并创造了持久的记忆）。

体育夏令营、比赛、到发展中国家或自然灾害现场做志愿服务，对在家上学的孩子都很有价值。雅各布12岁时参加了美国航空航天局在亚拉巴马州（另一个州）的太空夏令营；同一年，诺亚和约翰娜都参加了辛辛那提市里的莎士比亚夏令营；凯特琳则在高中时参加过仪仗队夏令营。

考虑全家一起的旅行。我们去意大利进行了一次"终生难忘的旅行"，你也可以做到。我们攒钱花了4年时间，但这次出国旅行改变了每个人的生活。

问问自己

当孩子碰了壁，没有什么能吸引他们的时候，问自己以下问题：

* 他们需要离开家吗？他们可以去哪里寻找新的刺激？

* 没有你在，他们能进行什么探险？

魔力的4种原力（惊喜、神秘、风险和探险）点燃了学习之旅。下一步是考虑如何维持这种状态。

第 5 章

学习的4种能力

好奇、合作、专注和庆祝

> 通过将经历的事与这份经历对学习者的意义联系起来，大脑实现了学习。
>
> ——雷纳特·凯恩和杰弗里·凯恩

魔力的4种原力激发了人们的学习兴趣。而学习的4种能力就像维生素C一样——滋养维持着学习兴趣——允许孩子与他们着迷的东西建立有意义的联系。这些能力是勇敢学习的养料。

这4种学习能力分别是好奇、合作、专注和庆祝。

好奇心是想知道某种事物的第一种能力。最初的惊喜会吸引学习者，然后他们的好奇心就会迸发出来——他们可能会亲手测试这个物品，或者与兄弟姐妹分享自己的想法，或者阅读更多有关该主题的内容。

然而，当新的项目或内容太具有挑战性或看起来无关紧要时，孩子的好奇心很快就会消失。有时，为了获得片刻安宁，我会给孩子们拿一个新的棋盘游戏。过了一会儿，他们又会回来，告诉我他们很无聊。这一刻，我会觉得非常沮丧，你也会有这样的感受吗？我可能会恼怒地说"你根本没玩这个游戏！你先试一试呢"，但这样的话从来都没有用。孩子们遇到了一个障碍，但他们的好奇心不足以让他们越过面前的障碍。一旦遇到"挑战"，他们就会放弃，并宣称"太无聊了"。

此刻，正是第二种能力该发挥作用了：合作——与他人一起做事的能力。合作打破了在家上学的一个重要神话：自主学习的信念。当孩子们在旅途中有同伴时，他们会感到被赋予了力量。导致挫败的挣扎和促使成功的努力是有区别的。作为父母，我们要促进的是后者。是什么让孩子进步、解决问题、克服障碍？答案是，一个解决问题的伙伴，就是这样！当父母合作的时候，孩子便会学习。

第三种能力是专注——保持专注的能力。我说的不是在日落时坐在沙滩上凝视大海（英文中的"凝视"和"专注"是同一个词）。专注在这本书里是指一种不知疲倦地学习的能力。研究大脑的学者凯恩夫妇称这种状态为"放松的警觉"。你或许会注意到，一个孩子在耐心地解开一团用于编织的毛线，或者在不小心把多米诺骨牌撞倒后又小心地把它们摆好，又或者连续投篮35次全中。这些都是行动中的专注的例子，也就是为达到预期目标而不懈努力。

最后，第四种能力是庆祝——肯定自己成就的能力。通常我们会让孩子很快地从一项技能过渡到另一项技能，比如"现在你懂了乘法表，让我们把它们应用到分数计算上"。然而，停下来庆祝初次取得的成就，对于快乐学习是必不可少的。

幸运的是，庆祝是自然而然的：当队友进球时，我们大声欢呼；当蹒跚学步的小宝宝说出一个复杂的词汇时，我们笑着把它写在成长手册里。

那么，当一个孩子掌握了乘法表时，接下来会发生什么？是广而告之？是击掌庆祝？还是在餐桌上挂一条横幅，写"克里斯汀记住了7和8开头的乘法口诀"？我们如何以一种有意义的方式来庆祝这一成就？庆祝不等于奖励，我们承诺过给孩子一个冰激凌蛋筒，以此来激励孩子做自己讨厌的事。庆祝是对成就的自然的、快乐的认可。

这4种能力一起工作，为孩子创造你期待的丰富的学习生活。一旦你激发了魔力的4种原力、开启了学习之旅，你的任务就变成了为学习之旅提供养分。在我们家，雅各布10岁的时候就具备了这4种能力。

那个时候……雅各布建立了一个饼干帝国

当时，雅各布宣布："我想去美国航空航天局的太空夏令营。"报名费是多少？850美元，我们家可没有这么多钱用来做这件事。我给他的热情泼了冷水，"这不是很好吗，雅各布？只可惜太贵了"。雅各布的爸爸乔恩并没有被我说的预算评估劝退，他说："你知道的，宝贝，你可以自己付这笔钱。如果你开始做饼干生意，会发生什么？你可以在我们社区附近每周卖新鲜的热巧克力饼干，赚很多钱。"

我无法想象，有人会因为别人家孩子要参加太空夏令营而成为忠实的饼干客户。于是我默不作声。雅各布就这样行动了起来！他和他爸爸"沆瀣一气"，两个人算出了雅各布需要在两年内每个月分别挣多少钱，还写了一份广告词。雅各布认真排练，练到能流畅而有说服力地讲出广告词。雅各布先做了一批饼干样品，乔恩帮他做了一个电子表格来接受订单。然后他们俩就出发了，去挨家挨户地兜售饼干。他们成功地带回来一大堆订单。

雅各布烤了对应数量的饼干，并在下一个星期天晚上去送货。他每周都有订单，就这样持续了两年。他还在沃尔玛和克罗格两家大超市门前售卖饼干（都提前获得了许可）。那几天，他每天的进账超过100美元。24个月后，雅各布轻松地挣到了850美元，如愿去参加了太空夏令营。他在完成这些订单时有多自律呢？的确，他一直在努力地做。12岁那年，雅各布坐上飞机离家远行，独自去另一个地方待了一个星期。这是一次真正的庆祝！而这一切都源于乔恩认真对待雅各布的好奇心，并与他合作去实现他的目标。

✳ 能力 1：好奇 ✳

就像咖啡里的咖啡因，吉他上的和弦，或者水中的湿气，真正的好奇心不是针对某个独特的东西，而是好奇心本身。

——特里·海克

好奇心是想知道某种事物的能力，它激发了你所有想从别人那里学到的东西。令人难以置信的是，好奇心像洪水一样滚滚而来，盖过所有其他的活动。当我对某个东西产生好奇心时，我会：

* 在网上搜索资料。

* 浏览社交软件。

* 专注思考以至于忽略了身边的人。

* 亲手测试这个物品看看它是如何工作的。

* 到图书馆看书。

* 提问题。

* 猜答案。

* 验证猜想。

* 向他人求助，比如朋友、专家或者我妈妈。

* 出神地搅拌杯中的奶茶。

* 在视频软件上观看人们做这件事、享受或解释它的视频。

* 对自己缺乏天赋、技能或洞察力感到沮丧。

* 因每种可能性而兴奋。

* 去跑步以保持思考。

* 注意到世界上的每个人都在谈论我关注的话题。

是的，当好奇心抓住我的衣领、拖着我前进时，我的大脑会变得忙碌。我的新兴趣很少需要排在日程里——我将从周一下午两点开始学习X（某个新兴趣）。它可能会让我错过聚会，或者搁置其他一些有意义的活动。

产生好奇心的孩子们也和我没什么不同。他们将会：

* 放下一切，一门心思面对这个新事物。

* 在一项活动中废寝忘食地加倍投入。

* 问无尽的"为什么"问题。

* 翻阅书籍，查询网页。

* 创编理论和解释。

* 误拿这个东西做新的用途。

* 触摸它，攀登它，探测它，操纵它，控制它，品尝它。

* 扔它，摔得作响，摔得粉碎。

* 打破游戏规则。

* 向朋友询问。

* 宣布"我长大后想成为_____"。

* 在你面前唠叨个不停。

* 乞求你过来试或玩或看。

* 想知道如果……会发生什么。

* 忽略身边的玩伴。

* 拿走这个不属于他的东西。

* 制定一个计划来测试一个理论。

我们可以把好奇心想象成一个即将要学习的数学问题。比如，如果"数学好奇心"表现为如何比较濒危大型猫科动物的速度，或者如何创建一个棋盘游戏，或者如何缝制一床夸张的被子，或者如何计算我的角色在网络游戏中还剩下多少生命值，将会发生什么？

好奇，直到被验证

让我们从我所说的"过分的好奇心假设"开始。父母的监督可以遵循这条规则：好奇，直到被验证。为什么这么说呢？当你将对孩子行为的看法，从"需要纠正和重新定向"转变为"这是孩子充满好奇的表现"时，你可能会发现难以改变的问题行为突然自愈了。

假如你的儿子们正在相互争抢玩电子游戏的机会，如果你的关注点是如何让两个孩子都玩这个引起好奇心的游戏，而不是如何让他们和平地轮流玩，那么沟通起来将完全不同。问题的本质不在于兄弟之爱，而在于如何接触到孩子的好奇心——这个支配孩子想象力的东西。

当轮流使用不是解决方案时

作为一个成年人，你在什么时候会和你的伴侣分享自己的"玩具"（如果你有伴侣的话）？通常情况是，两个成年人都有自己的汽车、手机、笔记本电脑，甚至有的家庭中，连电视也是每人一台。我们不分享这些东西是有原因的。它们让我们能直接满足自己的兴趣（好奇心），如果我们分享其中的任何一个，都需要运用完善的逻辑推理来解决冲突。

比如，如果你家里只有一台电视机，会发生什么？如果一个人的橄榄球比赛"超级碗"和另一个人的电视剧《唐顿庄园》大结局同时播出，那么两人轮流看电视并不是解决问题的办法，目标应该是帮助两个成年人都能看到他们想看的节目。一个解决方案是买一个数字录像机（DVR）；另一个解决方案是把两个人中的橄榄球球迷送到体育酒吧和大家一起看比赛，也许另一个人作为《唐顿庄园》的粉丝会去朋友家一起看剧。轮流看电视的解决方案并不会让人感觉更好，大家都会说："上次你看了你想看的节目，所以现在我可以看我想看的节目了。"

成年人在与成年人交流时会解决问题；但成年人在与孩子互动时应着重关注孩子的性格培养和教育。如果我们从一开始就相信每个人都拥有健康的好奇心——渴望了解、玩耍、探索——我们就不会因为觉得孩子性格不好而羞辱他们，而是侧重于满足他们的需求。这种转变本身就是无价的——当你满足了孩子们对好奇心的渴望时，孩子们自然会有更宽阔的胸襟。

要认真对待孩子的好奇心，像填饱他们的肚子一样尽可能地满足精神需求。有些父母担心这种做法会宠坏孩子，而被宠坏的孩子必须要得到他们想要的各种东西，这样他们被安抚好了，才不会打扰父母。但重视孩子好奇心的父母会加入他们的学习之旅。

孩子最好奇的时候，可能是你觉得最烦的时候

请留意孩子的想法什么时候把你激怒了——这时，孩子会不会是在发挥超乎寻常的想象力？这个想法是否过于复杂、混乱或昂贵？这些问题是否比你能轻易解答得更庞大？孩子设想的活动是危险的还是不可能的？接下来你会怎么做？

先不要急着做判断。

例如，如果你的孩子问："我可以喝汽油吗？"我们很容易进入父母保护模式："不，坚决不行！"

与此相反，你此时应该思考：这个问题的背后蕴藏着什么？

你要保持兴趣，首先展示出超乎寻常的好奇心。

然后认真地回应这个问题（即使孩子说的"那个东西"是不切实际或非

常危险的）。"汽油啊！喝汽油对你有什么作用吗？"

你的孩子可能会回答："喝完我就能跑得和汽车一样快。"

速度！这就是关键所在——孩子想要狂饮汽油的背后隐藏着潜在的好奇心。你可以立刻利用这个机会和孩子谈论速度；还可以一起找出那些提供人类所需能量的食物；亦可以拿一个秒表，记录孩子跑25米的速度，再将这个速度与在冰上滑行相同距离进行比较，或者与骑自行车进行比较。

但如果我们说"傻孩子，汽油很危险。千万别让我看到你喝，好吗？它会要了你的命！"，孩子的好奇心便瞬间烟消云散了。

从好奇开始积极行动，而不是防微杜渐。（当然，接下来要采取预防措施！）

对问题进行再定义

我们也会用普通的方式来培养好奇心。"我饿了，我想知道有什么吃的。"此时，我们会在厨房里走来走去找吃的。有些食物需要加工一下，有些可以从盒子里拿出来直接吃；有些辛辣，有些清淡；有些多汁，有些很干。

我们重新定义了这个问题：我想吃什么？这需要探索，并想象什么东西美味可口、什么能填饱肚子。在做出决定之前，你需要先了解一下食物（晃一晃盒子，打开它，闻一闻气味，看一看成分表，想象它的味道）；还需要品尝——这里咬一口，那里咬一口：这样就搞定了吗？

在决定吃什么之前，我们允许自己完成所有这些步骤，然而，有时我们还是会选错！我可能做好三明治才发现我想吃一个苹果；我忍不住吃完了一份冰激凌，真希望我吃的是一份牛排。选择和品尝食物的经验也适用于学校科目的学习和个人兴趣的选择。

如果我们用同样的方式来对待数学：用一份菜单来满足不断增加的饥饿感，将会发生什么？父母可以建议孩子"浏览这本数学书，直到你看到一张有趣的图片"，如果她翻阅数学书的过程中选择了书中间的某一页，那会是很糟糕的事情吗？不，恰恰相反，那一页中引起她好奇心的那个数学概念可能会成为让整本书其他内容都变得有意义的关键。

如果我们把教育当作寻找合适的食物或零食来充饥，我们的孩子会更自由地感到好奇，并告诉你是什么带来了满足感，而不是简单地"应付"学习材料。如果你通过忽视那些荒谬而持续的问题（如果你对他们的求知欲表示蔑视）来阻断好奇心的流动，你就关闭了孩子学习的大门。此时，你将不得不艰难地"教孩子"，而不是和孩子一起学习。

好奇配对网站

你无法代替孩子产生好奇心，但你可以给孩子的好奇心提供"引燃"的火柴。把自己看作是"教育约会服务的预约员"。避免用教科书的方式介绍学习的主题，因为它还不如约会网站上模糊的头像更吸引眼球。化学原理和拉丁语词根需要良好的照明和漂亮的配饰，这样你的孩子就会"向右滑动点开内容"！试管和扑克牌比习题册更有趣。你的孩子可能不会立刻爱上学习这个主题，但至少当你把它和汽水一起端上来时，他们会倾向于好好听一听。

请记住：学习学校的核心科目有很多种方法。你的首要任务是做介绍服务，开启孩子和教育的"约会"。

换个角度看世界

> 无论什么情况，时不时地对你长期以来认为理所当然的事情打个问号，都是一件好事。
>
> ——伯特兰·罗素

成年之后，我们已经厌倦了室内管道、汽车和空调这些赖以为生的现代奇迹，想不到它们有令人赞叹的能量。所有的东西最后都会成为墙纸一样稀松平常的存在。

小时候灌输给我们的学校课程，现在成了我们必须教孩子做的任务，而不是探索宇宙意义的惊喜旅程。我不禁问自己：为什么我要使用一个我自己都厌烦的、没有耐心去阅读说明的课程？我们自己的好奇心推动着我们的在家教育，宇宙中的每一门学科都有它的魔力，这要靠我们来探寻。

教育家亚瑟·科斯塔告诉我们，学生们认为学习的首要任务是了解真相："他们已经被教导过，要重视确定性而不是怀疑，要给出答案而不是提出疑问，要知道哪个选择是正确的而不是探索其他选择。"

因此，为了激发孩子对某个学科的兴趣，一种有效的方法就是质疑它——抵制想要知道答案的诱惑。如果你认为7年级科学课的学习只需要死记硬背的话，那就别妄想自己能真正理解科学的方法了。向科学提出你最大胆的疑问，将其转化为回应。一直如此，不要停，直到你产生了惊奇。你的孩子也是如此，答案远没有问题本身有趣。

问题墙

1. 留出一个显眼的空间来提问。空白的墙壁效果最好，但你也可以使用玻璃推拉门、白板或全身镜。

2. 接下来，把五颜六色的便利贴（各种大小和形状，有画线的和没有画线的）和书写工具（彩色铅笔、钢笔、可洗记号笔、玻璃专用记号笔）一起放在一个篮子或鞋盒里。把这些补给用品放在用来提问的白墙旁边。

3. 在一周的时间里，任何人提出或想到的每个问题都会被记在墙上。这些问题可以简单到"为什么乔赛亚选择用蓝色的牙刷？"，也可以复杂到"是什么导致了黑洞？"，"我们早餐可以喝可口可乐吗？"以及"离光明节（犹太节日）还有多久？"都是受欢迎的。不允许没有问题。还要加上你自己的问题："为什么我要求的时候没有人帮我打扫客厅？"和"拼布方巾用什么方法拼角最好？"

4. 抵制住要在一周内解答这些问题的诱惑（除非必须要回答）。鼓励大家经常阅读提出的问题。从已经记录的问题中添加新的问题，是疑问墙的特别乐趣之一。把问题便利贴粘成相互重叠的一长条。

5. 一周结束后，在吃饭的时候，大家轮流把问题便利贴从墙上撕下来。阅读它们，并为此庆祝。可以选择讨论这些问题（通常避不开这个环节），尽管有些可能会有答案，但不是一定要得到答案。

好的问题会引导我们去探寻解释、查找更多信息。同样的，它们还会带来更多的问题。你会惊讶地发现，在问题墙这种中立的形式下，家庭冲突和相互埋怨更容易解决。

在家里行动吧

激起超乎寻常的好奇心

最无趣的学习方式就是事先被告知要学什么、怎么学、应该记住什么。如果我们把思路翻转一下，会发生什么？不如先打破常规的课程结构怎么样？比如，做游戏、不按常规使用、改变设置，怎么样？

按下面的步骤做，不会变成另一个体系（我保证）。但偶尔随机采用其中的一些做法会让你和孩子从你以往的习惯中脱离出来。

引入新想法/新主题/新兴趣的步骤

1. 把相关的物品随便放着。

2. 探索这个物品。比如，打开它，翻看它，倒过来看看，触摸它。

3. 不按常规使用。从最后开始用，从中间开始用，在你知道如何使用这个工具之前随意试用它，想象它所有可能的用途。

4. 提出关于它的问题。猜猜它是什么，它可能如何使用，为什么它很重要，它在日常生活中可能扮演什么角色，为什么有些人会献身于这门学科的研究，擅长这门学科需要先掌握什么，它衍生出什么职业。

5. 用它做游戏。例如，如果数学学习用到了数棒，那就把书放在一边，用数棒盖房子，把数棒当作魔杖，把它们堆起来，将它们排列成各式各样的图案，假装它们是给宠物吃的食品。探索你计划之外的地方，或者只是给孩子一个放松的机会。两者都很有价值。

6. 将这个物品、这本新书或这个主题与孩子现有的兴趣联系起来。根据本书前面章节的思路，找到对应的学习领域。想一想，这个物品、这本新书或这个主题与你孩子生活中的兴趣有什么关系？

问问自己

当你发现自己只能靠毅力继续坚持下去时，问自己以下问题：

* 这个主题吸引我的是什么？

* 我们如何以意想不到的方式探索它？

✳ 能力2：合作 ✳

跟随你的孩子，但要像他的领导者一样。

——玛丽亚·蒙台梭利

奥斯卡获奖导演史蒂文·斯皮尔伯格上高中时，他的妈妈给他买了一台照相机，她允许他翘课，开车送他去沙漠练习拍摄特效镜头。"他想要什么，我们就做什么。"她在接受采访时说，"史蒂文确实在管理我们，他说了算。"史蒂文说："我的妈妈不像是长辈，更像是一个大姐姐，她就像彼得·潘一样不会长大，她拒绝长大。"

与我们的孩子合作是一种多么好的方式，像"大姐姐"一样把他们带入学习探险。好奇心唤醒了孩子的学习动力，而学习动力需要课程或特殊工具，这怎么办？谁来帮忙呢？当然是你！

合作是与他人一起做事的能力。在如今的社会环境里，有互动的学习才会带来最好的结果。在家教育的圣杯似乎是"自主学习"，但事实是，我们推崇自主学习，更多的是为了缓解我们家长自己的疲惫，而不一定有利于孩子对学习材料的掌握。如果我们想让孩子成为热情饱满的、自我激励的学习者，那么他们需要合作者。这听起来有悖常理，但如果史蒂文·斯皮尔伯格的妈妈只是告诉他，他要靠自己成为一名电影制作人，还会有《夺宝奇兵》《虎克》《辛德勒名单》等佳作吗？

学习不仅仅是积累知识以便于考试时从大脑中提取出来；接收来自家人、朋友和同学的想法和意见，从专家那里获取信息并加以利用——磨炼这些合作的技能，可能才是学习中最重要的事。

大而有趣的对话

虽然许多教育理念鼓励孩子撰写报告或背诵课文，但与自己感兴趣的、在意的伙伴（比如你这位家长！）的对话交流才是学习的最佳环境。我把这些交流称为"大而有趣的对话"。

一次大而有趣的对话没有具体的目的或目标，却是两人或多人之间随意的、自由的思想交流：父母愿意舍弃决定对话结果的权利；孩子们觉得足够安全，可以大胆地实践自己的想法，不用担心会被纠正。有时父母会忘记把这些充满活力的对话交流算作有效的教育，然而事实是，对话交流使每个人都能在提及的话题、主题和经验之间建立起重要的联系，从而使教育既有个性特征又有价值意义。

也不是所有的对话都必须围绕学校的科目。例如，我们家就迪士尼电影进行了无数次"大而有趣的对话"——从我们最喜欢哪部电影以及为什么（当孩子们还小的时候），到讨论其中涉及的乐谱和作曲家（当孩子们演奏乐器的时候），再到研究几十年来迪士尼故事中的种族主义和女权主义话题（当孩子们进入十几岁和二十几岁的时候）。

当一个家庭纠结于一个复杂的育儿话题时，比如对孩子上网的监督管理，一场大而有趣的对话也很有价值。自我调节产生于自我意识；当我们有机会向内审视自己的经历，并尝试解决问题的方案时，自我意识就会产生。例如，当你看到你家7岁的孩子在用平板电脑时崩溃了，你心怀好奇地与孩子合作，进行"大而有趣的对话"，而不是运用家长的权威进行监管，会发生什么呢？

你看起来很沮丧，发生什么了？

我打不过这一关！

揉揉孩子的肩膀，说：你想休息一下吗？我们一起来聊聊通关的策略吧！然后你再试试。

这时，"大而有趣的对话"就可以开始了。因为孩子知道你的目标不是让他（她）感到羞耻、让他（她）隐藏自己的沮丧继续玩下去，而是帮助他（她）更平和、更有效地玩这个游戏。如果父母和孩子对彼此敞开心扉，对未曾预想到的解决方案持开放的态度，这种转变可能会产生令人惊讶的结果。当你对孩子的想法表达出真正的兴趣，愿意放弃计划好的结果时，即使孩子的观点让你略感不适，你也能表现出好奇，此时，你就促成了一场"大而有趣的对话"。

燃烧的火焰还是熄灭的火花

面对孩子刚刚萌生的兴趣，父母应该如何与之合作？我们不想过度投资（在孩子判断这是否适合他们之前）；我们也不想轻视孩子的好奇心，以至于错过了激发他们学习状态的机会。期望孩子独立学习是不公平的（尽管这是所有父母都珍惜的错觉），但我们还可能会被接下来的事情所阻碍：

点燃了孩子心中的火焰之后，因为善意的忽视使它再熄灭，或者用善意扼杀了它。

在我们的"勇敢的作家"项目中，有一位妈妈分享了一个与这个难题有关的经典案例。她骄傲地告诉我们，她13岁的儿子想学日语，这正是兴趣的火花！但她担心，等自己把一大笔钱投入到孩子的日语课之后，孩子的兴趣可能已经消失了。这位妈妈认为自己的角色任务是为这些课程资源买单，维持兴趣是孩子自己的事。她告诉我们，她的儿子经常开启一些新的项目，但几周后就放弃不做了，这使她不敢再相信他的好奇心。这位妈妈是否应该支付昂贵的课程费用让孩子独自学习？或者有没有可能他们一起去日本逛逛，先了解一下日本的风景再决定要不要花很多钱买课？如果你家孩子告诉你，"我想学某种语言"，你会怎么做呢？

那个时候……凯特琳想学中文

我是这么做的：凯特琳在8岁时宣布自己想学中文，于是我赶紧在网上花199美元购买了"如师通"软件（美国的多媒体语言教学软件）的中文课程。我以为凯特琳的意思是她想学中文，从她说的话来判断似乎非常明显："我想学中文。"

唉，20年后，我才发现凯特琳当时的意思是"我想学会阅读"，她认为英语字母太有挑战性了，汉字（图片）对她来说可能更容易。这是一个8岁孩子的推理——我一无所知——也许她也不清楚，她只是出于求生般的本能。

起初，凯特琳满怀热情地投入汉语课程中。8周后，她的能量开始下降。我无法解释其中的原因，也不知道该怎么帮她，但我没有强迫她继续学。

一年后，我开始学习自己硕士课程的希腊语。每天的家庭抄写时间里，凯特琳看着我认真地抄写希腊文段落。她迷上了希腊字母，我们一起做了感恩节的希腊语座签。

我念出座签上我们每个人的名字和每一个希腊字母。凯特琳之前学习阅读的时候一直拒绝念出英语单词（她从未见过有人这样做），此时却突然意识到：所以，成年人在学习阅读时也会念出每个字母。凯特琳眼前一亮！她缓慢走回自己的房间，强迫自己大声念出祖母发来的一封电子邮件。瞧！一个朗读者就此诞生了。

如今，凯特琳拥有美国匹兹堡大学的语言学学位，会说包括印度语在内的4种语言。我们在希腊语上的合作带来了转变，除了学会用英语阅读外，还带来了对语言的终身热爱——用"如师通"软件进行自主学习可不会有这么多收获。

假装孩子说的是"我想探索……"，而不是"我想学习……"

"学习"将我们固化在课程的思维模式中，而"探索"引导我们对不熟悉的领域产生好奇心。当孩子们说"我想学"时，他们是在想象如果知道了这个，自己会变成什么样子。过程对孩子们来说可能不太重要，因为他们希望看到自己成为足球明星、有成就的钢琴家、专业的朗读者或数学家之后的样子。我们帮助他们投入学习状态的方法之一就是加入他们的旅程，这样当他们的能量下降时，不至于独自面对困难。

不仅如此，你作为成人所掌握的知识还会提供适当的支持，帮助他们继续前进——提供一些他们自己可能不会想到的想法。正如蒙台梭利所说，"跟随你的孩子，但要像他的领导者一样"。

"大姐姐"出现了

最好的合作方式是，妈妈把自己看作一个经验稍多的合作伙伴——某种意义上的大姐姐。《勇敢的作家》一书的作者詹妮弗分享了一个很好的例子——她如何像大姐姐一样陪伴女儿探索说法语。詹妮弗说，自己在教14岁的女儿法语时，先是列了一个课程表，这让女儿的兴趣大减。于是她重整旗鼓，降低了体验学习成功的门槛，带女儿到加拿大购物。为了营造富有法国风情的家庭环境，她们用巴黎地图和法国火车时刻表装饰女儿的卧室。

她们一起看各种各样的法语电影，有的关于法国，有的有法语字幕，比如迪士尼电影《冰雪奇缘》就有法语配音版。她们还喜欢20世纪三四十年代以法国为背景或由法国演员出演的老电影。詹妮弗的女儿兴奋地发现，当你打开电影《星球大战》的法语字幕设置时，片头也会显示法语的字幕滚动播放。母女俩还一起在视频网站YouTube上搜索带法语字幕的猫咪视频。

詹妮弗和女儿惊喜地发现，音乐剧《汉密尔顿》中有一个名叫拉斐特的法国角色，所以她们大胆尝试练习，掌握了他在歌曲中穿插使用的法语。

她们一起使用芒果App学法语，听著名的"咖啡休息时间"法语播客——只记下对她们每个人很重要的单词和短语。妈妈和女儿之间展开了一场友谊赛——谁能先学完下一节课？

一家人对法国的热情越来越强烈，以至于改变了国内的自驾游计划，决定去法国度假。詹妮弗的女儿对于学习法语并精通它的热情像火箭一样高涨。就这样，法语不再是一门每天下午3点必须学完的科目。詹妮弗像大姐姐一样培养起女儿对法语的兴趣。

换个角度看世界

独立与合作

学校并不教孩子们如何自主学习。老师讲课，孩子们被要求每天在同一时间上课，还要阅读和做家庭作业。衡量他们进步与否的标准在于是否听话。

实施在家上学的父母们希望孩子们能独立学习，但学校不会这么想。

这是最酷的部分：因为你的孩子在家上学，他们每天有好几个小时在练习独立——只是因为他们在独立学习，虽然你可能没有注意到！他们掌握的是自己关心的东西（用于收集和交换的宝可梦卡，保龄球游戏Wii，哈利·波特的拉丁语拼写，最喜欢的"美国女孩"芭比娃娃的所有配件）。留意你的孩子们如何教自己他们所关心的东西。当他们需要的时候，你可以放心地与他们合作，不用担心他们会变成邋遢的、依赖的状态。

为了快速熟悉合作学习和独立学习，你可以在散点本上为每个孩子制作一个两列的表。一栏的顶部写"独立"，另一栏的顶部写"合作"。"独立"的下方写的是孩子在没有你帮助的情况下学习的科目；当孩子表现出倦怠、抗拒或需要"大姐姐"的支持时，把这个主题或科目放在"合作"栏里。表格内容可以包括兴趣爱好、卫生习惯和学校科目等。

独立	合作
下象棋	上语法课
烘焙，制作巧克力和饼干	洗澡时洗头发
系鞋带	洗衣服
完成抄写任务	做数学题
拼乐高	在厨房做化学实验
读漫画书《内裤超人》	把玩具放在合适的收纳盒里
骑自行车	使用菜刀
玩电子游戏《我的世界》	学习历史
看时间（数字表）	看时间（走针表）
使用电视遥控器	使用刻录机
换上玩耍穿的衣服	换上正式活动穿的衣服
	（男孩，10岁）

在为期一年的时间里，当一项活动从一栏转移到另一栏时，给它做个标记；当你注意到新增的活动时，把它添加到表里。要留意哪些活动能给孩子带来快乐，哪些活动孩子需要精神支持。把独立和合作看作是同样有效的学习策略，嗯……怎么样都好！

在家行动吧

合作只需要在场，而不是主动帮助。我们不是只提供最低限度的支持，期待孩子们因为对我们的愤怒而挣扎着走向独立；我们也不可以因为他们能力不足就代替他们完成任务。相反，我们家长要做的是合作。合作是让孩子掌握做一件事的诀窍的机会。家长要把自己当成教练和盟友，而不是老师。连美国著名篮球运动员勒布朗·詹姆斯都有教练，更何况孩子呢！如果你和孩子之间建立了一个温暖的、支持性的关系，你就可以提供有价值的见解来帮助他们成长。

让我们以烘焙为例想一想，你会自然而然地给他们提示诀窍，比如：

* 用刀背把面粉或糖抹平。

* 用指甲把鸡蛋沿着裂缝打开，这样它就不会在你手里被压碎。

我们可以在数学学习或自然拼读中使用同样的结伴策略，也就是说，为风险留出自由和空间也很重要——即使听到了一个很好的烘焙技巧，你的孩子仍然可能会把鸡蛋压碎——学习一项技能需要练习。

合作策略

1. 为你的孩子示范这个活动。

2. 当你做这件事时，大声地讲出你每一步在做什么，这样孩子就可以照着你的步骤自己做。

3. 把抽象的东西具体化："当我用3乘以2时，我在脑海中把两组各有的3个东西组装在了一起。给你这些花生，你拿两组出来，每组放3颗花生。看到了吗？"

4. 把活动交给你的孩子；坐在孩子旁边，提供精神支持。

5. 大声地讲出孩子操作的过程，这样你的孩子就能听到他（她）正在实施的步骤。

6. 帮孩子做笔记；下次孩子自己尝试做这个活动时，把这些笔记交给他（她）。

遵循以下步骤

1. 当孩子学习怎么做时，坐在他（她）旁边。

2. 当孩子准备好、要练习时，离开一会儿，比如去厨房一趟。

3. 当孩子准备好独自尝试时，快速出去一趟，比如去地下室。

4. 随着孩子能力的增长，慢慢地拉大你和孩子的学习之间的时间距离和空间距离。

问问自己

当孩子在努力地独自做一件事时，问自己以下问题：

* 我要如何像大姐姐一样帮助孩子做这件事？

* 孩子还需要我做什么？

✳ 能力 3：专注 ✳

不找到令自己叹服的内容，专注是不会停止的。

——康拉德·魏斯

你的孩子可能会对你在后院发现的蛇好奇一天，而对蛇感兴趣两年的孩子已经进入了我所谓的"专注式学习"阶段。好奇（能力 1）引导孩子进入一个感兴趣的新领域，合作（能力2）让孩子朝着目标大步迈进。然而，只有专注（能力3）才能把兴趣带回家，教会孩子他们想知道的东西。

下象棋

我的第四个孩子（第三个儿子）利亚姆喜欢下国际象棋，他从5岁起就开始下棋了。他的两个哥哥和他爸爸也是优秀的棋手。事实上，他们还做过一个三维棋盘。我们全家去意大利度假时，家里的男人们买的第一件东西是一副象棋，然后他们每天晚上都要下一盘。

利亚姆对国际象棋的迷恋到达了一个全新的高度：他常阅读有关国际象棋的书籍，在网上下棋，还加入了本地公立高中的象棋校队。高三那年，他被评为"首席棋手"（他所在学校的最厉害的棋手）。

象棋在实战中教会了我的孩子们策略和数学：概率和估算，原因和结果，练习、练习、再练习——一盘又一盘的棋局促使棋手们重新思考最优的解法。设想一下！你在比赛中尽了最大的努力，但别人想更胜一筹，你就必须再想一想。

读到这里，你可能希望你的孩子也下国际象棋。

停停停！请重读一遍以上段落，把"国际象棋"换成"网络游戏"。没错！我写的关于国际象棋的一切也适用于我家里的网络游戏，男孩们和他们的爸爸一起玩网络游戏。他们从零开始玩某个游戏，阅读攻略指南并观看别人的游戏视频，他们在外度假和在家的时候都玩。利亚姆在某个游戏中玩得很好，他加入了一支在韩国直播比赛的国际球队。

你现在是否也怀着同样的钦佩，希望你的孩子是一个出色的网络游戏玩家？还是你仍在想下棋的事？

国际象棋和网络游戏在利亚姆的生活中带来了相似的结果——专注的品质——也就是不知疲倦地学习。利亚姆花了很多时间思考如何把这两件事都做得更好，他也花了很多时间练习，甚至晚上熬夜练习，这样就不用担心和兄弟姐妹抢着用电脑了。

他在网络游戏和国际象棋两件事上尽力投入以做到最好的状态是相似的——二者都是痴迷于策略、思索最优解法。从这个角度来看，对思考能力的投入是二者的重要价值。

对一项技能的专注可以转移到另一项技能

利亚姆去上大学的时候，把电脑留在了家里："我打了12年的游戏；是时候做点别的了。"他说的别的事是一个宏大的阅读项目，他要每学期阅读数百页的哲学著作，并撰写长篇论文。很难说他对游戏的深度投入对他在大学的学习能力有多大的帮助，但我还是把它们联系在一块了。

当孩子们发现所有的成长经历对他们来说都是有价值的，他们可以在接受教育的同时创造自己的幸福生活时，他们就能更自由地探索每一个兴趣——而不是把一些兴趣视为"合法的项目"，把另一些兴趣视为"纯粹的娱乐"。不仅如此，在一个领域学到的技能也适用于其他领域，只要它们不是相互对立的存在。

大多数在家教育者认为必须要在家里把传统的学校科目教给孩子们。我们希望孩子能在这些无趣的事情上保持注意力集中；我们都认为这些科目很无聊，却依然要求我们的孩子学习它们。我们不发出邀请，不施加魔法，不提供开胃小菜，不提供免费试用品。作为成年人，我们很容易站在道德制高点——相信不是每件事都是有趣的；因此，不管我们喜欢与否，总有些事情是必须学习的。这种态度是圈套！它使得人们把宇宙的奥秘视为必须完成的、枯燥的艰苦任务。

其实没必要这样。

专注式学习的成果

在我家几个孩子的生活里，感兴趣的领域始于好奇心，并延伸为专注式的学习，比如说：

• 装扮→缝纫→关注时尚信息→节俭开支→花钱做一整年的时尚博客

• 读中世纪短篇小说集《坎特伯雷故事集》→读莎士比亚的文学作品→在莎士比亚剧团做引导员→在莎士比亚剧团演出

• 看BBC电视剧《傲慢与偏见》→阅读《傲慢与偏见》书籍→像主人公那样学习古典舞蹈→参加舞会→写基于主人公艾玛的中篇小说

• 念动物字母表→看野外生存指南→在后院观鸟→到动物园上课→养宠物

• 看CD学法语→上法语课→修读法语专业→在法国留学→在法国教英语

• 看关于大屠杀的纪录片→关注人权话题→开始参加大型国际

组织的活动→在联合国实习→获得美国女权主义名人卢斯设置的奖学金→获得哥伦比亚大学法学院人权法专业的全额奖学金

一个默默的、看不见的伙伴

如果你能知晓你的孩子们正在学习他们需要知道的一切，会发生什么呢？当孩子们练钢琴或读书时，我没有怀疑他们是否已经学够了。换个情形，如果我看到孩子们在Wii游戏机上玩游戏，我会把这个活动归类为"娱乐"，我不相信玩游戏会有真正的学习。例如，我去了利亚姆的每一场国际象棋比赛，却没看他参加的网络游戏联赛。我不禁问自己：这是为什么呢？

实际上，和麻木地完成语法练习题、思考午餐吃什么的孩子相比，玩网络游戏的孩子可能会为了通关而表现出更高程度的专注。学习的最佳状态是科学家凯恩夫妇所说的"放松的警觉"——"这种状态存在于有能力、有自信、有兴趣、有内生动力的学习者身上"。促进放松的警觉发展的最佳情境是"联结，联结，联结"。与孩子的好奇心合作，欣赏孩子专注的样子。

换个角度看世界

珍视你的孩子所珍视的。如果你的孩子对昆汀·塔伦蒂诺（美国导演、演员）的电影充满热情，请行动起来，和他（她）一起看这些电影吧！如果你的孩子告诉你他（她）想训练宠物老鼠，那么你是时候去了解老鼠了（呀！在我家可能意味着买两只）。

我们赞赏别人家孩子的学习热情——从大提琴和木工到射箭和有机园艺。其实你的孩子也会拥有学习热情，只要你珍视孩子那些表现出来的爱好（时尚、恐怖电影、改造卧室、滑雪、组装电脑、用强力胶制作钱包）。

我的一个朋友芭布会和她的儿子一起看单口相声，他们甚至会一起熬夜看。正如芭布所说："不管有没有我在，他都要看那些节目，于是我意识到自己能做的最好就是加入他，这样我就能和他说话了。"那些深夜，他们一起谈论性别话题、政治话题、幽默、丑闻、文学、喜剧的历史，这也造就了他们之间亲密的关系和她儿子不知疲倦地学习。

孩子们的兴趣往往是昂贵的、不合理的、不切实际的。只有换个角度看才能认识到，万事皆可教——所以，为什么不现在就给他们一点他们想要的东西呢？从这里开始！注意，无论你是想要泯灭孩子刚萌芽的好奇心，还是促使它维持，你都要说"好的"。找到一种办法来支持孩子探索这个想法，即使它是短暂的。

学校的科目似乎永远不会像爱好或运动项目那样上升到有热情的程度，这是因为学校的科目通常以抽象的方式呈现。例如，对孩子们来说，"掌握语法的要义"是一项挑战，因为英语的语法分析对他们的阅读和表达能力没有影响。

换个角度看待语法。比如考骂人的话、玩双关语游戏、关注名词作动词用的例子：我给网站加了书签；她跳着走到前门。作为父母，我们的任务是换个角度看待这些主题——激发它们与我们的孩子建立有意义的关联。

试一试

* 看看你的学习领域（参考第3章），选择一个与中心兴趣相关的话题。

* 花一周的时间和你的孩子一起探索相关的话题。

* 找到尽可能多的方法，来发现中心兴趣和相关话题之间的联系（把它们记下来，以便对你有帮助）。

在家行动吧

除了建立联结，还要为专注式学习腾出空间。请记住：这在你看来可能不像是学习。

* 允许孩子们浪费时间，拥有短暂的兴趣，尝试一些东西然后放弃。

* 为孩子的热情投入资源。

* 练习，练习，再练习。在孩子准备好了、觉得目前的难度已经乏味了（没有足够的挑战性）之前，不要继续增加难度。这意味着，如果孩子正在享受且准确地执行日程安排表，可以允许这种状态持续下去，直到孩子的求知欲得到满足。当孩子感到无聊时，就可以增加挑战了。

* 偶尔把大量的（无限制的）时间花在某项兴趣爱好上。例如，如

果你的孩子喜欢乐高积木，那就花一个星期的时间玩乐高积木，没有其他安排；对于整个晚上都在玩网络游戏的孩子，可以让他（她）不睡觉一直玩；如果孩子喜欢手工，每天花几个小时来做手工。

* 教你的孩子设定个人目标。一个弹钢琴的孩子可能会在一个特定的日期前记住一段特定的音乐；一个会编织的孩子可能会设定织一条围巾和一项相配的帽子的目标。把目标记在日历本上，取消那些对这种短期的投入不那么有吸引力的活动。

* 以孩子的兴趣开启新的一天。我认识的一位妈妈教她的儿子们缝被子。他们每天早晨上学前花一个小时做针线活。即使每天早上只花30分钟做孩子最喜欢的事情，也会给这一天带来能量。

问问自己

当你的孩子对某个话题表现出兴趣时，问自己以下问题：

* 我能做什么贡献？
* 我怎样才能为不知疲倦的学习创造空间？

＊ 能力 4：庆祝 ＊

庆祝他们的成就，为他们的成就感到骄傲。这对你来说是小事，但对他们来说可能是大事。

——佚名

在成长手册、博客、日程表、社交媒体上记录，你可以用这些方式来庆祝小孩子成长过程中的里程碑事件。然后，等小孩子长到上学的年纪，你的记录方式也在发生转变。他（她）的每一项新技能都要经过年级水平标准的考核。形近的、简单的错字不会像小时候音近的、复杂的错字那样出现在成长手册中：听到孩子说"chacuzzi"（发音较复杂）我们很高兴，但他（她）念"因为"（形近"因为"）时，我们就焦虑了。然而，它们是相同的——既带有风险，也是成长的见证。

当一个孩子重视自己学到的东西时，他（她）会庆祝。你的女儿爬到室内攀岩墙的顶端之后，敲打着金属杆庆祝。梆梆作响！证明她成功爬上来了。你的儿子看完《哈利·波特》系列的书，开心而满足地躺在床上，也是庆祝。你4岁的宝贝女儿递给你一张画纸，说她在纸上写了一个故事，她扑进你的怀抱，给你一个庆祝的拥抱。

分数不是庆祝，而是关于孩子"应该"学会什么的压力性考核指标。奖励不是庆祝，是为了激励孩子去做他（她）不想做的事，比如说"把浴室打扫干净，我就请你喝可乐"。

最好的庆祝是由取得成就者自己切切实实感受到的成就感证据。比如，你戴上了自己亲手织的围巾。我的儿子利亚姆多年来一直把一本诗集放在床边，时常背诗给自己听——这是对诗歌的一种私人的庆祝。

这些庆祝体验的一个特点就是选择权。我们都见过孩子们被父母逼迫着参加一项他们讨厌的运动，并练到高水平；我们也看过孩子们做一项自己喜欢的运动，主动挑战有难度的部分，让自己做得更好。第一种情况，孩子会厌恶这项活动；而第二种情况，孩子会感到自豪和快乐。

我们如何在传统教育中创造和发现更多这样的情形？一个孩子掌握了

现在学的数学知识后会发生什么？应该让他（她）学习分数的知识吗？或者是暂停一下——承认这是一个进步的里程碑，他（她）将有机会利用这项技能来享受自己的乐趣。

初中时，我的儿子诺亚发现了计算机编程背后的数学原理。他学习到，我们在日常的数学中使用"十进制"，而计算机使用"二进制"。诺亚被迷住了，他挑战自我，创造了一个"十二进制"的乘法表——多了两个数位的进制，并且逻辑自洽。多么激动人心啊！我从来没想过要做这样的事，因为我对数字没有很深入的理解，但诺亚却能在掌握乘法运算的基础上加以扩展。多年来，他一直把那张十二进制乘法表放在钱包里——这是他的骄傲，这是他对掌握了乘法运算的庆祝。

拜托了

在大多数的教育情景中，都是成年人为孩子设定学习目标。我接到过家长的电话，想知道如何"让"他们家孩子完成他们布置的学习任务；还有家长打电话说，"哪怕是很小的要求，即使是善意的要求"，他们家孩子都要拒绝。不管要求多么细小，如果看不到这么做的价值，大多数人会拒绝别人告诉他（她）"该怎么做"。人们必须要确信他们的努力能实现对自己有意义的目标才会去做，关于大脑的研究很清楚地证明了这一点。

你的孩子可能会屈服于你的目标，以免自己被打屁股（一种情况），或者因为他们想看电视（另一种情况），这两种学习的原因都与从学习材料本身获得意义无关。个人动机是不可替代的，这对地球科学和中世纪历史等知识来说，似乎是一个很高的门槛。

自我激励有3个重要因素：

1. 该活动对个人有价值。

2. 个人可以按自己舒服的节奏做这个活动（不要太容易，也不要太具有挑战性）。

3. 可识别的里程碑性进步使学习者愿意坚持任务并继续努力。

更容易破坏动机的方法是：

1. 要求做某项活动，而不管它对学习者而言重要与否。

2. 把学习者逼得太紧，节奏太快；或者重复做已经掌握的相同活动，缺少新的挑战。

3. 将活动视为通向遥远未来目标的无穷无尽的步骤之一，在此过程中没有任何有意义的应用。

以写作为例，让我们来看看动机和庆祝是如何在学校的一门课程中联系在一起的。

抄写和听写

许多在家教育采用"抄写"和"听写"的方法来教孩子写作技巧。抄写要求孩子们挑选书中的某一段话，然后亲手抄下来。随之而来的练习是家长的听写。在一周的晚些时候，家长再对之前孩子抄写过的段落进行听写。还有一种常见的方式，就是家长挑选孩子之前抄写和听写过的段落，让孩子一次性默写出来。大多数时候，家长还要挑选书写用的工具（铅笔），书写用的材料（宽边笔记本纸）和书写的具体位置（桌面）。在孩子真正进入学习状态之前，抄写已经沦为一项取悦父母的任务。这算庆祝活动吗？显然不算。

如果抄写的文章很枯燥怎么办？如果抄写的时间太长怎么办？如果用铅笔和横格纸会让人产生想要"做得完美"的焦虑怎么办？

在芬兰的学校进行的一项关于学习乐趣的研究中，研究人员发现，当孩子们在学习中拥有充满意义的发言权时，他们更有可能体验到学习的快乐："学生有机会参与自己学习的决策，并被允许自主选择以支持适合自己的学习方式、优势发挥和成功机会，并增强学习乐趣。"当我们规定孩子学什么、怎么学、为什么学时，我们就失去了按照他们自己的方式去关心他们的机会。此外，如果他们同意你的计划，但只付出一半的努力，他们就会养成"磨洋工"的工作习惯，以应对压力和乏味的情境。

学习中的选择

如果我们改变一下剧本呢？庆祝成就的能力在学习中很重要——这意味着孩子对所学的东西心里有数。我发现，当我问孩子们，他们能专注地、认真地抄写多少句话时，他们很乐于告诉我。即使孩子们说他们只能抄一句话，我也不会介意。我会建议他们，如果感觉到自己的注意力下降了，可以先停一会儿。我还会为他们提供关于抄写的多种选项（用中性笔和黑色的抄写纸进行抄写，在我为他们写的单词上面进行临摹，坐在沙发上用写字板进行抄写，选择某个段落进行抄写，装饰抄写纸等）。

好消息是，如果他们相信我们愿意倾听，他们就会喜欢和我们讲自己可以做些什么。问题在于，我们可能不喜欢他们的答案。我们问孩子："你能全神贯注地、字迹工整地抄写这篇文章的多少内容？"当孩子回答"一个字"时，我们大惊失色，因为这似乎不足以满足我们成年人对责任感的要求。所以，我们转而使用奖励或惩罚，却忘记了庆祝的价值。

如果你认真对待你的孩子，会发生什么呢？如果她亲手写出一个漂亮的字，你们俩就可以庆祝了。"这个字太漂亮了！我喜欢你写的'卧钩'，非常饱满，也喜欢你如此在意'竖弯钩'的尾部形状。"当孩子们设定了目标并因自己的努力而受到夸赞时，他们会感到快乐。

网络游戏设计师都知道一个原理，对态度真诚的、执行良好的努力进行庆祝，会促使玩家愿意进一步冒险挑战。他们把一开始的挑战难度设置在较低的水平，以帮助玩家在进入下一个关卡之前收获成功的果实。如果我们把这个思路应用到书写中，专注于一个单词的自豪感和成就感可能会鼓励孩子（在未来的某个时刻）一次冒险写两三个单词。也许有一天，你的孩子会突然说："哇！我忘了停下来，我已经写了整整一句话了。"

换个角度看世界

庆祝活动的培育条件

任何时候，当你可能把孩子的不努力误解为懒惰时，先自己尝试做一下这件事（找到一种方法来体验其中固有的挑战）。下面是我在"勇敢的作家"项目中向家长们推荐的一个范例方法。

你也来抄写：和你的孩子选择书里的同一页，输入其中的几句话到百度翻译里，选择一种你不知道的语言（比如，荷兰语）。

汉语：我想为我的孩子们创造幸福的生活。我期待着我们每天都能一起学习。

荷兰语：Ik wil een gelukkig leven creëren voor mijn kinderen. Ik kijk uit naar alles wat we elke dag samen kunnen leren.

把这段外语文字打印出来，自己亲手抄写试试。如果你强烈地想要休息，并希望这个任务快点结束，是非常常见的情况。现在用印度语或俄语（你不认识的语言文字）做同样的练习，这个任务变困难了多少？

请记得提醒自己，对孩子来说，语言、写作、阅读、数学等都是全新的（就像你抄写不认识的语言文字一样）。他们需要逐渐建立耐心，同时增加对这门学科的兴趣。为了让我们跟孩子有一种并肩作战的感觉，当他们正在努力学习英语时，你也每天抄写一篇其他外语（比如西班牙语）的文章。你们每个人都可以把自己的目标写在家里的公告板上，做完之后再一起划掉。当完成任务时，记得击掌庆祝！

我们的孩子们需要在教育活动中有选择权。创建一个渐进的技能列表，相应地建立一个和孩子一起评估进度、庆祝进步的完整体系。以下是一些例子：

* 掌握1位数、2位数、3位数、4位数等的加法、减法、乘法
* 书写一个完整的句子、一个段落、一整页
* 自由写作2分钟、5分钟、7分钟、10分钟
* 自愿帮助弟弟妹妹
* 分享自己的物品给他人
* 写一封给祖父母的感谢信
* 编织围巾
* 阅读喜欢的系列书籍

在家行动吧

接下来，设定可衡量的目标。一个好的目标的关键在于，孩子想要去做，并且能够衡量和具体化。如果孩子告诉你，"好吧，我来做一道数学题"，然后他（她）叹了口气，瘫倒在地，他（她）并不是在设定目标，而是屈服于压力。

相反，要由孩子为自己喜欢的活动设定一个目标（而不是你希望孩子做什么）。例如，我的女儿约翰娜想买一个自己专属的"美国女孩"芭比娃娃，我们弄清楚了要花多少钱，并把这个金额分到每个月她要赚多少、存多少，约翰娜在墙上做标记来记录自己的进展。

你的孩子可能想在没有帮助的情况下玩魔方或搭乐高积木，这些都是很棒的目标！如果孩子学会了设定目标，并在努力之后获得了满意的庆祝，他们就更有可能再次设定目标。从小事做起，任何主题都可以，比如：

* 写书法

* 背诵加法表或乘法表

* 玩电子游戏

* 阅读系列书籍

* 完成某个艺术项目

* 骑自行车

* 开始写博客

* 训练宠物

* 建造花园

* 烘焙

不是每个孩子都懂如何设定目标，你的任务是帮助孩子构想一种幸福的生活状态。你想知道孩子会在什么时候体会到努力学习和庆祝的乐趣吗？注意！不不不，我怎么能欺骗我的孩子，让他（她）按我期望的做呢？

然后，庆祝孩子的进步！庆祝的方式可以是：

* 拥抱

* 击掌

* 写卡片记录

* 在别人面前表扬

* 在日历上标记成就

* 拍照

* 称赞孩子的努力

* 在社交平台上分享

问问自己

当你的孩子对学习感到厌烦时，问问自己以下问题：

* 我是否为孩子提供了对他个人有意义的目标选择？

* 我和孩子一起庆祝了吗？

第6章

4个入口

头脑、身体、心灵和精神

做一个为后来者开门的人。

——拉尔夫·沃尔多·爱默生

在我的5个孩子都不到11岁时，我们住在南加州一套有3个卧室的狭小公寓里，没有篱笆围起来的单独院子。一天下午，这些小家伙们像往常一样在地上玩耍，我的妈妈——他们的祖母来看望他们。对我来说，让孩子们都乖乖安静是很有压力的事。在他们吵闹了几个小时后，其中一个孩子（当时4岁）拖了一把椅子到餐桌旁，他小小的身体爬上椅子，再爬向餐桌上满满一大杯的牛奶。看到这一幕，我那本已微弱的耐心完全消失了。不一会儿，我看到地毯上洒满了牛奶，这意味着我需要花几个小时来擦洗，于是我开口斥责了这个孩子。

我那充满智慧的妈妈见我训斥完孩子了，立刻说道："看他多厉害！在地球上生活的时间才短短4年，已经在想办法处理这个复杂的状况了（试着自己拿牛奶）。你想，只有4年时间呢。"我停下来，在那一刻，以一个4岁孩子的视角看世界——把椅子拉到桌子旁边，是为了让自己在一个高耸的世界里变得高一些。我怎么能生气呢？我为什么会这样呢？我呼了一口气，走到孩子身边，扶着他，让他端起自己的那杯牛奶。

你知道我观察到了什么吗？养育子女的辛苦会把我们消耗殆尽，因此，大多数成年人希望孩子们承担不舒服的部分——孩子们要表现好、有礼貌、坐直、安静、服从、做他们应该做的事情、不犯错不反抗、"独立"做事、让成年人的生活更轻松。与此同时，大多数成年人对待自己的标准却不同：付款延迟、偶尔忘事、生气时被包容、吹牛时被人追捧、弄坏东西时得到原谅、需要帮助时获得帮助。双方（儿童和成人）之中，谁更成熟呢？是成年人，而不是儿童！我们期望孩子们让我们生活得舒适，而事实上，让孩子们生活得舒服才是我们的责任。

夏洛特·梅森有句名言提醒我们，孩子生而为人，不是成年人训练的对象。我们的任务是探索如何让孩子用适合的方式学习和成长，并且带他们进入这个世界。

✳ 头脑、身体、心灵和精神 ✳

妈妈温柔地劝告我，要理解4岁的利亚姆爬桌子的行为，事情是这样的：他的头脑发现了一个问题——我需要一杯牛奶；他用自己的身体解决了这个问题——我要爬到桌子上自己去拿；他愉快的能量（心灵）使他有信心去尝试这项任务；他那幼小的灵魂（精神）想象着这次大冒险会得到奖励——得到冷牛奶。

我差点错过这些！我处于"为人父母的模式"——看到了"孩子气"的不当行为表现，却忽视了"孩子气"的行为正是孩子问题的解决之道。谢天谢地，我们还有孩子的祖父母！我感觉自己被拯救了。

✳ 向内深入的入口 ✳

我们每个人都有4个接收新信息、新想法的入口，这些是教育生根发芽并茁壮成长的起点。魔法的原力和学习的能力汇集到头脑、身体、心灵和精神中，4个入口使所学的东西成为每个人的宝藏。对于"学得好"，我们称之为"精通"。

魔法的原力激发了学习探险之旅，学习能力加深了对学习的体验，4个入口让孩子们把教育的意义深植于心。整个过程看起来美不胜收！

✳ 入口1：寻找运转中的头脑 ✳

我甚至会大胆地说，我们可能错误地把所有的教育的"鸡蛋"都放在一个篮子里，而忽视了人类大脑其他真正有价值的能力，即感知、直觉、想象力和创造力。也许阿尔伯特·爱因斯坦说得最好，"直觉思维是一种神圣的礼物，理性思维是忠实的随从"。我们创造了一个尊重随从却忘记了礼物的社会。

——贝蒂·爱德华兹

我们大多数人认为理性思维是教育的根基、"忠实的随从"。很难想象"受过良好教育的身体"是什么样。然而这不正是我们的明星运动员在奥运会或球场上向我们展示的吗？"受过良好教育的头脑"使我想到擅长考试、处理琐事或思考数学的人——一个全优生。

我们的文化经常把头脑和大脑等同起来——这两者在聊天中是可以互换的。然而，大脑/头脑不仅仅是存储信息的容器。大脑是我们身体各个部分和自我意识的控制中心，它调控我们重要身体器官的无意识功能（你的大脑控制着心脏的正常跳动，然而，它这样做并没有你的意识参与）。我们学会了走路和说话，也是因为大脑在无意识地为这两件事辛勤劳动。

与此不同的是，当我们谈论大脑的有意识活动时，我们会用"头脑"这个词。我们的头脑整天进行无数次的微观评估，对某个空间进行判断，然后冒险进入其中。大脑和头脑之间的区别在于语法搭配，在教育中，我们关注的是头脑（我们可以控制的部分），有时会忘记大脑（在没有意识参与的情况下发生的事情）。

当6岁的凯特琳告诉我们，自己对电影《花木兰》有着"像果篮一样丰富的"感情时，全家人都笑了。这个词从何而来？她怎么知道用它来比喻情感，而不是用该词的字面意思（装满蔬果的号角形状的篮子）？对我们来说，在当时的语境里使用这个词，意味着凯特琳很聪明——她比同龄人多掌握了一个令人印象深刻的词汇。

这就是成年人对头脑的重视，我们总是试图找到证据，证明孩子拥有超出同龄人的学习能力和成熟程度。我接到过家长的电话，告诉我他们的孩子很有天赋或很聪慧，他们通常想表达的是，他们的孩子在某些重要知识的学习上超过了同龄群体的水平：比如，他才10岁，但阅读已经达到了大学水平；她才7岁，但已经会算代数方程；他才9岁，对美国历史的了解已经比我多了。

我想，从来没有哪位父母会打电话告诉我，他们的孩子聪明得出奇，然后接着说：她虽然才11岁，但能读懂别人的情绪，并自然而然地安慰他们；他17岁，是世界上最顶尖的网络游戏玩家之一；她太聪明了，是奥运会游泳美国国家队的候选人。后一组例子是各种各样的人际交往能力、策略使用能力和运动天赋——至少我们大多数人是这么认为的。

这些成就并没有被归功于头脑，然而它其实同样参与其中！想想那些你所知道的有艺术天分的孩子，通常他们的技能被称为"天赋"，意思是说这不是由他们的头脑和身体负责——他们的艺术能力来自一些未被觉察的、有魔力的地方。即使我们愿意用"才华横溢"这个词，也不会用关于智力的话语来形容艺术天赋。如果一位家长说"我女儿聪明得出奇，她画的画很逼真——几乎达到了摄影一般的精确度"，你会不会在想：这位家长是吃错东西了吗？这位家长是语无伦次了吗？这个女儿幸运地继承了"智力"还是"纯粹"的艺术天赋呢？

《用右脑绘画》一书的作者贝蒂·爱德华兹认为，头脑不仅是理性的，而且是"感知、直觉、创造力和想象力"的源头所在。当想象力丰富的孩子在自己精心创造的内心世界神游时，我们会如何理解呢？我们会认为他们"聪明"还是"注意力涣散"？那么那些看不见的品质——感知和直觉呢？这些可能会在我们的孩子身上起作用，而我们永远不会知道。感知和直觉的特性是，没有准确语言的、没有明确逻辑的，来自某个通过经历而不是学习磨炼出来的深处。智力和头脑的教育不仅仅是去消化信息和课程知识。

多元智力

霍华德·加德纳是美国哈佛大学"零点计划"的主导者，该计划通过阐释八种不同类型的智力，彻底改变了智力理论：视觉/空间智力、身体/运动智力、逻辑/数学智力、自然智力、听觉智力、口头/语言智力、人际智力和内省智力。加德纳解释说："每一种智力都被视为一种计算能力——在解决问题或制造产品的过程中处理特定类型信息的能力。"他指责传统的智力测量方式未能考虑到人们学习的所有方式。加德纳并没有规定学校应该如何改变课程来体现对个体差异的重视，但他确实支持这样一种观点，即对这些智力的认识告诉我们应该如何教育我们的孩子。当我第一次关注加德纳的作品，并阅读了那八种智力时，我立刻意识到我经常忘记关注其中的某些智力倾向。对我来说，帮助我的孩子们发展自我意识变得很重要，也即他们需要知道如何才能最好地学习。

多元智力超越了传统学校教育的界限，活跃的头脑可以通过多样的方式参与到孩子的成长中。运转时的头脑有这些表现：解决问题的洞察力，身体协调，自我管理，布置房间，讲笑话，给自然界的动植物命名，批判某部游戏或电影，进行艺术表达，通宵达旦地玩游戏，将电影与原版书籍进行比较，做遵照固定程序的活动（缝纫，编织，木工），训练宠物，搭建乐高积木，用衣服和配饰装扮玩偶娃娃，憧憬未来，推断"这件事是谁做的"，在花园里种植物，为东南亚背包旅行做计划，应用数学方程式，编写故事，排练戏剧，用西班牙语跳数计数（0、2、4、6、8……），修改食谱，使用新词汇，想象中东冲突的解决方案或与妹妹争吵的解决方案……

在勇敢的学习中，寻找"运转中的头脑"。学习不仅仅是读厚厚的著作，写正式的学术论文，在数学上取得突破。今天，创新、合作和想象同样至关重要。

运转中的头脑可能不符合你的目标期望

诺亚15岁时，在本地一所高中上数学课。两周后，他遇到了第一次数学考试。此前，我从来没有给他安排过有时限的传统考试；他从来没有被限制考试时不能站起来走动。我想知道这次考试中会发生什么。

考试结束后，他跳上车，高兴地宣布："妈妈，我写了两首诗！"我停顿了一下："好吧，那你的数学考得怎么样？"

"你没听见吗？我写了两首诗。"

"我听见了。我只是想先听听你的考试怎么样。"

"我正在给你讲。我在数学考试时写了两首诗！"

我惊得脸色发白，"什么玩意儿？"我脱口而出，"那数学题呢？"

"我做完了，但我不在意考试。我很早就完成了，所以写了两首诗。让我读给你听！"

他接着读了两首搞笑的诗，逗得自己捧腹大笑。我恍惚了，我只想知道那些数学题难吗？他做的时候费力吗？他检查过自己的答案吗？

这些问题对他来说是一片空白，在家上学没有教会他如何在考试中表现，但他并不紧张，他也不关心考试结果。他答完了数学题，但在教室里安静地等考试结束的时间里，他对脑海中出现的文字游戏更感兴趣。

诺亚没有用剩下的时间检查答案；他做了自己一直在做的事——用头脑来成长。然而，作为家长，我担心这种漫不经心的学习方式会阻碍他获得上大学的机会。我并不看重他在不同类的内容之间转换思维的能力，也不看重他按照自己认为合适的方式学习的能力，因为我担心他达不到现实世界的目标期望——"真正的"学习的目标期望。

所以，我做了你们可能也做过的事——我责备他没有为上大学而努力。诺亚一直提倡做真实的自己，他对我说过一句名言："妈妈，你一直用一种非传统的方式养育我长大，现在你想让我做一个传统的学生吗？"

砰！一击即中。

无论我有多认同自己是一个反传统的在家教育倡导者，那一刻，我不得不面对自己对传统教育的盲目忠诚。

诺亚的机敏，诺亚的脑回路，与传统的学校教育格格不入。学习，备考，应考，重新检查写错的答案，在考试时间结束前耐心地、安静地坐着，这些都是我被训练出的判断标准——作为一名学生，头脑在运转、在认真学习的标准。而这个在家上学的孩子，他的天赋却在学校数学考试时写两首诗（这一不符合既定标准的行为）中显露了出来。

如今，诺亚（31岁）是一名自学成才的计算机程序员。他在大学里经历了各种各样的尝试，最终选择了按照他自己的方式自学所需的编程技能。我们说我们想要"受过教育"的孩子，但又期望他们看起来像"受过学校教育"的孩子。我必须诚实地面对自己，承认我私心里喜欢"受过学校教育"多过"受过教育"。实际上，"受过教育"的头脑和"受过学校教育"的头脑看起来可能并不相像。

头脑是一个忙碌的地方

孩子的头脑运转时，可能会在学习材料、人际关系、身体活动和经历体验中徘徊、摇摆——这与焦虑的在家教育者所期望的"屁股坐在椅子上，手里拿着铅笔，乖乖地书写"并不相符。

即使是那些头脑简单、精神自由的在家教育者，也很难理解"看到孩子的头脑正在运转"意味着什么。我一个朋友的女儿做到了在小溪里培育杂交鱼，我惊呆了！这位妈妈解释说，她的女儿通过这种反复试错的农业实验，成功地培育了两个新的鱼苗品种。当我称赞我的朋友家里树立了一个极好的自然学习榜样时，她向我坦言："但是我的女儿不喜欢阅读。我看到你家孩子去看莎士比亚戏剧、背诵诗歌、阅读厚重的名著时，就开始担心我女儿没有那么聪明。"

你能想象吗？我心里一直在想："我已经获得了'忽略科学教育的在家教育者协会'的会员资格，可我的孩子们几乎不能区分海狮和海象！我们所做的只有悠闲地看书。"

我们往往低估了对自己的孩子和家庭文化来说很自然的东西，也高估了对别人来说很简单的东西。我们中有多少人认为，教育是一种持续的顽强奋斗，为了最终在学科考试中取得高分？我们当中有谁会相信，在痛斥一款网络游戏的"蹩脚的"更新版本或讲一个庸俗的笑话时，头脑也在运转呢？然而，这两件事需要洞察力和语言灵活性，真的需要动脑筋！

换个角度看世界

第"N"度

寻找孩子的运转中的头脑，用3个N（N开头的英语单词）来帮助你！

注意（Notice）：在学校科目、体育、兴趣爱好、交友、艺术方面寻找你家孩子的才能天赋。

讲述（Narrate）：点评你家孩子的成就。比如说：

看呐！你竟然已经能写出诗歌了！我想知道这些诗句在你脑海里酝酿了多久。

你的大脑算准了把足球踢进球门需要多远的距离和多大的力量，这太了不起了！

你知道怎么照顾你的小妹妹了——你的大脑理解了她的需求，并想到了一种缓解她的不舒服的方法。

记录（Note）：在日记中记录日期和具体活动，在为期一年的时间里持续记录。把这些当作婴儿成长手册的素材——用简短的、甜蜜的、引以为豪的语句。每周为每个孩子找出一个"头脑活动时刻"。

在家行动吧

创造机会，锻炼各种各样的智力，把这些都当作你在家教育的一部分。可能的活动有：

* 玩双关语

* 轮流做某件事

* 做创意艺术

* 享受大自然

* 合作完成项目（第5章的内容）

* 做体育运动

* 组织活动

* 重新布置房间以便更舒适

* 举办派对

* 做数学游戏

* 讲笑话、变魔术和玩逻辑益智游戏

* 创作和吟诵诗歌

* 与朋友聊天（发短信、用社交媒体）

问问自己

当你担心你的孩子不够"聪明"时，问问自己以下问题：

* 我该如何评价孩子今天的"头脑运转情况"？

* 孩子的哪些聪明之处是被我低估的或忽视的？

✳ 入口 2：寻找运动中的身体 ✳

如果要掌握新概念或发展新技能以达到现实世界中的能力水平，就需要感官参与、身体运动和行动。

——雷纳特·凯恩和杰弗里·凯恩

我敢打赌很多人小时候都有"多动症"的表现。我就是这样！有些孩子总是动个不停，我小时候就是这样的。2年级时，老师要求我们坐的时候把脚放在地板上。我当时很矮，腿够不着地面，总会抻得麻木，很不舒服；有些时候，我总会无意识地把脚抬起来，搭在坚硬的塑料椅子上。老师会给我指出来，让我知道自己又这样做了。由于这个"不良"行为，我没有资格担任班长，于是我责怪自己不能一整天都坚持规范坐姿。成年之后，我依然努力把脚压下来（刚检查过，它们此刻就在规范的位置），这种训练效果甚微，我时常对此感到羞耻，因为我的身体不符合老师和班级规范的要求。

如今，教育机构逐渐意识到，这种动一动、弯弯腰的需求对孩子来说是很自然的。我们在《60分钟》新闻节目中看到，优秀的老师用拍手游戏来教授孩子数学概念。研究表明，小孩子坐在健身球上来回滚动，比坐在桌子旁的硬塑料椅子上更容易集中注意力配合老师。

身体本来就是要消耗能量的，在家教育的巨大优势之一是我们可以回应孩子动来动去的需要。我们的孩子不用获得许可就可以上厕所，他们饿了就可以吃点零食（不用等到课间休息或午餐时间）。他们可以一边拉伸身体一边做数学题，还可以站着或钻到桌子底下做，只要这个动作有帮助即可。让我们尽情享受在家的绝妙优势，让学习之花绽放。

身体渴望休息

然而，许多家庭学校仍然要求孩子坐在桌子旁。家长们打电话给我，说他们没办法让孩子连续写作一个小时。我大惊失色！即使对专业写作者来说，连续写一个小时也是一项挑战——我们需要一些时间，让我们的思绪漫游，重读写完的部分，做一点研究来逃避遣词造句的压力。

然而，学校按小时分割的时间表会给我们带来困扰。"学生扫盲教育行动联盟"（SCALE）主张，孩子们的平均注意保持时间是当前的年龄加上1分钟。比如，一个8岁的孩子可以有9分钟的专注时间。整整9分钟。非常令人震惊，对吧？让我们用这个方法来计算一个高二学生的注意保持时间。一个15岁的孩子可以有高质量的16分钟专注！等等。什么？这可能吗？

事实是，即使我们要求自己专注更长时间（更努力、更持久地工作），我们的大脑也会走神。想一想，当一通电话打得太久时，你是不是无法继续专注地倾听对方在跟你说什么？想一想，你在完成一个重要任务时，是如何不停变换姿势，或者干脆停下手头的任务去回消息或洗个澡的。即使我们被要求坐下来认真听一个讲座，你也会注意到自己的思绪已经飘走了；当它再回来时，你会想"哦，不！我错过了什么内容？"。

我们的孩子也有自己的休息方式：他们有的听音乐，有的躺在地板上或身体动来动去，以便重新打起精神。如果我们所有人的注意保持时间确实都很短，那我们就承认这一现实，并努力解决它。我们有什么方法为反复投入使用的精力充电呢？

一种方法是让身体参与进来——身体休息（不在工作）或运动。一些科技公司会为员工提供瑜伽垫、小憩的空间、站立式办公桌和跑步机办公桌，以及与同事聊天的社交空间，这非常受欢迎。事实证明，工作效率与一个人能否很好地在"专注—休息—再启动"的循环中轮换有关。

让大脑休息一下！

约书亚·麦克尼尔是创伤受害者神经科学项目的创始人。他说，所有的孩子都能从课间的大脑休息中受益。他在书里写道："你让学生休息，是在给他们的大脑一个处理已有信息的时机，与此同时，让他们平静下来、唤醒他们或让他们的大脑集中注意力，以便大脑为下一次涌入的信息做好准备。"他的书《101种大脑休息和基于大脑的教育活动》讲到了呼吸练习，比如吹泡泡、哼唱歌曲，以及有活力的休息方式，比如以约定的方式悄悄握手、在地板上沿着想象中的一根平衡木往前走。尽管时间被分成了很多个小片段，中间还穿插着休息，但以这种方式活动身体可以让孩子们专注得更久。这本书非常棒！强烈推荐。

身体渴望活动

我们的身体也会帮助我们记住所学的知识。当我家最年幼的两个孩子学习如何从10开始倒数时，我们用了一种自己命名为"发射升空"的活动。他们俩站在椅子上，面前铺满靠垫，然后我说"从10开始倒数！"，他们会高喊：

"10、9、8、7、6、5、4、3、2、1、0！发射升空！"

他们向着天空跳起来，落在下面的"靠垫云"里。

这种做法非常有趣。我很快意识到，我可以用这种方法教两个孩子很多需要记住的东西：一年中的月份、季节、一周中的几天、他们的家庭住址……跳下来之后，他们又爬回椅子上答下一题："说出一年中的月份！"他们会背出来（1月至12月），然后说："发射升空！"然后再次跳跃。仅仅是在背诵中引入身体活动，就改变了一切。

在扔飞盘、打曲棍球或跳绳时背诵乘法表是有效的，在树上用写字板写历史课的知识，或者玩数学运算游戏来学习分数——这些都是利用身体来帮助我们学习的方式。使用显微镜，烤馅饼，折纸，戴指纹识别套——做这些事比阅读这些主题的信息对孩子们更有吸引力。棋类游戏和纸牌游戏有同样的价值——它们都是用身体来教学的。

身体渴望舒适

不过，运动并不是让身体参与的唯一方式，身体还渴望舒适。温暖、柔和的光线可以提高学习接纳度。你是不是恍然大悟（明白了什么？）！也许是荧光灯让孩子们头疼，也许是灯光太暗了，也许是灯光太冷了。

我非常执着于享有良好的照明，我的心情取决于光线好不好。蜡烛、炉火和闪烁的灯光帮助我度过了俄亥俄州灰暗的冬天。如果对我来说是这样的情况，对说不清为什么自己会感到暴躁的孩子来说，是否更是如此？

例如，我注意到，一个放着毯子、书篮子和一盏小灯的角落，比所有关于阅读重要性的讲座都更能吸引孩子们阅读。孩子们喜欢在床上使用手电筒阅读，因为它是秘密的、光线聚焦在书上的、特别的灯光发出了阅读邀请。

当孩子们厌倦了为了抄写而书写时，我并没有放弃培养他们健康的书写习惯，而是想办法重新塑造它。我在桌子中间点燃一支蜡烛，他们立刻聚了过来，我给了他们每人一根短小的茶蜡，增加的火焰有助于紧张的身体放松。划火柴，看着火光闪烁，将手指在蜡烛的火焰中快速划过（是的，我预料到了！），然后在写下一段文字后熄灭蜡烛，这足以让身体感到舒适，以应对抄写的挑战。蜡烛发出抄写邀请，蜡烛使孩子们很高兴！我的朋友布里奇特为朗读时间点燃了火炉。在大雪纷飞的冬天，他们读完书，在炉边烤棉花糖。

有很多方法可以让我们的身体放松下来，进入平和的学习状态。并不是所有的方法都是昂贵的或麻烦的，除了良好的照明外，还可以尝试：

* 品尝好的味道（好的零食）

* 使用彩色的笔、桌布、马克杯、横幅、茶壶和笔记本等物品

* 室内在冬天保持温暖的温度，在夏天保持凉爽的温度

* 点燃香氛蜡烛

* 播放温柔的音乐（电影原声带歌曲）或自然的声音（比如雨声、风声、海浪的啸声）

* 挠挠背

* 按摩手部

* 裹着毯子拥抱

* 抚摸宠物

* 玩水

* 躺在地板上

* 拉伸和弯曲身体，转转脖子，揉揉肩膀

我们的身体倾向于让我们学习，因为当身体快乐时，我们的头脑就进入"轻松的警觉"状态。

换个角度看世界

摒弃关于做功课应该保持什么身体姿势的传统观念，允许你自己和你的孩子去尝试。例如，当一个女孩在沙发上写东西时想摸摸猫，我接到了她妈妈的电话，这位妈妈担心女儿的书写会受到妨碍。我告诉她："有什么好担心的呢？试一试吧。"

那天晚些时候，我的邮箱收到了一张照片。照片上是一位快乐的年轻女士，她裹着被子，抚摸着猫，同时在写着什么。她的快乐驱动着她去做任何一位家长都希望看到的积极行为。

问问孩子：现在，什么能帮助你集中注意力？

然后提供一些身体方面的解决方案：

* 喝一杯柠檬水？

* 在阳光下坐一会儿？

* 戴耳机来屏蔽外面人的叫喊声？

* 吃些零食？

* 把硬木椅换成软垫椅？

* 抬高椅子或降低桌子以获得更合适的高度？

* 别坐着，站起来？

* 拿着写字板躺在地板上？

在家行动吧

当你或孩子从事一项学习任务时，记得用这种身体霹雳舞。

"动，想，动"

动：热身（背部按摩，搭肩，眼神交流，手部按摩，击掌，拥抱）。

想：集中注意力（把自己的注意力放在学习材料上，保持年龄加1分钟的时长）。

动：休息一下（追着狗跑，上下楼梯，吃点零食，换个地方，在蹦床上跳，涂色，玩电子游戏，让大脑休息一下）。

一直这样重复。

问问自己

当孩子学累了时，问自己以下问题：

* 我怎样才能营造学习的氛围？

* 今天我给孩子们的身体提供休息、舒适或活动了吗？

✴ 入口3：寻找联结着的心灵 ✴

问题是——正如我多年来所说的那样——我们几乎不可能把对某事的想法和对它的感觉分开看待。

——约翰·霍特《孩子是如何学习的》

有爱的联结是学习的核心：对某个学科的爱、对这门课老师的亲切、为自己骄傲、为发现欣喜。当我们的孩子心中有爱时，教育就会蓬勃发展。

正如我们在第3章看到的那样，孩子的热情会自然而然地引导他们学习学校必修科目清单上的主题。比如，约翰娜对阅读青少年小说的热情指引着她自己创作了小说；当凯特琳对时尚感兴趣时，我们订阅了一些知名杂志，并制作了词汇表来帮助她完善时尚词汇，她写时尚博客时还提到了自己的抄写和听写练习。

另一种培养对学习的热爱的方式是通过与教练（老师）建立亲切的联结。根据研究结果，独立练习不足以掌握一项新技能，有指导的练习会带来最大限度的进步。想想你的孩子们和他们参与的足球队训练——大人们讲授技巧，孩子们一遍又一遍地练习同样的技能。当一个孩子同时拥有教练（给予有意义的投入以提升技能的人）和盟友（在奋斗中相互支持的人）时，学习之热爱就会开花结果。

教练可以帮助你拥有第二双眼睛，去共情孩子的努力，并提供支持性的反馈以鼓励他们成长。牢固的友情、共同的目标和进步的胜利建立起学习之热爱的纽带。可以在孩子的生活中依赖其他成人教练，无论是体育、戏剧、芭蕾、科学合作小组还是写作支持小组。在孩子的生活中，教练和盟友的存在是一份神圣的礼物。

家庭学校手榴弹

不过，有时候，我们做父母的会在摸索中出错。我们总会对学习中过多的快乐感到怀疑，并觉得课程应该是"艰难的"。我见过一些家庭仅仅因为孩子们觉得简单就放弃了一个有效的课程项目，毁掉了他们原本快乐的家庭学校；而且把我称之为"家庭学校手榴弹"的新课程扔进快乐的客厅，还想知道为什么每个人都又痛苦了。

轻松地完成课程，可以为有爱的联结创造机会！快乐来自克服困难：享受新获得的能力并加以运用。在面对新的挑战之前，孩子们必须享受熟练的过程，这有时需要很长一段时间。

想象一下你在教你的儿子骑两轮自行车，当他终于能保持平衡、可以在街上骑行时，你把两轮自行车拿走，给他换成一辆独轮自行车。就是这样的感觉！与学习建立心灵联结的核心是掌握——轻松、胜任、确定。请给孩子足够的时间享受掌握的乐趣。

对于一个刚入门的读者来说，在阅读经典文学作品之前先读一年漫画书《内裤超人》是可以的吗？如果一个孩子沉迷于跳数计数（0、2、4、6、8……）好几个月，对除法没有兴趣，家长应该担心吗？

学习之热爱不是通过强迫来增加的，而是一种对快乐的回应。耐心的信任会助长愉快的关系。有一些科目会成为你的最爱，而另一些只是匆匆一瞥。并不是人生的每个阶段都喜欢所有的科目。但是，如果孩子们能够与一些他们喜爱的科目和兴趣领域形成一种紧密的、牢固的联结，那么由此产生的快乐就会渗透到其他科目和领域的学习中。在一个领域的成功和喜悦会激励孩子去完成更具挑战性的任务；对快乐的吝啬态度会导致他们对所有努力都失去热情。如果每件事都充满了挑战，但没有一件是鼓舞人心的，那么抵触情绪将会非常强烈。

找到挑战、能力和意义之间的平衡点

想要在你的家庭中滋养"爱学习的小虫"，请记住这3件事。

挑战会引起孩子们的注意，但如果学习的第一步就感觉挑战太大并且尝试失败了，那么迎接挑战的意愿就会消失。孩子们会被适当难度的挑战所吸引，这种挑战能帮助他们发掘自身的潜能。

展示自己能力的感觉会推动孩子们前进：第一次尝试写一个字并看到清晰的字形出现，成功地数豆子验证了心算的2加2真的是4，在网络游戏中顺利过关升级，左右手一起弹钢琴——这些都是有魔力的时刻！在开始努力做一项新的尝试时，小小的鼓励就可以帮助孩子们坚持下去。

孩子们从突破自身极限的压力中解放出来，自然而然地在学习中创造"意义"：他们会找到方法将新技能应用到现有的知识体系中。他们可能会写信或写便签；他们可能会清点他们所有的宝贝玩具，或者把它们按大小排序；他们可能会创作一首钢琴曲，或者背下他们最喜欢的演奏曲目。对孩子来说，"意义"可以概括为将一项技能用于实现个人目标的能力。

换个角度看世界

对学习的热爱是由一个充满爱的家庭氛围支撑起来的——父母两人、活动内容和活动空间。记住这些原则：

* 待人友善，助人为乐。

* 赞赏孩子的努力。

* 选择对孩子有吸引力的内容（不是对你有吸引力但孩子讨厌的内容）。

* 当孩子四处寻找挑战时，增加任务的难度。

* 为你不熟悉的科目寻找热情的成人教练。

在家行动吧

滋养"爱学习的小虫"

那么，怎样培养一种指导关系而不是教学关系呢？你要以盟友的身份陪伴着孩子。提醒自己：友善的支持会带来亲切的关系。你可以通过以下步骤为孩子的学习体验建立动力：

1. 给孩子示范这种做法。

2. 和孩子一起练习（有时要花很长时间）。

3. 给孩子足够的时间和空间来练习一项新技能；重复轻松愉快的任务；在各种各样的情况下使用该技能。

4. 注意孩子做得好的时刻，并及时反馈："你正确地解出了5道数学题！"或者"看你写的大写字母。"

5. 不要说"你漏了6道题"，或者"你拼对了大部分单词"，或者"你应该已经知道怎么做了"。

6. 你把错误记录下来，改天再解决："今天我们再来看看如何找到公分母。"或者"我们来和大写字母、句号玩一会儿。"然后回到步骤1至步骤3。

7. 庆祝进步："你在没人帮助的情况下找到了共同点！"

8. 表扬孩子将学习的技能应用到个人生活中："看看你的博客，段落分得多好啊！"

9. 享受孩子在学习中的快乐（请放下怀疑和忧虑）。

问问自己

如果孩子所处的学习环境是令人挣扎的，问问自己以下问题：

　* 我的孩子有足够的时间和重复次数来感受掌握的乐趣吗？

　* 我该如何平衡挑战、能力和意义？

＊ 入口 4：寻找鼓舞着的精神 ＊

　　我们必须学会，少着眼人们做了什么或没做什么事情，而多关注他们经受了什么磨难。

——迪特里希·朋霍费尔

　　看完第四个"善待动物组织"（PETA）的视频后，我明白了为什么约翰娜想做一名素食主义者。她想有所作为，想改变世界。我喜欢看到青少年对自己信仰的狂热，这显示出一种鼓舞人心的精神——关怀他人的能力。

　　与此同时，我的丈夫和另外4个孩子都对感恩节晚餐吃火鸡不感兴趣。朋友们告诉我不要"屈服"，他们说我不应该为了其中一个孩子而改变我的家庭习惯。但我知道约翰娜的同理心正在萌发——我在大学里也经历过，当时我致力于提高人们对世界饥饿问题的认识。道德责任的觉醒是年轻人生命中一个重大的（也是正确的）发展里程碑，看到它在约翰娜身上点燃了，我很感动，我想把它扇大成火焰。

　　我和孩子们的爸爸都认为，在孩子的教育中，提升照顾他人的能力和学习阅读、写作和计算一样重要。我也知道信仰会随着人的生命进程而改变（真的是，我15岁时以为自己懂的东西，现在有一半都不相信了）。在约翰娜宣布她想成为素食主义者的那一刻，最重要的是有机会实现她的理想——感受将她的个人行为与道德承诺结合起来的所有影响。她运用了同理心——想象痛苦的能力，以及，减轻痛苦的愿望。

教好你的孩子

教育界的创新者亚瑟·科斯塔提醒成年人，学生们很快就能发现老师和家长的不一致之处，"孩子们的许多行为、感情、态度和价值观不是通过直接的指导，而是通过模仿成年人和同伴的榜样来获得的。他们会在观察的基础上采用新的行为模式或改变自己的行为"。(我特别强调)

你最自然的行为对孩子来说是最真实的。如果你会很自然地共情他人、分享你所拥有的，孩子们也会这样做。如果你的本能是自我保护和挑剔他人，你的孩子可能不会像大多数年轻人那样学会同理心；如果你的言行不一致，你的孩子会通过你所做的而不是你所说的来了解哪个是事实。有机会成为青少年道德觉醒的一部分来源，是一种荣幸。

善待你的孩子

你公平吗？你善良吗？你会表露出孩子的幸福对你很重要吗？你会认真倾听吗？如果孩子没有从你身上体验到这些品质，你就不可能期望他们以这些品质对待别人。如果我们希望孩子重视别人的需求，我们必须首先重视孩子的需求。听起来不合逻辑吗？难道我们不应该以关心他人为榜样吗？当然应该，同时也不能忽视对孩子温柔细腻的照顾。如果我们要求孩子倾听和关注我们的信仰，我们也需要倾听和关注他们的信仰。如果我们想让他们分享他们的玩具，我们也需要和他们分享我们的工具。

当孩子们体验过被父母关爱时，他们就学会了如何关心别人。在心理资源匮乏的情况下，很难主动怜悯他人。如果你感觉不到被爱，你就不太可能去爱别人。如果你觉得没人倾听你说话，你就不太可能去倾听别人。如果你曾被操纵、胁迫、羞辱或责骂，你很可能会自我保护或怀疑他人。

我早年刚开始做在家教育时，听过一种育儿建议与这种观念背道而驰。该主张的几位领头人教导父母要向孩子展示生活是不公平的，比如，有一位爸爸夸耀道，他给他家6个孩子吃了不同数量的冰激凌（其中一个没有），并要求每个孩子都心存感激。这个想法听起来很有创意，但会让人感觉不可思议。一位权威（爸爸）做出了对几个孩子不公平的选择，无论目标多有哲理，这种感受都是痛苦的，而且会破坏信任。哪个孩子不会奇怪，为什么爸爸不让自己吃冰激凌，而其他兄弟姐妹可以得到两勺？

当孩子们认为自己有足够的钱可以捐赠时，他们更有可能对别人慷慨。顺便说一句，成年人也是如此。我们的道德想象力和拥有的资源、经验一样丰富。

如果我不认同他们的"目标"怎么办？

如果青少年的信仰似乎是危险的（例如，我的一个家庭学校合作小组里，有一个学生过度迷恋希特勒），那么很重要的是找到更多关于它的信息——追溯这种迷恋的起源，然后进行处理。

也就是说，如果他们的选择仅仅是不方便或不符合你的期待（例如，素食主义），考虑一下瑞士心理学家和精神导师保罗·图尼尔在他的书《生活的冒险》中提出的这个想法——年轻人从父母那里独立出来的一种方式是改变信仰。虽然年轻人可能会以父母的价值观为榜样，但他们往往也会尝试新的选择，比如：参加不同的宗教活动，选择不同的政党，只对自己选择的社会问题表现出兴趣。我们要做的是关注他们如何实现目标，而不是关注他们追求的目标究竟是什么。

大声朗读

增强儿童青少年关爱的能力的最有效方法之一，就是一起朗读文学作品。所谓的大声朗读，是家庭学校的主要内容。书籍让我们接触到各种观点和道德困境，也为我们提供了一个更广阔的视角来了解世界。在"勇敢的作家"项目中，我们根据我作为在家教育工作者制定的以下标准来选择要学习的书籍：

1. 多样化的作家

  * 各类英语作家：亚裔美国人、非裔美国人、印第安人、西班牙裔美国人、移民、本地人、奴隶出身者、著名的历史人物、开拓边疆的人、有学习困难或学习障碍的人，以及来自英国、澳大利亚、加拿大、新西兰等英语国家的作家。

  * 男性和女性，年轻人和老年人，当代和古代。

  * 来自其他国家、时代和语言的作家。当孩子们长大些、进入青少年期时，这变得更容易，经典作品的翻译也很容易。

2. 多样化的角色

  * 男女主角

  * 年长的和年轻的主角

* 不同的经济环境

* 不同的宗教背景

3. 多样化的情节

* 历史事件

* 自然灾害

* 人道主义危机

* 熟悉的童年

* 幽默、悬疑、悲剧、科幻

4. 多样化的体裁

* 散文（小说）

* 诗歌

* 非小说类书籍

* 图画书

* 漫画

* 戏剧

* 短篇小说

* 寓言和神话

你今年挑选要读的书时可以使用这个清单。

道德想象力

在大多数大学里，学生们都要修读一门名为"文学与道德想象力"（或类似名字）的课程。这门课的目的在于，帮助学生从接触一系列不同的视角中形成价值观，包括熟悉的和不熟悉的视角。在家上学的美妙之处在于，我们可以从儿童小说开始做这件事，一直延续到孩子上高中、上大学。通过大量阅读形成同理心，这是我想让孩子在家上学的首要原因。

无论选择做何种职业，道德想象力的发展，都有助于人们成为负责任、有道德、有爱心的人。不仅如此，在学习历史、政治和科学时，对他人境遇的感同身受是一个极好的联结点。昨天的历史教训为今天的道德困境提供了信息——对年轻人来说，理解历史事件并拥有有意义的、负责任的应对方法，是很重要的。

换个角度看世界，然后行动

做给予者

我们支持孩子道德发展的主要方式是——我们希望他们为别人做什么，我们就为他们做什么。如此简单，简单到不可思议。

给予爱。首先，对你的孩子表露爱意：帮助他们，倾听他们，慷慨地给予他们。根据经验，如果你必须向孩子解释你所做的事情是因为你爱他们，那就不是爱；当你的孩子感受到被爱的时候，他们自己会知道的。如果你经常把爱贮存到孩子的生活中，你偶尔为了保护孩子、让他（她）幸福而设定的界限就会更容易被容忍和接受；如果你给孩子提供的只是界限和规则，他们反而会产生怨恨。

其次，对你社交圈里的人表现出友爱——相信他们是你生命中最好的人；抵制批评、诽谤或八卦的诱惑。广泛地阅读，然后和你的孩子谈论这些经历。（你的孩子没有哭，但你快要哭的时候——这是一个很重要的分

153

享时刻。）

给予关注。和你的孩子一起了解身边发生的事情——一场自然灾害，一个民权事件，一次政府停摆，一项慈善事业的筹款活动。拓宽自己的知识面，变得好奇以理解当下的情况。如果可以的话，和你的孩子一起探索。

给予帮助。回应这些情况的需求。做志愿者，筹集资金，为年迈的邻居扫落叶，为和平游行折纸鹤，去医院看望朋友，在收容所遛狗，不再吃乳制品和肉类。把爱和给予一起付诸实践。

在家行动吧

选择一种明显可见的方式支持你家孩子的追求。如果你的孩子是素食主义者，购买食谱和食物来支持他（她）这个选择。如果你在花钱资助一个孩子，把受助孩子的照片放在显眼的地方——和你家孩子谈论那个孩子。如果政治话题和有实质内容的对话对你的家庭很重要，那就安排一次家庭晚餐来讨论。安排时间和孩子一起看纪录片，有意识地寻找孩子自然持有的与你不同的观点立场。注意孩子的追求所提供的相互联系——历史、伦理、宗教、政治、文学。以这一追求为中心，绘制一个新的学习大陆。

花时间和孩子一起看电影和读书，培养关于与你不同的生活方式的"大而有趣的对话"。

"呼格"：丹麦人对舒适的实践

当我们考虑到舒适和联结的特性时，这4个入口就得到了最好的培育。在这方面，丹麦人是专家，他们的生活方式吸引了来自全球的关注。

近年来，关于"呼格"（hygge，丹麦语，发音为"HOO-gah"）的文章和书籍如雨后春笋般涌出。"呼格"在丹麦语中是"舒适"的意思。丹麦人在冬天每天要忍受18个到20个小时的黑暗，他们已经把呼格艺术做到了极致，使家成为一个充满光明、温暖、联结和幸福的地方。他们认为，工作场所的生产力和家庭的安宁祥和并不取决于更好的技术或工具，而是取决于每个人在这些空间中被滋养和被欢迎的程度。

头脑、身体、心灵和精神的健康取决于能否营造一个缓解压力、提高注意力和感到放松的环境。呼格符合这些要求！今天就给你的生活添加一份呼格。问题并不总是出在计划上；有时只是环境的问题。

•光和色彩：丹麦人每人每年要燃掉13磅（大约6千克）蜡烛！蜡烛、小台灯、彩灯、LED灯、电子蜡烛、灯笼，都能提供温暖舒适的照明。到了秋天，天黑得很早，在暖炉上煨一壶茶，伴着明亮的茶灯，孩子们都聚在一起。

•香味和声音：烘焙饼干的香味，餐桌中央装饰物中松树的香味，最喜欢的电影配乐，大自然的音景——这些都能营造一种无形的氛围。

•食物：带肉桂粉的橘子瓣，一块巧克力，一杯热茶——在做数学题的时候，一只手反复拿取碗里的杏仁和杏干，这一简单的动作就会让你感觉不一样！好的蛋白质对头脑有益，好的行动对身体有益，好的颜色对眼睛有益，好的味道对心灵有益。

•拥抱：柔软的毛衣、毛茸茸的袜子、成堆的枕头、你只在家里穿的宽松裤子、用来编织的羊毛线团、壁炉前地板上的羊皮毯子、把你包裹起来的椅子——拥抱吧！抱一只小狗或小猫都可以。

•户外活动：除了使家成为一个令人想拥抱的、滋养充分的、光线充足的空间之外，呼格还包括在一年中的任何时候对大自然的热爱。把大自然带进室内（松果、篝火、植物），去到户外（远足、散步、滑冰、游览公园）。在大自然中寻找心灵。我发现了水坑，树枝间堆着的雪，还有一株心形的仙人掌。在各种温度下、在各种季节里外出，以维持你的昼夜节律，使每个人在漫长的雪季、雨季或酷热里都不会太狂躁。

•联结：与所爱的人在一起是最重要的。在家上学让我们有时间和我们最爱的人（我们的孩子）待在一起。当孩子们了解到你想让他们以自己选择的方式幸福时，联结就建立了。

第 7 章

运 用 超 能 力

在主要科目进行实践

美丽的语言、数学与科学、美术与自然、成为世界公民、游戏、"派对学校"

> 重要的是，要记住，我们每个人内心都有魔力。
>
> ——J. K. 罗琳

欢迎来到实践的一章。是时候运用我们的3组超能力了：

* 魔力的4种原力（第4章）：惊喜、神秘、风险和探险
* 学习的4种能力（第5章）：好奇、合作、专注和庆祝
* 学习的4个入口（第6章）：头脑、身体、心灵和精神

接下来，让我们把它们与语言、数学、科学、历史、诗歌、电子游戏、自然、美术等更多内容配对。本章将为你重新思考如何教育孩子提供一些启发，但本章并不是面面俱到的，请将这些内容视为一个"跳板"，利用它们来激发你的创造力。不过，其中有一个技巧值得注意，让我们先从转变对教学的理解说起。

*像……一样思考 *

在我们急切地对孩子进行教育的过程中，有时我们会着重关注积累知识信息。当今时代的教育革新者说："这样做是为了什么呢？"在口袋里的一部手机就能回答任何问题的世界里，我们为什么要给孩子们预先灌输大量知识呢？

21世纪提倡素质教育，因此需要有新的教育定位：当今时代的学生需要能思考和解释，而不仅仅是背诵。这种思考应该遵循这个领域的模式，以历史为例，什么是"像历史学家一样思考"，而不仅仅是学习和背诵历史？《关于历史的阅读、思考和写作》一书中讲到：

如果学生要做的事是提升所需要的读写能力，社会课的老师们必会受到质疑。如果历史课只专注于死记硬背人名和日期，或者在答题卡上填空，学生将无法学会多角度思考、对所读的内容进行评论或者展开论证。

在书中，教育专家接着说道，最好"围绕这门学科的中心目标：基于证据的解释来构建历史"。

我记得，我给孩子们读过劳拉·英格尔斯·怀尔德（美国女作家）的小说《草原上的小镇》。在小说中，作者劳拉反复讲述的一件事令我印象深刻——劳拉以在一群成年人面前背诵1820年之前的美国历史结束了她的学校学习生活。我和让孩子在家上学的朋友们在阅读她这个背诵的故事时感到很失败，因为我们的孩子直到现在仍无法概述美国历史。然而，和劳拉那时相比，又增加了150年的历史信息——凭记忆背诵那么多内容似乎不尽合理。

除了美国历史，今天的孩子们被期望成为"世界公民"——了解世界各地的历史。这项任务看起来不可能完成，是的，它本来就不可能，让我们面对现实吧。幸运的是，现在有数字化的"历史智囊团"，让我们可以自由地思考如何处理这些信息，而不仅仅是记忆它。

是的，能够轻松地回忆出历史事实是很棒的，但这并不是当今时代教育的全部含义。历史学家必须知晓如何分析原始文献，如何评估资料来源可信还是不可信；会运用语言技巧以及对经济学、宗教、政治理论、社会习俗、区域地理和人类学的知识来解释历史事件的发生时间、过程以及原因。事实上，每一代人都从过去的历史事件中获得新的意义。换句话说，即使是"事实"也会随着时间的推移而改变。

如果我们轻视所有这些因素，把"受过教育"等同于会做多项选择题时，我们就剥夺了孩子们的素质教育。有没有什么方法可以让年轻人大致了解历史学家的工作？我们怎样才能让孩子们体会到发现历史或洞察历史的喜悦？这些都是我们作为教育革新者要问自己的问题。

那个时候……我像考古学家一样挖掘

我上7年级时，社会课的老师费根太太给了我们一个成为历史学家的机会。学习阿兹特克文明（美洲古代三大文明之一）的时候，我们首先用了看课本、听老师讲课这种传统的方式。后来有一天，她带着湿黏土来上课，按照阿兹特克时期的做法教我们制作陶器。我们自己用泥巴捏盘子、花瓶，连手肘上也蹭到了泥巴。我们把作品晾了一夜，第二天，费根太太教我们如何按照阿兹特克人的风格给它们上色。

这些陶器是在周末烧制的，它们变得漂亮又耀眼之后又被送回到我们的教室，我们都赞叹不已。直到……什么？锤子？每个陶器旁边都放着一把随时可用的锤子。费根太太让我们把自己做的陶器砸成碎片！我们克服了恐惧，激动地打碎了烧好的黏土。

每个陶器的碎片都被装进一个盒子里，盒子上面写着我们各自的名字。第二天，费根太太把我们带到学校后面，我们走进了一片长满杂草的泥土地里。在那里，费根太太给我们发了铲子，把我们分成好多个挖掘小组。我们现在变成了马里布峡谷的考古学家。这位勇敢的老师把我们的陶器碎片盒埋在硬纸板（代表过去文明的沉积层）之间。我们的任务是挖出我们的盒子，并明确它们在哪一层。

各个小组开始行动，每次铁铲击中目标时，同学们都会欢呼雀跃，除了我在的小组。我们什么也没找到。我们挖啊挖啊挖……直到11岁的我都急哭了。我们的陶罐究竟在哪里？费根太太走到我旁边，温柔地说："你知道吗，朱莉，你的体验是最真实的。因为我没有记住你的挖掘地点的精确位置，你们小组现在必须像真正的考古学家一样工作，在不知道位置的情况下，你们必须不停地挖，直到找到陶器碎片。"

这番鼓舞人心的话使我振作起来，我当时就想成为一名考古学家。当我们小组找到我们的陶器碎片时，欢呼的声音比班上其他同学都要大。我们是真正的考古学家！陶制盘子和花瓶的碎片被带回了教室，在接下来的几天里，我们用胶水把它们重新粘起来，然后给陶器贴上标签，用于在博物馆展出。

我不记得我们在那门课上考过什么题目，我也不记得我们还学了什么，但我记得费根太太的考古挖掘活动。上大学之后，我主修了历史专业。

"像……一样思考"（自行填空）的思路可应用于任何的主题领域。比如，语言学家是如何思考的？他们的任务是什么？在我们告诉孩子语言学家已经得出的结论之前，能不能先把英语看作一个待解开的谜题？

基于这种想法，我创建了"勇敢的作家"语法课。我曾要求孩子们收集单词，任何单词都可以。孩子们花了一周的时间收集单词，并把它们写在单词卡上，我让他们把这些单词分成他们自己定的类别。这里有一个要注意的点：由他们自己来决定分组利用单词的哪些相似点。因此，可能有几个单词被组合在一起，因为它们都以字母"b"开头，或者它们都与体操有关，或者它们都是3个音节的单词。通过思考单词之间的相似点和不同点，然后将它们分组，孩子们已经开始了语言学家在做的工作。

语言有很多特征，像名词、动词这样的词性等抽象概念并不是唯一的特征。仔细考察语言、揭示单词之间关系的经历教会了孩子"像语言学家一样思考"。一旦这种转变发生，孩子们就可以弄明白语言学家是如何决定语言的分组、定义和关系的。

像记者或社会评论员那样思考如何？数学家和科学家是如何思考的？哪些实践为这些领域的发展提供了信息？本章的剩余部分都建立在这个前提之上。当我们把12种超能力运用到学习中，激励孩子们参与到相关学科的活动中（而不仅仅是死记硬背）时，我们就释放了一股学习力量的洪流！

✳ 各个学科 ✳

美丽的语言

到5岁的时候，人们对母语的使用已经非常流利了，足以让以此为第二语言的人羡慕。大脑天生就会说话——它适应、继承并完美地应用从社群、关系和潜移默化中学到的知识。从小学到大学，我们贪婪地积累词汇。我认识的一位教授解释说，博士学位意味着你在所选择的领域掌握了专业词汇。说白了：博士们拥有最丰富的词汇库！

每种语言都是天生美丽的，诗歌、小说、宗教文学、哲学在世界各地的历史中随处可见。利用这种丰富的资源，对孩子们来说既有帮助又感到满足。下面的实践方法提供了一个深入接触语言、奠定坚实语言基础的机会。

诗歌茶话会

每周有一次，我们一家人聚在餐桌旁，一边吃着松饼、喝着茶，一边给彼此读诗。我想说：诗歌加上茶和点心，等于神奇的家庭时光和有魔力的学习。英国作家塞缪尔·佩皮斯在他1665年的著作《佩皮斯日记》中也赞同这一点："奇怪的是，一顿丰盛的晚餐盛宴竟能让所有人和谐共处。"难怪全世界成千上万的家庭认为"诗歌茶话会"是一种稳操胜券的体验。可以说，诗歌茶话会是12种超能力在行动中的完美写照。

试一试

1. 精心布置餐桌。要有：桌布或餐垫；用天然工艺品（如松果或贝壳）、蜡烛或乐高玩具制成的装饰品；每个人的茶杯或马克杯；漂亮的小吃盘。

2. 准备茶和点心。英国茶是最受欢迎的，但不是必须要有。关键是，用茶壶来盛装家人喜欢的饮品，选择热巧克力或柠檬水也没问题，摩洛哥薄荷茶或印度奶茶也很美味。准备一些点心，如司康饼或松饼，或涂有杏仁黄油的苹果片；烤面包抹上果酱切成片也不错；从商店里买饼干就更简单了。

3. 将诗集或其他书摆放在桌上。从图书馆或你家的书架上收集书，或者从书店买书，其中要有一两本配有大插图的儿童文选。如果你还在思考从什么书开始读，可以选择我整理的诗集《诗歌茶话会伴侣》，也可以尝试以幽默和押韵著称的诗人（比如玛丽莲·辛格、谢尔·西尔弗斯坦、杰克·普雷卢茨基）的作品，或者试试那些以自然和动物为主题的作品（比如简·尤伦或艾米·路德维希·范德沃特的作品），冷笑话、绕口令和童谣也很棒。把这些书铺满桌子（比孩子们的书还多）。

4. 翻开一本书，选一首诗，大声朗读。 鼓励孩子们打开书随意翻页，直到一首诗引起他们的兴趣，与大家分享它。青少年也喜欢分享歌词，比如莎士比亚戏剧中的台词。如果孩子还太小，不能自己阅读，让孩子看着插图选一首诗，然后由家长或者另一个年长的孩子读给大家听。家长自己也挑选诗歌并大声朗读。我们的目标是沉浸于语言的韵味与饮品的美味之中。

5. 细品，享受，欢笑，惊叹。 没有必要展开分析。有时，一段自然而然的对话会讨论出一首诗的韵律或打油诗的幽默，或者说到为什么"buzz"这个词是一个拟声词（别担心，你可以稍后再查这个词）。我们的目标是坐在布置精美的桌子旁一起品味语言、美食和茶饮。

就是这样！

这就是这个活动的激动人心之处：一旦你开始这样做，它就像一列不受控制的火车。环境营造了开阔的氛围——食物、蜡烛、特别的饮料、花时间装扮漂亮的桌子——所有我们在上一章讨论过的让人舒适的东西这里一应俱全。没有学习任务，让孩子们可以随意翻阅书籍，由此激发他们的好奇心。惊喜和神秘都在工作，并且从不会失败，总有一首诗是孩子想要大声朗读的。冒险和探险在何处？在于分享诗歌和观察大家的反应。还有合作（轮流读诗，帮别人读诗或倒茶，摆桌子），专注（考虑翻看哪本书，权衡分享哪首诗，想知道这首诗的意思或为什么它很有趣），以及用欢笑或泪水、款待和时间来庆祝。

头脑、身体、心灵和精神都在意义、知识和时间等方面得到了训练。

诗歌茶话会是一次稳操胜券的学习体验，因为它最大限度地发挥了"勇敢学习"的所有特性。与此同时，对诗歌的感受从根本上改变了上语言课的状态。成千上万的孩子通过"诗歌茶话会"对诗歌产生了兴趣——他们从来不觉得诗歌是一门晦涩难懂的、没有人喜欢的学校科目。

在我家，我们也邀请了在公立和私立学校上学的朋友加入我们的诗歌茶话会（他们都很喜欢！）；我的两个孩子成年后为网络文学杂志写诗；一个孩子在他的大学里每月举办一次诗歌朗诵活动；另一个孩子在担任宿舍助管时，在他所在楼层举办了"诗歌茶话会"。这种做法伴随着孩子们一直到他们成年。

更多信息

访问网址poetryteatime.com，可以获得免费的诗歌茶话会快速入门指南和免费的适合各个年龄的诗歌书单。在Instagram（一个国外社交软件）上搜索#poetryteatime标签，看看世界各地的家庭是如何诠释这种做法的。关注Instagram上的@poetryteatime账号获取更多相关信息。

朗读时间

作为一个在家教育者，我所经历过的最纯粹的快乐之一，是每天大声朗读给我的5个孩子听。没有什么比在家庭活动室里聚会更能让一天安定下来了——我坐在摇椅上，5个孩子散落地坐在沙发上或地板上，听着一个绝妙的探险故事。

1. 准备一个朗读筐。里边可以放各种各样的书——伊索寓言、希腊神话、励志文学故事、童话故事、非小说类的书籍（关于任何主题的）、历史、图画书和小说。每种书都读一点。

2. 选择一天中的某个时间朗读。早餐后或午餐后——当吵闹的孩子们正在打盹发呆的时候。

3. 让他们的双手有事忙。当你朗读的时候，给他们提供乐高积木、编织材料、编织用的模具、涂色书、手工黏土、拼图、七巧板、折纸、可以打扮的玩偶娃娃、水彩画或任何其他安静的活动。

4. 停下来时聊聊天。偶尔问一个问题，记下一个优美的短语，想知道接下来会发生什么，在朗读的时候和孩子聊聊正在搭建的作品。预料到会有孩子气的中断停顿——停下来喝杯水或上个厕所。

5. 邀请大一点的孩子朗读一会儿。比如寓言或诗歌，非小说类书籍中关于自然灾害的几段，励志文学故事中的一段——让你的嗓子休息一下。

6. 有声读物很棒。如果你有正在哺乳的孩子让你无法读书，或者你的嗓子不舒服，或者你已经筋疲力尽了，没有理由不去听有声书！温馨提示：有声读物是吃午餐、吃早餐和长途乘车时的最佳选择。

7. 随时随地朗读。当你在高速公路上行驶时朗读广告牌，朗读路边涂鸦的内容，在公园或动物园读书，在咖啡馆或冰激凌店互相朗读，在美术馆朗读画作旁边的标签，朗读物品的操作说明……到处都有等待着被读给感兴趣听众的作品。当你朗读在日常生活中看到的东西时，这会提醒孩子们在日常生活中可以使用文字的所有方式（包括朗读）。

一起大声朗读可以让你们一家人一起品味故事和语言。孩子们会了解各种各样的写作风格，这有助于他们塑造自己的写作思路，意想不到的剧情转折、有趣的花絮信息为写作创造了动力源和多样性。事实上，即使在一个略显糟糕的日子里，给孩子们朗读一本书也可以让你确信，自己确实为他们提供了高质量的在家上学的一天。

自主读书

我把这一切都归功于我的妈妈——我之所以成为一名朗读者，是因为她在我们家坚持的一项习惯。你准备好听我讲了吗？当我们还是孩子的时候，妈妈告诉我们，如果我们在读书，我们可以想多晚睡就多晚睡。晚上8点就该上床准备睡觉了，但11点还在读书？没问题！我记得有无数次，睡着的时候胸前还放着一本书、房间的灯还开着。你的孩子也可以！尝试以下任何一种方法，让孩子自主读书：

1. 用手电筒看书。有了特殊的阅读灯，今天的熬夜将更有趣——书夹灯很美妙，老式的手电筒也能用。提供这些，再让你的孩子上床睡觉，看看会发生什么！

2. 点一支蜡烛。白天点一支蜡烛，并告诉每个人，当蜡烛点燃时，房子里要安静下来以便读书。在上午或下午，大家一起静静地各自阅读15分钟到30分钟。大孩子自己读自己的，小孩子坐在你膝上翻看图画书。如果每个孩子都到了能自主读书的年龄，你也要读书。缩短时长以便更容易成功：如果有很小的小孩子还不会阅读，从1分钟到5分钟开始是非常完美的。

3. 建立一个读书角。灯？要有。舒适的坐垫？要有。柔软的玩偶？要有。一筐书？要有。这个位置离家人很近但又有点独立？一定要有。制定一个温和的规则："读书角只是用来阅读的。"

4. 提供漫画书或诗歌。对于那些觉得小说难读的孩子，适当降低进入的门槛。把连环画《凯文的幻虎世界》或其他连环画放在床头柜上或靠近读书角，诗歌和杂志也可以。

5. 有声读物。孩子们可以在做手工的时候戴着耳机听有声读物。有些孩子可以在听的同时跟着读，从而增强阅读能力。还有一些孩子晚上听着有声读物入睡。

写作

啊，太可怕了！写作是一门如此严肃的学科。世界各地的父母都害怕写作，很少有人觉得自己成年了便有能力胜任这个工作。上学时（老师）红笔评阅的威力会留下持久的伤害。是时候给这项强大的技能注入魔力和奇思妙想了。接下来是一组行之有效的方法，可以激发孩子们想写作的冲动。

把它记录下来

在会使用铅笔或会阅读之前，孩子的写作生涯已经开始了。作家存在于每个人的内心，写作是心灵生活的记录。如果一个人能把语言外化，其他人就能把它写下来、记下来。想想斯蒂芬·霍金，这位天体物理学家因渐冻症瘫痪，几十年来，他一个字也写不出来，但没有人担心他是否会拼写或使用标点。相反，通过神奇的语音转文本软件，我们把他的聪明才智保留在了文字中。他得到的是署名，不是机器，也不是他的编辑。霍金的文字记录的是他的思想，而不是他的拼写和断句能力。

如果你花时间把孩子们说的记下来，再读给他们听，他们就能体会到自己的文字带来的力量和欣喜。

1. 倾听。要留神，孩子今天可能会用一段充满激情的故事来"偷袭"你，它会在你洗澡或者炒菜的时候从天而降。如果你发现孩子讲得非常起劲（比如她是如何通过《超级马里奥》的下一关的，当狗追赶松鼠时发生了什么），停下手头正在做的事情，专心听孩子讲。

2. 拿一张纸。手边的什么纸都可以：信封的背面、超市的收据、废纸、便利贴。再拿一件书写工具（铅笔、钢笔、蜡笔）。

3. 把孩子说的话记下来。不用写前情提要，也不用解释你在做什么，只是尽可能地把孩子对你说的话写下来。如果孩子问你在做什么，简单地回答："这个故事太棒了，我不想忘记，所以我把它记下来了。"

4. 把这段话读给家人听。当天晚些时候（也许是晚餐时间），从口袋里拿出你记的小故事。你可以说："莎莉给我讲了她是如何在《超级马里奥》游戏中通关的，非常棒！我不想忘记，所以我把它写了下来。"朗读它，讨论其中的内容，全家人一起欣赏孩子讲的故事。

5. 把这张潦草的笔记扔进家庭图书馆的书筐里。在"大声朗读时间"再给孩子读一遍。你可能会说："哦，看这里！是作者莎莉的作品。我们来读吧！"让你的孩子听到你因为记下来她讲的故事而高兴。如果你把这份笔记放在储物柜深处的文件夹里，让它"死"在"家庭学校的坟墓"里，你的孩子永远不会明白写作的目的。给孩子们朗读记下来的内容，能让他们知道你希望他们的作品被欣赏和反复阅读。

6. 重复，重复，再重复。只要有所启发，随时都可以这么做。是的，你也可以对16岁的孩子这样做。令人难以置信的是，看到你把他们的口头表达用文字记录下来，这会让孩子们对写作的看法发生转变。他们不知道的是，纸上记录的他们说的内容，正是你希望看到的他们自己写作表达的内容。这种情况不言自明。

那个时候……约翰娜草草记录下一个故事

那天，凯特琳上床睡觉后，我和丈夫乔恩才回到家。我们在家门口受到约翰娜的热烈欢迎——她挥舞着写字板，喊道："妈妈！爸爸！凯特琳写了一个故事。她的第一个故事！"凯特琳吗？她才5岁，还不识字。当时12岁的约翰娜继续说道："我陪凯特琳入睡，让她给我讲个故事。她一开口，我就意识到我应该为她写下来，所以我这样做了！想听吗？"

我扫了一眼写字板，看到约翰娜用的是没有画线的白纸，她的笔迹在纸上呈弧形倾斜，拼写错误和标点缺漏比比皆是。她一定是写得很快才能跟上凯特琳讲故事的速度！但最珍贵的是什么？是她记下来了凯特琳精彩的故事！

我为约翰娜做的（记下她的故事），她现在也为她妹妹做了。她知道凯特琳已经是一个作家了——甚至在凯特琳会用铅笔写字之前就这样认为了。因为在约翰娜识字之前，我也一直是这样看待她的。

"把它记录下来"的做法用到了惊喜（你的孩子不曾想过，自己口头表达的话会被你如此认真地对待，被你写下来读给别人听）；激发了庆祝（分享的骄傲）；促进了合作（父母和孩子作为一个团队工作，把孩子的想法写到纸上）；还涉及心灵和精神——爱与意义都蕴含在这种珍视孩子想法的共同体验中。

自由写作

一旦孩子自己会使用铅笔书写，把自己心中的想法用手写下来就是他写作生活的下一步。美国马萨诸塞大学阿默斯特分校名誉教授、写作专家皮特·埃尔伯，在他的著作《充满力量的写作》中普及了美国各地大学的自由写作实践现状。他介绍了专业作家的习惯，即允许自己在开始一项新的写作时在纸上或屏幕上写得一团糟。他发现，当学生们有足够的空间来记录自己的想法时（不管这些想法是什么，甚至是像"我卡住了！"这样的话），他们就会成为合格的、轻松的、流畅的作家。自由写作将文字解锁，让它们出现在可以被看到、修改和编辑的地方。"自由写作帮助你学会把想法说出来，定期自由写作有助于使写作过程变得透明可见。"

自由写作最适合那些能够阅读并且已经会写字的孩子——通常是八九岁的孩子。也就是说，年幼的孩子可以口述他们的"自由写作"，你可以把它们记下来，或者鼓励他们在自由写作的时间里画画或随意涂鸦。我建议你也和孩子一起自由写作，你的参与会创造出合作的氛围和面对写作风险的支持性组织。

1. 列个清单。 在第一次自由写作的前一天，让孩子们列出所有他们喜欢和熟悉的事物。这个清单可以包括学习科目，比如历史上的斯巴达战争；也可以包括他们最喜欢的东西，比如交谊舞、保龄球游戏、烤饼干和鲍鱼。到了你们家自由写作的那天，让每个孩子从清单中选择一项作为自己的写作主题，或者他们可以自由发挥、忽略这个主题，只是写下想到的东西。有些孩子需要明确一个主题（帮助他们集中注意力），还有些孩子则需要从主题的限制中解放出来（帮助他们放松）。用任何词句写作都是受欢迎的，即使孩子偏离了所选的主题也没关系。

2. 轻拍肩膀，活动关节。放松身体。转动头部，弯曲手指。对于好动的孩子，建议他们先在院子里跑一圈。

3. 使用草稿纸。自由写作意味着，即使你不会拼写或断句，也可以自由地写下自己确切的想法。有些孩子会担心拼写或书写不完美。为了定下正确的基调，要使用真正的草稿纸：比如传单或纸张的背面，你把它揉皱再展平，保证能用来书写。孩子们马上就能看出自己写下的这篇文章不可能是成品——因为纸张上满是褶皱！这一刻会让他们中的许多人放松下来。

4. 把计时器调到5分钟。如果自由写作是全新的活动或令人望而生畏，可以从1分钟到3分钟开始。

5. 全程一直写，无需自我校对。自由写作的唯一规则是：让笔动起来。当然啦，自由写作也可以用键盘完成。不要停下来想"这我该怎么说呢"。如果这个想法的确出现了，你可以直接写下来"这我该怎么说呢"。

6. 当思路卡住时，直接写"我卡住了"。或者想到什么就写什么。有些孩子需要听到，"写下来'这是愚蠢的。我真不敢相信我妈妈让我写'也是可以的"。进入更深层次思想的唯一途径是，我们允许那些看起来杂乱无章的内容在写作中呈现出来。所以，鼓励孩子写下脑海中出现的任何东西。

7. 允许出现只言片语和拼写错误。纠结拼写的孩子可能会停下来问如何拼写一个单词。安慰你的孩子："别着急，等写完之后，我们再来纠正拼写错误。现在，我要你尽快把所有想法都写下来。"

8. 一直写到下课铃响为止，记得停下来。哦！每个人都会感觉到写累了。自由写作感觉就像与风赛跑，它很快，存在一定风险，却是自由的。每周自由写作一次可以促进写作能力提升。当孩子感到舒适时，逐渐增加时间的长度。

注意：有些孩子不喜欢计时器。没关系！自由写作可以不计时，直到他们觉得写完了再停下来。

想要了解更多关于自由写作的乐趣，请访问勇敢的作家博客（Brave Writer blog）。它的特色是周五有成千上万的自由写作更新提示，该网站可以提供工具，帮助您的孩子开启健康的写作生活。

添加"呼格"（舒适）

为了增加书写的自由感，可以随意使用一系列的书写工具：在黑色纸上写字的凝胶中性笔、羽毛笔和墨水、马克笔、粉笔、蜡笔、手指画颜料、彩色铅笔、彩色墨水和钢笔。各种各样的表面都可以用来写字：窗户（用记号笔）、便利贴、铺在地板上或贴在墙上的牛皮纸、白板和黑板、地下室的墙、桌子的下表面、写字板，手指上和脚趾上也可以写字（用不伤皮肤的记号笔）。最后，当写作变得无聊时，尝试到一个新的场所写：树屋内、咖啡店内、图书馆里、后院的毯子上、桌子下、动物园里……

写作的自由意味着作者可以完全自由地写作——无论怎样都可以！

结构和格式

在采用写作格式之前，重要的是要让儿童和青少年习惯于写作（因此上面提供了两种练习）。但是关于学术写作的结构和格式，我们应该怎么做呢？这些能通过超能力实现吗？我相信是可以的！

游戏规则

* 阅读行文的结构。不要让孩子用自己从未读过的格式来写。同人小说在青少年群体中流行的原因，一定程度上是孩子们从很小的时候就开始读小说了，他们熟知对话、悬念和描述。同样，任何一个孩子都可以写一首广告歌曲——（不幸的是）这种形式早已经过无数个小时的被动灌输，深植于我们每个人的心中。如果你想让你的孩子写记叙文，可以先读一些经典的记叙文。在被要求写一篇作文之前，有多少青少年读过作文，更不用说分析了。阅读，阅读，先阅读。然后再⋯⋯

* 在对话中谈论格式。将阅读材料作为一场"大而有趣的对话"的素材。有时，如果你通过电脑或手机与孩子分享一篇文章，他们会更愿意讨论。注意文章的特点，问问是什么吸引了他们的注意，找出有说服力的元素或薄弱的论点。

* 提问格式。在对话中问你觉得最棘手的问题，找出这种形式为什么如此强大且值得一试。注意它的局限性。

* 使用格式。把它当成一个玩具。你能把这篇文章分成几个部分吗？如何确定一个部分的长度？标注出重复的术语。问一问为什么它总是出现。把文章调整到3倍行距并打印出来，把其中的每一个句子都单独剪下来，重新排列以削弱其原本的意义。现在再重新排列一下——

有没有比原来更好的安排？是否有不重要的内容可以删掉？重新构思格式，以匹配今天的写作练习。与其写读书报告，不如考虑写一篇发在社交媒体上的评论或一本书的序言，或者做一个PPT演示。

　　＊　练习，练习，再练习。格式中的关键要素是什么？你该如何运用它们？测试一下这个理论，并尝试以原文的风格写一小段。

数学和科学

让我们来面对这两大难题。众所周知，数学和科学能力是衡量智力的真正标准，对吧？至少，这是STEM领域的人想让我们相信的。不幸的是，如果死记硬背是STEM教学的主要模式，那么只有具备记忆天赋的学生才会觉得有趣；其他人会认为数学和科学是困难的、无聊的、无关紧要的。

学习的成果是理解了，而不是背会了。我上3年级那会儿，把一部分乘法表记错了；发现考试得分很低时，我惊慌失措，但并不明白自己错在哪里。事实上，直到我教诺亚学乘法时（那时我已经35岁了），我才终于明白乘法的基本含义。

会烘焙、做木工和缝被子的孩子，比只做了作业习题的孩子更能理解分数的含义。一旦与现实世界建立了联系，作业习题就会变得有意义。但通常情况下，反过来，先做习题再将其与现实世界建立联系是更有挑战性的。玩网络游戏、参加机器人社团和下象棋的孩子会对数学原理持开放态度。

要像数学家或科学家那样思考，好奇心是入门之道。还记得"问题长城/问题墙"（第5章）吗？用一周的时间做这种练习，促使孩子对数学和科学进行探究，激起孩子强烈的好奇心。我的一位工程师朋友时常在开车过程中向他的孩子们提出数学问题。如果他们看到了一辆半挂车，他会问：你觉得这辆车能装下多少只整只的冷冻鸡？他们会一起想办法、找策略来做出正确的猜测。

他曾和孩子们玩过一个游戏，每个人都猜遇到的下一个交通灯是红灯、绿灯还是黄灯。如果猜对了，红灯得2分，绿灯得1分，黄灯得10分。当然了，猜黄灯的人冒的风险最大，但如果碰巧看到黄灯，他们也会得到最大的回报。

第一次听到这两个故事时，我惊叹不已。我从未想过可以在车里玩与数学有关的游戏，完全没有。我们在开车时玩的游戏总是围绕着语言。

入门级问题库

在游戏中被对手攻击后，我还有多少"生命值"？

我们后院的游泳池装满了多少加仑（体积计量单位）的水？我怎么才能算出来？

为了确保饮用水安全，氯和水的正确比例是多少？我们如何知晓？

电视节目是如何进入我们的电视的？

为什么啄木鸟倒挂在树上？

通往市中心的高速公路有多少英里？一共有多少个出口？每英里有几个出口？

为什么灯泡会烧坏？

是什么让我的电脑屏幕上出现了会动的动画人物？它们是如何移动的？

添加到食物（例如谷物）中的维生素与天然食物（例如苹果）中所含的维生素有区别吗？哪个更健康？

微积分是什么？人们什么时候用它？是不是每个人都觉得它"很难"？

水分别在多少摄氏度和华氏度时沸腾和结冰？为什么它们的数值不同？谁决定的？哪个更容易使用？

土星离地球有多远？土星上的天气有多冷？土星的环是由什么组成的？

理解数学和科学的原则

* **抛出问题。**所有的问题，很多的问题，甚至是你无法回答的问题。在你开始教之前，先让孩子猜测。"我们有3组棉花糖，每组2个，有什么快速的方法能算出总共有多少个？""我们怎么采集指纹？""树叶为什么会变色？"

* **首先要让联结真实可感。**游戏、教具、工具（如显微镜、尺子和烧杯）、谜题、恶作剧和实验都对孩子有吸引力。如果可能的话，还可以看看网上的视频。还有棋盘游戏是顺带练习各种数学技能的绝佳工具。

* **死记硬背应该在理解了之后。**在要求孩子背诵加减乘除口诀之前，重复使用各种各样的物品进行分类和组合的体验——无论是4+4颗纽扣还是15 — 8个苹果。

* **按新的方法使用数学课本。**让你的孩子像翻阅诗集一样翻阅数学书，寻找能激起他（她）兴趣的东西。展开深入研究，看看问题是否太难，从书中回顾解决问题的技巧，只学习解决问题所需的知识。还缺什么吗？把数学当成发现之旅。挑战你的孩子，让他（她）为你设计测验。让孩子思考其他正确的解法——书中没有提到的方法。将孩子的思维扩展到"问题解决者"，而不是"正确答案的获取者"。

* **按主题学习**。偶尔从顺序学习中休息一下。选一个主题并进行深入探讨。例如，学习代数的时候，停下手中的习题，花时间去探索代数的历史——代数的"故事"是什么？然后回到课程和应用中。科学也可以采用类似的方法——了解太阳系、飓风、厨房化学，参观儿童图书馆中非小说书籍的部分，找一堆关于一个主题的书，读一个月，在网上（或书中）找寻与所学主题相关的实验。

* **合作**。很多时候，数学变成了一项单打独斗的活动，没有友谊，没有同伴，没有交谈。一位名叫梅丽莎的妈妈发现，自己和儿子一起在数学网课上做习题，改变了他的状态："自从开始上数学课，我9岁的儿子就对数学课满是厌恶。因此，我们每天花在这部分的时间往往非常非常长……后来有一天，我有了一个主意。我抓起一支笔和几张纸，在他上数学课的时候坐在他旁边。当习题出现在屏幕上时，我把它抄在自己的纸上，他则在抄他的。在我意识到之前，我们都在争先恐后地抢在对方之前做出答案。大家都笑了，笑出声来，他的眼睛里流露出学数学的兴趣。那天和那以后的每一天，我们都会轻松地上完整整两节数学课。他身上的变化非常显著。"

一举两得的茶

纳丁，加拿大人，是两个孩子的妈妈。她分享说，她的儿子发现在做数学题时很难保持专注，一天早上，他问妈妈能不能给他泡一壶茶。于是，纳丁泡了两壶——一壶蓝色的给儿子，一壶黄色的给女儿。他们一边做题，一边点着蜡烛、喝着茶。这两壶茶改变了他们对数学的感受——他们能更长时间地专注在数学上，抛下了与生俱来的抗拒心理。不需要增加新的课程，仅仅是创造一个温和、舒适的空间就改变了数学学习。

数学和科学确实存在其特有的挑战，它们期待的是一种并非所有人生来就具备的思维方式。《数字头脑》的作者芭芭拉·奥克利提醒我们，有些人需要更多的时间来掌握数学和科学知识，这没关系。你可能会惊讶地发现，学得慢意味着你比思维敏捷的同学学得更深。帮助我重塑大脑的最重要的技巧之一，是学会避开同时上太多数学课和科学课的诱惑。

长时间的专注会让那些"只想完成任务"的孩子们疲惫不堪。记住：当所有的方法都失败时，要给孩子们甜头！提供一些布朗尼蛋糕（巧克力方块蛋糕），你来陪陪他们，多花点时间。需要提醒孩子们，当他们挣扎着学习时，你是同他们站在一边的。

美术和自然

当孩子们花太多时间待在书桌前时，他们会变得坐立不安、心烦意乱、心猿意马。孩子们喜欢美术所代表的节奏变化：参观博物馆就像穿越到古代，抽象的历史世界突然变得鲜活！大自然也提供了类似的途径，最近在北欧做的研究证实：在户外凝视树木，可以提高孩子在接下来一周的注意力集中程度。新鲜的空气，大自然的拥抱，感受自己的存在——这些都对学习有好处。

美术鉴赏并不意味着一定要学习美术史。当我的家人去辛辛那提市美术馆时，我们并不是漫无目的地闲逛，我们挑选了自己最喜欢的，每次都去参观这些。我们在小本子上画古埃及文物，比如古老的卷毛狮子塑像；我们数着中世纪绘画中天使娃娃的数量；我们从文创商店购买名画的明信片，用它们来寻宝，从而找到博物馆里所有的美术佳作。没有什么比先看到一幅画的印刷品，然后再亲眼见到这幅画的原作更震撼的了。第二次相遇的力量是强大的！就像先在约会软件上认识了一个优秀的人，然后开始了真正的约会。

在家里，我把买来的明信片挂起来，还把大量的美术文选放在一个筐里。我们喜欢一个叫做"绘画的故事"的系列视频（由修女温蒂主讲，现在可以在YouTube上找到）。看着这位热情的英国龅牙修女滔滔不绝地谈论美术，我们都变成了充满热情的粉丝。

有时孩子们会描述一幅画，我就草草地把他们的描述记录下来；有时他们也会写下自己的回应。我把这些放在笔记本里翻看，还在墙上挂了几幅画和对应的描述（它们现在仍然在那里）。

我们以同样的方式进行自然观察。我们一家人曾在南加州郊区的公寓里费力地长时间盯着人行道寻找臭虫和蜗牛。幸运的是，我们后来搬到了中西部，在在家上学期间，我们认识了花栗鼠、松鼠、浣熊和后院的鸟。

为了使孩子与大自然产生更强有力的联结，我们还喜欢这样做：

* 喂鸟器：我们在自家后院的树上挂了喂鸟器，在窗户旁边的墙上贴了一张大的后院鸟的海报。我们每周两次为康奈尔大学鸟类学实验室（美国全国性的后院鸟类统计行动，专门收集后院观鸟者的数据）计数统计。我们学会了自己制作喂鸟用的酥油，并试验各种鸟食的使用效果。利亚姆高中就学习了鸟类生物学。

* 野外图鉴：我准备了关于鸟类、昆虫、野花、树木等的野外图鉴，以帮助我们了解自然生物的命名。

* 写日记：根据夏洛特·梅森的家庭教育法，我们学会了大自然日记这种艺术的方式。在我们家，这意味着把写字板带到户外，绘制场景，记录温度，并添加细节（比如我们看到的浣熊）。我们把这些记录放在活页夹的透明保护套中。

* 徒步旅行：大多数地方都有带徒步路线的公园。在加利福尼亚州，我们找到了通往海洋和潮汐池的徒步小路，我们边走边给遇到的所有有壳生物和海胆命名。英国人坚信，无论天气如何，每天都要到户外。我们也采纳了这种观点。为了实现这个目标，我们在冬天滑雪，在秋天和春天踩水坑。

户外旅行小贴士

- 带上水、防晒霜和零食。

- 给每个孩子一个小背包或有拉链的袋子来收集自然物品（这样你就不必自己装所有捡来的石头）。

- 提供一两份指南手册。

- 在车里放上写字板和速写本。拍照片用于之后的绘图。徒步旅行前，找一个靠近停车场的地方停车（这样你就不用随身携带食物了）。

- 徒步不要超过一个小时，"趁他们高兴的时候离开"。

- 鼓励玩水上游戏，记得带上换洗的衣服和毛巾。

- 带一个塑料袋来收集你们制造或发现的垃圾。"怎么带来，怎么带走"。

享受大自然的方式有很多：照顾宠物，在秋天种球茎，在春天种花，数树枝上的叶子并记录它们掉落的速度，摆一张季节性更换物品的桌子来展示天然的工艺品（松果、鸟巢、橡子、河石、薰衣草、羽毛、贝壳、火成岩、化石）。对于更永久的自然收藏品，可以将它们放在有玻璃门的柜子里。制作博物馆卡片，写上物品的名字、发现地点和有趣的特征。

美术鉴赏和自然观察可以扩展孩子的词汇量；比起听讲座，大自然提供的空间感（我们是渺小的，而宇宙是巨大的）和美术揭示的时间感（绘画是另一个时代的生活快照）向孩子们展示了更多的历史和时间。不仅如此，文学、诗歌、隐喻和歌曲都从美术和自然这两个领域汲取了深刻的经验，牢固的联结有助于孩子挖掘"文化宝库"。

世界公民

投票选举、参与社区生活、做一名好邻居——这些都很重要！有一位名叫巴布的朋友也做在家教育，这位朋友曾对我说："我的孩子可能不会进入常春藤盟校上学，但我们正在把他们培养成好公民——社会中坚实有力的一员。"这个目标说中了我的想法，我们如何将孩子的自我认识塑造为"我想做一个友邻，我想关心我的社区"？我们本打算通过社会科学来做到这一点。

也就是说，这些领域的照本宣科钝化了数百万学生对历史和政治学的研究。谁会在乎几千年前的战争？谁比其他人先发现了农业，这有什么关系呢？如果我们国家的政府是民主的，那么理解君主制或别的体制有多重要？社会科学的要义在于帮助我们的孩子成为世界公民。

历史

在家教育工作者对学习历史很着迷。当家庭学校的妈妈们聚在一起时，她们会热情地讨论古埃及木乃伊的制作方法，或英国19世纪骇人听闻的童工法。就好像一旦你有了二三十年的阅历，历史就会变得生动起来，变得至关重要且引人入胜。古典教育的四年制历史学习期，历史小说的单元学习，深情凝视着教育家夏洛特·梅森的一个世纪前的满是灰尘的旧阅读清单……父母们总是热情地学习历史！

孩子们呢？一些会加入其中，但更多的对此无动于衷。昨天、两年前和公元前两个世纪同样被"虚幻的时间"遮蔽着，他们关心的是正在发生的事情！

像历史学家一样思考，意味着与时间流逝带来的影响建立联系。在同心圆中，首先建立孩子所处时间点的位置，然后扩展并纳入家庭、社区、州、国家、大陆、全球——连接起过去的时代和故事。历史是我们一遍又一遍地审视关于过去的报告的集合，没有"原封不动"的历史，每个时代都在以新的方式理解之前发生的事情。

由于历史是以故事为中心的，我们可以通过探险式叙事的思路了解过去，这些叙述为描画锚定的"时间点"提供了基础。然而，无论年长还是年少，如果仅仅把历史当作"故事"来看待，就会失去像历史学家那样思考的机会。下面的指南可以用来探索，如何像历史学家一样审视和解释事件。每一个层次都要求，你和孩子考虑熟悉的和不熟悉的两类经历。研究历史需要这样一种能力：不带即时的主观判断，以处于历史时刻中心的那个社群的角度去看待问题。这是一项具有挑战性的技能，对成年人来说同样如此！

学着像历史学家一样思考，在同心圆中思考

关于我的一切

和你的孩子一起开始做下列事情：

* 为今天制定一个时间表。拍摄一天活动的照片，把它们打印

出来。

* 和孩子一起，按正确的时间顺序排列这些照片。讨论为什么某一张照片出现在另一张照片之前，以及哪些线索对做判断有帮助。

* 用一整周的照片再做一次。仍然是相同的步骤：打印，排序，讨论。

* 现在拍摄一整个月的照片。到月底再排序，逐渐加大难度。

* 纳入各种各样的活动（刷牙、逛商店、玩玩具、看电视、擦破膝盖、吃零食、洗澡）。从拍照到重新排序的时间间隔越长，排序就越难做。

* 讨论所有对你记住当时发生了什么有帮助的线索（包括日历）。有关于季节、节日或生日的线索吗？比如留意到一个孩子出现在某一张照片中，而没有出现在另一张照片中，因为他去参加足球训练了。这样的分析梳理确定了照片的先后顺序、时间和地点，对有关信息的讨论明确了历史真相。拿着照片采访其他家人，看看他们是如何记忆这件事的。

* 在墙上贴出所有照片的时间轴，用彩色铅笔在上面标注日期和时间。

* 用相应的照片复述一天、一周或一个月的故事。然后问：那段时间的哪些内容没有被展示出来？对于照片里没有拍到的某一天/某一周/某一个月，你有哪些记忆？这些记忆重要吗？它们可以被记录下来并添加到时间轴上吗？如果我们保留一些记忆而不保留其他记忆，会发生什么？我们对照片中的主要人物有什么了解？关于"配角"——照片中的

其他家庭成员或朋友，我们了解到了什么？还有什么特别的？

关于家庭的一切

再远一些，把视野拓宽到你的大家族。与孩子分享你自己童年的照片。找一些孩子的祖父母小时候的照片。还有孩子的阿姨、叔叔、表兄弟姐妹——把他们年轻时的照片和现在的模样做比较。家里有你小时候住的房子或坐的车的照片吗？它们在你们家族的时间轴上处于什么位置？不妨做一个吧！拿一张牛皮纸，在中间画一条长长的线，把照片贴在上面，旁边标注相应的日期。

围绕照片提出问题，例如：

* 照片上的人都是谁，他们叫什么名字？

* 照片拍摄于哪一年？哪一个月？你能分辨出是哪一周中的哪一天吗？

* 这张照片讲了什么故事？在那之前可能发生了什么？之后又发生了什么？

* 这张照片是谁拍的？有办法知道或推测吗？

* 说出照片中所有物品的名字，你能做到吗？你知道它们分别是什么、又都属于谁吗？

* 照片上是否有明显的标志来确定年份或日期（例如，参观烈士陵园，生日蜡烛有几根，高中登台表演）？

* 添加你在看照片过程中遇到的任何其他问题。

现在，将照片与拍照片期间发生的难忘的大事件配对，比如战争、自然灾害、科技进展、总统（或国家领导人）的新闻、名人的出生或死亡。

用时间轴的顶部来记录你们家的经历，用时间轴的底部来记录国家/全球的大事件。做这件事可能需要几周或几个月的时间（我知道有一个家庭用了整整一年）。在收集信息时添加细节，有需要的时候联系亲戚进行采访，并进行在线调查。

扩展你们作为历史学家的工作

孩子的童年里发生了哪些被记住的重大事件？把众所周知的大事件与你的家庭成员和他们的故事联系起来，以此证明历史影响着真实的人，比如你的家人。

关于你的家庭文化的一切

你所在的社区、城市、国家、大洲——这些地方、这里的人造就了你，而你——塑造了历史！你们家庆祝宗教节日吗？在你所在的国家，你们家的宗教信仰是占多数还是占少数？你们国家在教育、政府、宗教和自然资源方面有何信念？

探索不同文化中生活习惯的多样性。例如研究世界各地的早餐吃什么，试着吃其他国家的早餐——鲷鱼味噌汤你喝过吗？这就是日式早餐的一部分。当你把文化多样性纳入对历史的理解时，你就打开了一扇通往历史文化的独特的、有时空界限的大门。

关于世界的一切

前3个部分（自我、家庭、文化）关注的是当代的（最近一个世纪的）生活。孩子们现在已经准备好想象其他世纪和世界其他地方的生活了。让我们开始吧！

　　＊ 读故事——神话、传说、历史故事。阅读各种观点（避免禁不

住诱惑从同一来源获取所有信息）。

* 表演读到的场景和活动。当我们学到清教徒相关内容时，我们列出了自己的违规行为清单，并用纸板制作了一副颈手枷。当有人忘了洗自己的盘子或说了一个禁忌词时，他（她）就要戴1分钟颈手枷（用煮蛋计时器计时）。我们还通过"蘸蜡法"来制作蜡烛，用煮好的洋葱和甜菜给薄纱染色，到了晚上依靠火光照明。

* 访问有关的网站。到历史名胜实地考察是最理想的选择。如果不方便去旅行，可以充分利用视频网站观看有关的纪录片。

* 了解文化，而不仅仅是历史事件。为什么埃及人要奴役人民来建造金字塔？是什么驱使西欧人在全世界殖民？为什么中国人不冒险去北美建立殖民地？文化视角在这些重大决策中发挥着作用。

* 使用时间轴。我喜欢伯纳德·格伦的《世界七千年大事总览》这本书，它旨在展示从公元前5000年到20世纪末的历史和政治、文学和戏剧、宗教和哲学、视觉艺术、音乐、科学和技术，以及日常生活。它尽管有点以西方为中心，但仍然是一个有用的工具，可以用来查看同一时期发生的多个事件及其所属类别。

* 看纪录片。包含古代遗址和考古发掘过程的镜头，以及时事、战争、人权斗争的地点，这样的影片是强大的教育工具。

* 看奥运会。在开闭幕式的各国代表团运动员入场时识别国家（拿一个地球仪或者打开地图软件）。查一下各个国家的语言（会非常有趣！）和首都。选择一个不是你自己的国家，观看他们的比赛。了解东道主国家。

跨文化学习

如果可能的话，去旅行！真实地去到那个地方。众多的在家上学者都将想办法去其他地方和国家作为在家教育项目的一部分。如果不方便去旅行，那就去你想到的那些有异域风情的街区。我们一家人去过洛杉矶的很多地方，比如充满墨西哥风情的奥尔维拉街、唐人街和越侨聚居区小西贡。参加本地的文化节（比如慕尼黑啤酒节、意大利或希腊的节日、郁金香节）给孩子们提供了一个了解其他国家或地区的食物、习俗、舞蹈、歌曲的机会。

政治学

利用选举季来了解你们国家的政治体制（如果你们国家有选举）。观看竞选辩论，了解候选人、竞选活动，在不同政党之间进行比较。自己在家里举行一次模拟选举，每个人都发表竞选演讲。

教年幼的孩子们认识国旗，知晓州与国家、城市与省的基本框架。至于青少年，比较政府系统、州与联邦的权力是合适的，还可以看看中世纪的君主制度，并将其与现代进行比较。

社会科学给了你和孩子一个机会，让大家在一个由不同的人和思想组成的复杂世界中找到自己所处的位置。

玩游戏，各种各样的游戏

我们要不要探讨一下科技和游戏的关系呢？

我认识的每个家长都认为，桌面游戏对孩子有好处。网络游戏和电脑游戏呢？就没有这么好了。用到电脑的游戏被看作对儿童智力的威胁，人们称之为"上瘾""学习的天敌"。让我们远离绝望的边缘，从父母普遍认可的游戏说起。

桌面游戏

棋盘游戏不用唠叨就教会孩子很多。数数、分发钱币、阅读、轮流进行、运用策略、遣词造句、无论输赢依然是朋友、持续专注、重复进行、读骰子的点数……这样的例子不胜枚举！纸牌游戏也提供了类似的体验，而且还向孩子们展示了如何用一副纸牌变换出无数款游戏。桌面游戏提供了许多掌握学习能力、锻炼策略思考的机会，现在还出现了合作版本，玩家一起与游戏规则竞争，而不是玩家之间相互竞争。

网络游戏

网络游戏尽管结构与桌面游戏不同，但特性相似。比如，你和机器，或和你自己，或和在线对手下棋的时候，运用策略、遵守规则、阅读、计算、持续专注、无论输赢都保持优雅、沉浸在故事情境中——网络游戏令人着迷的原因，一定程度上在于孩子们可以在游戏中构建自己的故事情节，仿佛身处电影场景中，而不是在被动地观看。电脑游戏让棋盘游戏变得更加鲜活。

从这个角度来看，所有类型的游戏都能让孩子们获得大量有益的技能和智力，孩子们会自然而然地利用我们的12项超能力。桌面游戏和网络游戏的主要区别在于，桌面游戏往往会出现在房间正中央，让所有人都能看到；电脑游戏隐藏在屏幕后面，只会占据游戏玩家本人的想象力，没有其他人的参与。如果你想更好地了解你家玩游戏的孩子，那就要求在旁边看他（她）玩游戏。拉把椅子过来坐下，花1个小时观察孩子在做什么。你原先对游戏、对孩子的想法可能会改变。

购买游戏，和你的孩子一起玩

1. 参与其中。玩桌面游戏，或者看着孩子玩网络游戏（坐在他们旁边）。

2. 对在家上学的最佳建议：无论何时孩子要和你一起玩游戏，放下手中的事，去陪孩子玩。

3. 如果你想让某个学科变得更有趣，那就找一款以该学科为特色的游戏。数学、语言、地理、历史、自然、科学和策略都有相关的游戏。花一整个上午玩，不急着结束。

4. 欢迎各种各样的纸牌游戏。比如"钓鱼"、"拉米"、"游戏王"和"宝可梦"。

5. 使用"清空咖啡桌"策略，让游戏（包括桌面游戏、纸牌游戏和电子游戏）不被发现。

6. 依据现有游戏创编自己的游戏。我的孩子们以我们家的房子为模型创造了"线索游戏"，根据情景喜剧《宋飞正传》设计出棋盘智力问答。

7. 在户外或在院子里做游戏都是锻炼身体的好方法。

8. 学着玩孩子最喜欢的网络游戏。（他们会更加爱你。）

从数字化的世界得到的启示

上周，我戴着苹果智能手表，抱着装满衣服的洗衣篮，蹦蹦跳跳地下了两层楼到地下室。低头一看，我的表暗了，它没电了。糟糕极了！我埋怨自己，刚刚下台阶走的一万步不能计入步数了。有时候，需要再多走500步才能达到设定好的步数目标，于是我会在晚上11点半匆匆出门，以便在当天结束之前达到步数目标。智能手表是我最忠实的运动伙伴。

电子产品的设计师已经找到了自我激励的秘密：量化和庆祝。从徽章到铃铛再到"赞"按键，人们喜欢衡量和标记成就的机会。传统的教学依赖于胡萝卜加大棒的技巧——用贴画奖励学生，或者用低分惩罚学生，而今天的孩子们期望的是别的东西。他们已经习惯了游戏中通关的铃声和哨声，孩子们想要解锁新的工具和能力来应对下一关的挑战。

有一个叫做"游戏化理论"的研究领域，致力于找出努力和庆祝之间的最佳临界点。孩子们依靠庆祝音乐、灯光、铃声和开锁工具来提升应对下一个挑战的动力。每个孩子都想要！其实成年人也一样——这就是为什么智能手表不只是一种时尚配饰，而是成年人保持锻炼动力的主要方式。

成年人对爬楼梯上班更感兴趣，是因为手表能记录步数，而不仅仅是因为它能帮助我们避免心脏病发作，这是为什么呢？有的理由听上去很正确，但对于日常生活太抽象了——死亡似乎非常遥远，但手腕上一个会亮的圆圈能给我带来即时的满足。既然理智的成年人都知道应该为了健康而锻炼，却更倾向于为了日常的徽章奖励而运动，那么，对于孩子们来说，在7年级时接受写作文的理由之一是"为考上大学做准备"，又有多大的意义呢？

我们如何利用这些"游戏元素"来帮助建设我们的家庭学校呢？

游戏元素

* 叙事性（故事——有英雄，有对手，有要去的地方，有要避免

的错误）

　　* 即时反馈（你点击，你明白的、需要的事情就会发生）

　　* 趣味性（音乐、灯光、铃声、令人愉悦的画面、冒险带来的神奇效果）

　　* "支架式学习"，挑战不断增加（不过分容易，也不过分困难）

　　* 精通程度（例如，升级、加入团队或重复体验完成任务的喜悦等形式）

　　* 进度指标（分数、徽章、排行榜，它们的首字母合起来是PBL）

　　* 由玩家控制（玩家决定何时玩游戏、玩多长时间、使用什么角色、使用什么武器或工具、承担什么风险、避免什么风险等）

　　我发现这个清单立刻给了我灵感。例如，数学教数数的"故事"是什么？我记得2年级时，老师教我们数数，她讲述了古代人如何统计成群的动物的故事。在发明符号之前，为了表示数字，人们通过收集树枝来代表山上的每只羊，从而记录羊群。一根树枝等于一只羊，一大捆树枝代表一大群羊。

　　当然，随着羊群的增长，给每只羊配一根棍子显得过分冗余。计数的第一步是把树枝分成大小相近的小捆，于是老师做了一件神奇的事，她先在黑板上画了表示木棍的竖线，又在4条竖线上画了1条对角线表示1捆5根。突然间，我们可以直接数捆的数量了。一阵激动涌上心头，我学会了！数数的神奇故事非常令人着迷（40多年后的今天，我仍然记得）。

　　把这个叙事的思路应用到任何一个主题上，都是吸引孩子学进去的绝佳方法。还要考虑其他的：不管学什么，你要为孩子创建什么形式的进度指标（PBL）？奖励券？抄写"通关"（一次写完一个完整的段落）就可以使用的全新的彩笔？试一试学习进度积分榜怎么样？运用积分榜的理念，创建乘法表的条形图，每掌握一组乘法口诀，孩子就可以给对应的一个条形涂色，随着条形图越来越高，孩子们可以直观地看到自己的进步。

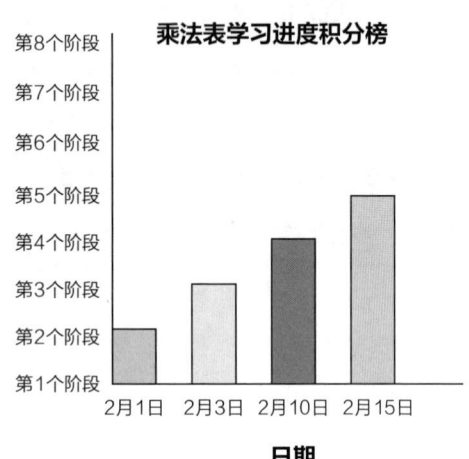

（或者，如果你有艺术细胞，可以创造一个想象中的行星系统，或一棵有魔力的树，每次给一片叶子上色。尽情发挥你的无限创意！）

你如何鼓励孩子就某个主题进行社交联系？举办读书俱乐部派对吗？你要如何管理孩子？例如，设定目标，创造一个舒适的环境，或者决定一天中的什么时间来做这件事？

游戏不一定是学习的敌人。让我们采用其中的一些策略，并观察孩子们的学习兴趣如何迅猛增加。

派对学校

20世纪70年代，我在马里布峡谷的一所采用进步主义理念的公立中学上学。每年都有一天，7年级的所有学生会在学校举办文艺复兴节，每个学生必须从事一门贸易或使用一门技能以物易物，才能享受摊位和供品。我们利用上课时间制作服装、做研究、了解中世纪的生活。那一天在每年的春天，那天，每个7年级的学生什么课都不上，都去参加蘸蜡法制蜡烛、加工皮革和宫廷角色扮演活动。

也许这就是为什么几十年后，我在和孩子们一起学习美国加州的历史时，突然想到要举办一个派对。诺亚（当时上4年级）和我为其他在家上学的家庭举办了一个淘金派对。我们的派对有蒙眼标记金块的游戏，用的是诺亚手绘的地图。我们搭建了一个淘金槽，在装满沙子的箱子里放了一些外观像金子的黄铜、一根橡胶软管，还有打了孔的烤饼盘，用来模拟淘金的过程。诺亚研究了当时的历史人物，他把每个人物的名字分别写在一张索引卡上，并把这些名字分配给参加派对的人。我们缝了一些小袋子来装淘到的金子，然后用秤来称甘草糖和沙士饮料的重量，这样"矿工们"就可以用淘到的金子买茶点了。伴随着人们在火上烤香肠和豆子，一起唱民歌《哦！苏珊娜》，派对愉快地结束了。

任何主题都能从派对思维中有所收获。我们既然在家里，为什么不开个派对呢？即使是一年一次的派对，也足以给孩子的学习经历增添质感和乐趣。派对包括客人、食物、游戏、活动、派对礼物、装饰和音乐。下面是一些可以尝试的主意：

* **读书俱乐部派对：**邀请朋友一起读你家孩子正在读的书。在月底

见面开个主题派对。我的孩子们为哈利·波特系列举办过读书俱乐部派对，他们把饼干装饰成每个角色的样子，玩寻宝游戏，把自己分入不同的魔法学院，很自然地讨论接下来会发生什么。

* **数学聚会**：在桌子上布置一些练习题和问题，再放上白纸或写字板。根据你的答案和尝试次数，与记分卡核对。

* **太阳系茶话会**：在晚上举行！通过天文望远镜、双筒望远镜或黑色的纸筒观察。朗读一些关于恒星和行星的诗歌。制作月亮形的苹果片和星形的奶酪块。按顺序记住行星。

* **报告派对**：选择一个主题（例如，某个国家），并做研究、准备报告。邀请朋友来体验你学到的东西，制作有信息和插图的海报作为装饰。准备食物，学穿（对应国家的）传统服装，画（对应国家的）地图，玩"标记首都"游戏（要蒙眼和转圈）。派对结束后写报告。

* **鸟类主题派对**：观察一整只生的鸡，辨认翅膀、腿、脖子、胸和内脏。测试用不同类型的"喙"（筷子、镊子、火鸡喷油器、牙签、勺子）来吃不同类型的食物（毛毛虫软糖、瓜子、小鱼软糖、葡萄干）。给鸟食涂上板油或花生酱，做成松果鸟食器。辨别不同功能的羽毛（正羽、飞羽、绒羽）。听鸟叫声，并说出对应鸟的名字。

你会想出更多的派对。准备主题派对，会让学习任务变成公共的、有庆祝感的和特殊的。孩子们将从中获得大量的附加技能：在真正的截止日期前工作，写邀请函，主持，准备和清扫，以及成为专家。

试一试！

当学习变得僵硬呆板、毫无生气时，对这门学科运用超能力。接下来的问题总是：你如何在充满各种热情的情况下保持在家学习的秩序？你能测量大家的进步吗？你能判断孩子们是否在为更宏大的教育目标（完成高中学业或掌握某个年级水平的数学）而努力吗？本书的下一部分将帮助你保持魔力。

第三部分
保持魔力

当我想到家时，我想到的是一个充满爱的地方。

——《绿野仙踪》

你已经施展了学习的魔法。当家里不再有魔力时，你会怎么办？你在发脾气，孩子们在互相争吵和为了抢饼干而打架——是的，即使是饼干也可能将我们家引爆！我们要如何维持魔力——那种我们希望在教育孩子时看到的乐观和喜悦的魔力？我们要如何管理这些能量、兴趣和愿景的起起落落？你有什么计划吗，山姆？

第 8 章

从学校解放出来

排时间表还是不排时间表，这是个问题

学校放暑假了。学校永远放假了。

——《学校放假了》(美国摇滚歌手爱丽丝·库珀的歌曲)

一些家长痴迷于使用精美的记事本和"子弹笔记法"[1]，仿佛没有它们就活不下去了！我也曾深陷于此，相信井然有序的日程表是孩子在家上学获得成功的魔法棒，并且给我家两个年纪最长的孩子实施了整整3个月的每日计划表。正当我得意扬扬的时候，10岁的诺亚却说："我讨厌我的生活。"崩溃之余，我明白了他和我对成功的看法不一致。我重新思考最核心的问题：什么是学习？我如何对它进行评价？学习的热情和坚持、快乐和努力之间的关系是什么？

非学校教育者将有序的时间表视为禁忌，认为它会复制学校的体系，削弱孩子的自学能力。为了尝试更好的方法，我丢弃了时间表，全心全意地接受了非学校主义的这种信条。果然，我们迸发出新的能量：这是通往

---

① 一种流行的日程清单记录。——译者注

快乐、自由的在家上学之路！但它并没有一直保持，就像氦气从我们快乐学习的气球里漏出来[1]——我不知道如何每天保持那种天生的好奇心，我的孩子们也不知道。我看见孩子们在家里漫无目的地走来走去，尽管不想过多地命令他们做这做那，但我同样无法忍受他们突如其来的无精打采和萎靡不振。我知道真正的在家上学者不会有如此枯燥的时刻，但我不知道该怎么办。

在接下来的几年里，我（像你一样）尝试了尽可能多的教育理念，每一个理念都充满了惊人的力量，又让人饱受乏味之苦。直到有一天，我重新思考这一切，把关注点从在家上学的理念转向日常生活的经验。换句话说，我不再重视在家学习，转而关注家庭生活。

✳ 家，而非学校 ✳

在家上学者总是待在家里——那个我们踢掉鞋子、脱下内衣、倒在沙发上的地方。离家太久时，我们渴望回家。家是我们真实地做自己的地方，在家里，我们没有一定要展示良好面貌的压力。

在家上学之初，把家改造得像学校的诱惑是巨大的（恰如这个词的构成是"在家+上学"）。然而，家庭和学校的结合就像油和水不相溶一样：在学校上课，你要得到老师的允许才能去卫生间；在学校上课，你不能躺在沙发上，只能端坐在连着课桌的椅子上；上课铃响了就要开始上课；吃零食的时间也是固定的；所有的行为表现都要被监控和评估。

---

[1] 一种流行的日程清单记录。——译者注

当你把学校的模式移植到家里时，会发生什么？水土不服——孩子们本能地反对把他们喜欢的地方变得充满压力、满是说教；他们也明白强制实行"在家上学时间表"是错误的；他们看着你在数学课上给别人发短信；他们看到你在本应大声朗读的时候，冲向冰箱给家里更小的孩子拿了一杯果汁。

你打心底里明白自己不必按照设定的时间表生活，每个人都明白！你可以自由地破例——这是有道理的。因为你是在家里，而不是在其他地方，家是接纳每个人的需求和欲望的地方。在家里，排在第一位的是人，而不是时间表。

我意识到，为了更有效地对孩子进行在家教育，我需要抛开学校的束缚，利用家庭的能量。我放弃了坚守神圣的"学校时间表"，转而采用更为宽松的"家庭习惯"。

＊ 习惯，而非时间表 ＊

你有为全家人计划过一周的食谱吗？周日，你去商店买了所需的原材料，包括早餐的、午餐的、晚餐的，连续7天全部的。

时间来到周一：早餐是燕麦片，午餐是烤奶酪，晚餐是炒菜。到目前为止一切顺利，每个人都吃得很满意。

然后是周二：早餐是炒蛋和吐司。你们都在尽情享用，而且是用的提前定好的食材。突然，你最好的朋友发来一条短信：你们能和我们一起去公园吃午饭吗？别担心，她在短信里写了，她给大家准备了玉米卷和薯片！

哦，不，那计划好的食谱怎么办呢？你要如何处理已经按计划买好的午餐食材？你会思考：我想知道孩子们能否答应晚餐吃金枪鱼三明治，这样我们就不会跟不上食谱的进度了。当然了，他们同意这么做，因为在公园野餐很有趣！但是到了吃晚餐的时候，金枪鱼三明治（午餐没吃的）加上烤鸡、土豆泥（晚餐原本的）实在太多了。孩子们在桌子下晃着脚，哭闹着说自己吃饱了，并保证明天早餐会把这些剩饭吃完。

按食谱推进的压力越来越大。明天早上必须吃什么？麦圈，吃了一半的三明治，还有冷的土豆泥。这只是为了赶上食谱的进度。接着还要训斥孩子们："你们答应过今早吃完的，现在却食言了，是这样对吧。你们再也不能去野餐了！"孩子们肚子撑得不行了，心情被骂恼了，满是困惑，想知道自己做错了什么。

像戏剧一样荒谬，什么样的父母会给孩子硬塞吃的来跟上食谱的计划呢？然而，许多家长就是这样管理他们的家庭学校的。根据书本的页数、一周的天数，有时甚至是一天的时间来安排的学习计划，会导致表现焦虑。我有一个朋友，她从来没有在周一休过一次，因为她的每个周一都安排了课程，她讨厌"落后于时间表"。时间表就像一个爱评判、爱挑剔的阿姨，她的痣上还长着一撮毛（形容外形丑），她会因为你没有达到她严格的期望而鄙视你。

实际的情况是，我们不按时间表吃饭，我们按习惯吃饭。我们买的食物可以用于三餐中的任何一餐，这样我们就可以在饿的时候吃。如果我们收到了更好的提议——有人邀请我们共进午餐——我们当然会先放下已有的金枪鱼三明治。吃完午餐回来之后，我们只是吃下一顿饭——我们也不会吃剩下的金枪鱼三明治。事实上，有时我们会意识到，如果吃的不是计划好的食物，我们会有更好的吃饭体验。

有趣的阿姨，"热情女神"

教育受益于一个与上述内容相似的策略：拥抱习惯而不是坚持时间表。如果你按照时间表在家学习，很难让热情发挥作用。热情就像一位有趣的阿姨（而不是爱挑剔的阿姨）——她会把喷彩摩丝（涂鸦画的工具）带到课堂上。热情女神会破坏你的时间表，她以邀请你放弃计划的方式出现——这是她的主要运转模式。唉，热情不会是一个长期访客，一旦喷彩摩丝用完，她就离开了，连一句再见都没有留下！你现在怎么想？

暂时放弃学习计划表的家长担心孩子会在学习上落后，他们想知道，为了启发学习绕道而行是否值得，于是加倍地下注。但如果我们像对待饮食计划一样对待学习呢？当然了，我们可以计划一周的课程，但我们很乐意跟随热情的指引来获得更好的学习体验。在热情离去后，我们只是从当时停下的地方继续开始。

这能起作用吗？我们的孩子可以按习惯而不是按时间表学习吗？习惯是固定不变的：当我们需要它的时候，它已在那里就位，让我们继续开始。不仅如此，当"热情女神"去下一个家庭时，我们也不用担心如何填补空虚的时间。我的在家教育困境解决了，我已经计划好了热情枯竭的日子如何度过。

在我家，我们的生活习惯大部分时候是这样的：

    * 一旦休息好了就起床，不固定时间。

* 吃早餐，然后玩大约30分钟。在一天开始之前，我通常会花一些时间用电脑和听收音机。孩子们会玩积木、黏土、娃娃、手工或电子游戏。

* 聚集在家庭活动室里，大声朗读一小时，可以是小说的一章、伊索寓言、一首诗、正拿着的非小说类书籍的一段、我们的历史课本、给最小的孩子读的几本图画书。

* 去餐桌上进行抄写/听写，或练习写拼音、词汇、语法或逻辑——这是我们一天的"语言艺术"部分。

* 用我们的身体来学习——数学基础知识、介词、家庭住址、字母发音。

* 休息一下（跳蹦床，吃点零食，和狗狗一起在院子里玩）。

* 解决数学问题（做游戏，做习题，摆教具）。

* 吃午饭。

* 完成一个项目（历史、写作、科学）。

* 空闲时间自由活动，或者去图书馆，或者去看电影。

如果我们约了牙医，或者我的朋友打电话过来，要送给我去宠物动物园的免费门票时，这些习惯可以调整一下。我搁置了当天的学习计划，选择去喂山羊。喂山羊几乎总是能比做习题达到更好的学习交流效果。到了第二天，我们又回到日常习惯中——那种可预见的生活模式。

大多数人认为按习惯吃饭是显而易见的，如果你错过了午餐，也并不会"落后"。然而，像数学或语法这样依赖于一系列学习步骤的科目呢？难道不可能落后于人吗？这些不应该被严密计划吗？

"落后于人"意味着你认为学习项目的设计者知道你家孩子应该保持的学习速度。因为你在家里，所以你有最直观的感受，了解你的孩子是否确实在学习这些材料。如果你真的对孩子的教育如此漫不经心，甚至每天都在外边闲逛，而没有花时间去关注语音拼读、跳跃计数或探索太阳系的材料，那么你有完全的自由和特权来拒绝"更好"的提议。请待在家里，专注于日常生活习惯，直到你觉得你的家庭学校稳定下来。

也就是说，大多数人并不是每天都靠热情来引领的。养成学习习惯和可预测的饮食和睡眠模式，有助于你保持清醒。并不是所有的事情都取决于孩子强烈的好奇心或父母突出的主动性。养成习惯带来的是平和而不是焦虑。

间歇训练

没有哪个神奇的数字能表明，几分钟、几小时、几天或练习册几页，就可以让你确信你的孩子已经得到了足够好的教育。一旦你屈从于用外部标准来衡量孩子的学习成绩，你就永远不会休息，因为这些标准每年都在变化、每个学科都在变化。与此相反，你要专注于增强孩子的耐力和能力。

学习任何事物都意味着，要运用现有的能力去应对新的挑战，以及不要丧失信心。有些课程需要更强大的专注力，或者需要忍受目前还不擅长"这件事"所带来的不适，这就是为什么耐力在学习中如此重要。学习的核心要义是这样的：所学的概念越新，掌握它所需的努力就越大。如果这个概念是熟悉的，或者是在现有框架中建立起来的，而且下一步的跨度不是太大，孩子就可以运用她当前已有的能力和能量，认真地投入学习。

在建立学习耐力方面，有一种模式帮了我大忙——想一想运动训练的结构。我是一名马拉松运动员，当我们为参加马拉松比赛做准备时，一周7天中的每一天我们都会跑不同的距离，并且每周都会延长跑的里程数。典型的一周安排是这样的：

周一：休息

周二：跑3英里

周三：跑5英里

周四：跑3英里

周五：休息

周六：跑8英里

周日：交叉训练

请注意，在最长的跑步距离（每周六增加1英里）前有休息日。星期天是交叉训练日，允许进行不同种类的有氧运动。

如果我们把这种模式应用到家庭学校，比如，如果你和孩子谈论数学学习的目标，会发生什么呢？

目标是在2月底学会乘法表，现在是1月，我们制定一个训练计划来帮助你学习乘法表怎么样？

这个模式会让某些日子的练习量看起来更少，而每周有一天把到目前为止学到的所有知识混合在一起，又比其他任何一天都要多。为什么不能有休息日，或者有一天你可以把玩骰子作为交叉训练日？例如：

周一：做3道题

周二：做5道题

周三：做3道题

周四：休息一天

周五：做8道题

周末：玩有趣的骰子游戏

在自然拼读和阅读的学习中使用这种模式怎么样？比如，你们可不可以先"读"一本没有字的书，然后再读一本都是孩子认识的字的书，然后再由家长读一本书给孩子听，然后再读一本有孩子最近新学会的字的书？只读一页，然后吃一顿零食，再拥抱一下，来庆祝所有的努力。

我们一起跑步的伙伴们都在期待跑马拉松途中吃零食，我们完全被零食吸引住了。跑完第6英里、第12英里以及最后的第18英里都是有魔力的——樱桃味的润喉糖、蓝色的运动饮料、切片的橙子。简直是从天而降的美味！感觉自己所有的努力都得到了回报。

如果孩子专心致志地和你一起读一段话，之后会发生什么？如果孩子在继续读之前，停下来喝一大口她最喜欢的果汁，会怎么样？我们忘记了孩子们正在锻炼他们的"思维肌肉"——集中注意力，理解抽象概念。如果孩子们知道自己不必仅仅因为你的要求而每天多努力一点，他们更有可能实现目标；如果他们能预先知道标志明显的休息时刻即将到来，这将大有裨益。利用间歇训练的模式来增强耐力。当你的孩子在间歇训练上变得越来越熟练时，能力就会随之提升。

季节性的教育

我有一个观点：秋天进行传统的学习，冬天进行单元式的学习，春天进行非学校教育。在秋天，似乎所有的书都很容易找到，每支铅笔都很锋利，人们倾向于常规的学校学习。到了冬天，在家教育者就会转向单元式的项目学习。但是一旦春天的第一阵风吹来，每个人都想去户外！大型项目、体育运动和自然徒步占据主导地位是自然而然的事。每个人都会在"保持努力学习"的状态中感到疲惫。在规划家庭学校时，你要考虑到这些季节性变化。这样，当5月中旬所有活动猛然结束时，你就会很从容了。例如，可以利用秋天来专注于书本学习，为冬天规划独立的项目，并在春天安排外出实地参观。

如果你用习惯、间歇训练和季节教育的方法来建立合理的预期，孩子会觉得更能够配合你制定的学习目标。

＊ 含义丰富的材料 ＊

然而，如果你选择的学习材料是枯燥乏味的，那么你精心设计的日常生活的习惯（可预测模式）将会落空。奉行非学校教育的父母深知这一点。他们对传统课程非常反感，如果你在网上的论坛里提到自己正在使用拼音教学法来教孩子阅读，那么你要准备好可能会受到他们强烈的批评。他们如此坚决地反对学校的教学材料是有原因的。大多数为孩子教育而编写的课程都极其枯燥乏味，它们把学习探险之旅变成了一种死记硬背的纸上工作。

我还记得我第一次看一个为在家上学的孩子设计的写作课程，念完第一章的范例段落之后，我问买了这门课程的朋友"你喜欢这一段吗？"，她看上去很困惑，我又追问："你希望这样的话再有第二段吗？"她睁大了眼睛，表示拒绝。我真希望连第一段都不要有！

我对我的朋友说："如果写作课程中的范例段落都这么难以记忆，你为什么要让你的孩子按照这种模式来学习写作呢？"这就是各种课程的问题所在——如果它不能吸引你使用它、享受它、从中学习，它怎么可能对你的孩子有用呢？

我们可以做得更好！例如，因为我的数学基础很差，当我研究数学课程时，我寻找的是使数学概念具体化的、易懂的学习材料。我也明白，如果孩子每天做的事就是按固定的节奏完成数学练习题，这会让他们对数学的热爱变得岌岌可危。

数学游戏、关于数学故事的图画书和小说、用得到数学的爱好（比如编织、折纸、木工、乐高积木、电脑编程、在线游戏）、经营饼干生意，这些都是我们让数学在家里变得更有意义的方式。在技能练习和实际应用之间切换，帮助我们将所学的数学知识与现实生活联系起来，而不再仅仅是为了将来某天（比如大学入学）的抽象目标才完成学习任务。

说到文学和历史的学习，在家上学的教育者很擅长给它们带来意义。例如，历史小说将两者结合在一起，既对遥远的时代进行了优美的文字描述，也让读者与生活在那些时代的人们产生了共鸣。

科学教育适合在家进行动手活动。我们可以为每个人提供足够的工具，不必像学校那样担心责任归属或安全问题，而且有时间和空间让实验在几周内逐渐演变。

为了确保自己选择了好的学习材料，请你在购买它们之前自己看一看。问问你自己：我被这个内容吸引了吗？如果你自己都没有被吸引（比如，如果这本语法书太乏味了，你还没开始就讨厌它了），就把它搁置吧，重新寻找能让你更深入地学习这个科目的课程或书籍。自己尝试做一些其中的练习题，家长自己先找找感觉，这样才能确保没有让孩子做自己都觉得乏味无聊的任务。

含义丰富的材料的检查清单

- 你喜欢这个材料！
- 材料的呈现方式易于理解。
- 你可以轻松地向你的孩子解释材料内容。
- 材料很吸引人。（这很重要！）
- 学习体验激发了好奇心，而不仅仅是发展死记硬背的能力。
- 课程是多方面的（包括头脑、身体、心灵和精神）。
- 你的孩子也喜欢这个学习项目，并接受它。
- （整个课程的）材料适用于多个科目。

当一切方法都失灵的时候，求助于第三方，找另一个对这个科目充满热情的成年人，让他（她）来教你的孩子。我就用我的写作辅导与一位孩子在家上学的好朋友的数学辅导进行了交换，我给她的孩子带去了对写作的热情，她给我的孩子带来了一盘糖果和数学天赋。

❋ 邀请，而非坚决要求 ❋

一旦你对家庭习惯有了愿景，你可能想知道如何执行它。如果你的孩子和你对着干怎么办？这种时刻太折磨人了！每隔一段时间，我就会在社交媒体Facebook上看到一位愤怒的妈妈的声讨："我准备放弃了！我的孩子讨厌学习，我不知道还能做什么。"翻白眼或耸耸肩——这些孩子怎么能如此轻易地推翻你为他们付出的巨大努力？

当我因为孩子的愚蠢或不专心上我准备的课程而生气时，我就会拿出父母的有力工具：坚决要求。我只会变得更大声、更愤怒。我坚决要求，无论喜欢与否，他们必须完成这项任务，如果他们不接受我的计划，可怕的后果就会随之而来。在和大一些的孩子打交道时，我甚至会恶语相向："你永远考不上大学""没人会雇你工作"。坚决要求、强迫命令、羞辱谩骂——这些强有力的工具切断了父母与孩子之间的联结。突然间，你的孩子开始配合，以摆脱指责和惩罚。但此时，对学习的热爱和家庭学校建立的亲子纽带都消失了。

与其坚决要求，不如尝试邀请。在最沮丧的时刻，停下来，问问你自己：我怎样才能邀请我的孩子参加今天的计划？下面是一些如何邀请孩子加入一起努力的例子：

＊　留意有什么被遗漏了。惊喜、神秘、风险还是探险？调整体验以激发这些魔力之源中的任意一个，比如，将课程移到一个新的地点，引入新的工具（如中性笔和复写纸），增加奖励，营造一个舒适的环境，引入有风险的元素（如钻头、缝纫机、蜡烛），帮助孩子设定一个对他（她）个人有意义的目标。

＊　你自己要对这个主题感到好奇。找到未知的边缘，这样你就可以心怀兴趣地接近这个主题。通过你的行动来引导，不要有开场白或解

释。你可能会在吃过早餐后，当着孩子的面一言不发地完成一页习题；你可能会混合化学物质来做科学实验；你也可能创建一个棋盘游戏，或者从书里抄一段话。请用行动做引导。

* 合作！和你的孩子并肩努力，一起做某页习题、某个项目、某段过程，无论他（她）是小孩子还是大孩子。

* 空出时间去探索。把辛苦的工作留到改天再做。从做一下、想一下开始。尝试一下，休息一下，讨论一下。

* 建议采用持续时间短的微课。要求孩子做短暂的努力（一个词汇、一个句子、一个观点、一个问题、一个章节、一段对话）。庆祝这样专注的努力。

* 诉诸头脑、身体、心灵和精神的联结。引入令人惊讶的事实，增加动作，将课程与孩子喜欢的主题匹配，找到能激发孩子本能的同情心的角度。

坚决要求会建立起等级和怨恨，邀请则创造出联结和回应。你想要的家庭风格，由你来选。

如何测量进步

即使你一切正常运转，和孩子建立了联结，你怎么知道对他们的教育取得了显著的、可观测的进步呢？大多数父母面临的最大挑战在于，他们不知道自己的孩子是否正在以适当的速度学习应该学习的东西，因而产生了焦虑。

做时间表的人倾向于依赖对未来做计划，来确保他们会得到一定数量的情况"已更新"。做时间表的人喜欢计划待做的任务，做过之后再把它们标记为完成。然而，扼杀学习乐趣的最快的方式，就是过于相信事先的计划。我们如何量化热情对在家上学的贡献？

后置计划

许多父母在追随热情、随心而动时会感到内疚。我记得，有段时间我们家沉浸在第二次世界大战的话题中：我刚分娩完恢复过来，便和大家一起看了好多关于二战的视频；我躺在大床上，一边给新生儿喂奶，一边给大一点的孩子们读第二次世界大战背景的小说《数星星》；大一点的孩子们在讲述这本书的同时还画了画；诺亚和他爸爸建了一个简陋的网站来展示坦克；我们还借了一些关于第二次世界大战武器的书，孩子们用临摹纸把书上的武器描下来。

每天晚饭时，我们家的对话自然地转到第二次世界大战的各个方面——有时深刻，有时粗浅。孩子们换上装扮，假装是需要红十字会医疗照顾的战争孤儿。6个星期过去之后，我突然意识到，我根本没有计划过这一切。

我对这个有价值的话题感到兴高采烈吗？完全没有！我感到内疚。我担心我在某种程度上"作弊了"。在我的想象中，敬业的在家教育工作者会制定课程计划、提前思考，并按时间顺序研究历史，他们会组织单元式的阅读、数学和拼写学习。为什么我不能像那些优秀的妈妈那样规划一次高质量的单元学习？我想知道我产后这段时间是否可以算作"真正的"教育，因为事实上，我只是在忙着打发时间。

不知道具体是什么时候，但有一天我突然意识到，这种以热情为主导的学习正是在家教育的核心。我意识到我已经花了一些时间读书，讨论在线学习，参加学习主题的家庭学校支持小组、会议和研讨。我把其中关于电影、书籍、数学游戏和诗歌的想法记下来，希望有一天能和我的孩子们分享。

所有这些想法和建议都潜移默化地影响着我与孩子相处的方式。当我需要一项活动或一门课程的时候，我就会从纷繁的想法中汲取热情，这些想法早已暗自转化为实际行动。当我盯着空白的计划表，乞求我的大脑创造一门完整的课程时，热情很少出现。相反，当我随着热情的涌动、我的能量水平、孩子的好奇心和可用的学习材料自然行动时，热情却猝不及防地出现了。在那些时刻，有趣的"热情女神"阿姨引领着我们前进，她做得非常棒。

我学会了接纳这些教育之旅，并在发生之后把它们记在日历上，我把这种做法称为"后置计划"。事实证明，许多最棒的家庭学校计划都是在无意识的情况下从我的内心生长起来的，只是偶然地绽放成为一次美妙的学习经历。我注意到这些学习的时刻，确信我们一直在认真细致地、深思熟虑地做任务，即使这些是自发的，而不是计划好的。我还记录了所有这些反思和学习如何引导我获得一些最棒的在家教育经历。我也能看出缺了什么，比如哪些科目在那个月没有达到应有的重要性水平。然后，我的头脑会再次深入更多的阅读和对话中，这将有助于为探索这些主题奠定基础。

我们日常生活的框架（习惯）继续保持，但我也欢迎热情引导的学习。随着时间的推移，我越来越信任它，并惊讶地发现，无论是专注还是走神，无论是研究思考还是行动实践，它都是如此强大。

除了用日历记录活动和学习经历之外，我还为你提供了两个工具，它们将彻底改变你追踪孩子学习进展的方式。这些工具既适用于你日常生活的习惯，也可以在有趣的"热情女神"阿姨到来的几周里发挥作用。

故事简述

你所期盼的学习很可能正在你的家里发生，如果你一直在运用勇敢学习的超能力，这尤其有可能。让我们把目光从测量标准转移到叙述写作上。

在孩子写了一篇学校布置的作文作业之后，老师会读这篇作文，标出错误，并对内容进行评价，然后她会给这篇作文分配一个字母等级作为成绩。这个成绩告诉家长，孩子的表现与同龄孩子相比是好、一般还是差。它没有描述孩子写作文的过程，并不能告诉家长学生是喜欢还是讨厌这个作业。老师评的成绩不会考虑孩子生病导致的糟糕表现，也不强调写作中出现的科目之间的相互联系。成绩是一种吝啬的评价体系。

在在家上学模式中，我们可以抛弃学校这种对学习的简易判断。但是我们用什么来代替它呢？很多时候，家长们欢喜地放弃了评分，但随后又屈服于年终测试的压力，或者接受老师的评估，或者打电话给我，问我他们的孩子是否"达到了本年级的写作水平"。

你可以让自己放心，你的孩子正在学习。而且如果你改变评估的方式，可以更好地关注他们的困境和优势。我建议你每个月写一篇关于家庭学校一天24小时的"故事简述"。因为家庭学校并不局限于6个小时的教学，所以记下在"学校"不上课时发生的事情和对话是很重要的——这意味着，在去看牙医的路上，关于"蛀牙是如何形成的"的精彩对话是有价值的；这意味着，1年级的孩子洗澡时在浴缸里复述《三只小猪》故事的表现很重要。

如果你把所有的活动都纳入月度故事简述，从搭乐高积木到玩游戏《我的世界》，再到狗为什么睡得这么多、如何从零开始熬制板油，以及足球和芭蕾舞练习，你会发现——你的孩子每时每刻都在学习，而且学习来源比你意识到的要多。不仅如此，你还会更好地关注自己的困境，并找到解决它的新方法。你可能还会注意到你在孩子的教育中有一段时间没有做的事情——距离我们上次做科学实验已经两个月了。

你的月度故事简述可能包括孩子还不能念出词汇时的眼泪，或者一个11岁的孩子发现写字很艰难的抱怨。每月写一次故事简述，可以让你平和地面对家里所发生事情的本来面貌，而不是因为考试成绩低而感到羞耻。通过每月（而不是每天）写一次故事简述，你也可以避免陷入过于细微的评估（关注每天的波动）。还有些父母喜欢每周写一次，你可以自行选择一个适当的频率，便于你自由地庆祝孩子的学习探险之旅即可。

大学的书面叙事性评价

直到2001年，美国加州大学圣克鲁斯分校还会发布由教授们精心撰写的学生学习表现的书面叙事性评价（该大学后来迫于申请研究生需要的压力，改为发布学习成绩）。20世纪80年代，我妹妹在这所大学主修西班牙语，她就收到过教授们对她的学习表现的书面叙事性评价。

美国圣约翰学院（马里兰州的安纳波利斯校区和新墨西哥州的圣达菲校区）使用口头叙事性评价而非成绩来反馈学生的学习表现。每学期结束时，学生们都要和他们的"导师"（大多数大学称之为教授）一起参加一个名为"堂拉格"（Don Rag，音译）的会议，由导师们叙述学生们的课堂参与情况、优点和缺点，以及自己在学生面前的整体表现。

书面的和口头的叙事性评价要求教师密切关注学生的综合表现，而不仅仅是输出的部分。叙事性评价的内容用于帮助学生为下学期的学习做准备。对学生综合表现的关注使得这些叙事性评价如此有价值。

在我的家庭学校联盟中，月度故事简述让成员们的在家教育大有改观。用一页纸的篇幅来记述一整天的活动和对话，可以让父母确信，他们的确是在过着持续学习的生活，他们的孩子在学科学习和个人发展两方面都取得了有意义的进步。家长们可以将9月记录的情况与3月和5月的情况进行比较，由此注意到孩子们的成长；他们也有空间吐露内心的担忧；他们可能会在10月疑惑孩子的书写困难是暂时的还是暗示着更大的问题；而到了第二年3月，他们将掌握更多的信息可以进行比较。如果你所在的地方需要年终认证才能继续在家上学，那么可以将这些月度故事简述整理在一起交给相应的工作人员。

当我开始在我家这样做的时候，我选择用一个非公开的博客保存我的月度故事简述，因为我喜欢将照片与我的简述相互配对。一些家长更喜欢Word文档，而另一些家长愿意在笔记本上写日记。使用能激励你坚持书写记录的方式就好。

在月度故事简述中写些什么

　　* 对话：直接引用孩子的原话；关于任何话题的大而有趣的家庭对话，包括电影、双关语、体育和游戏等非传统学校科目的内容

　　* 阅读：孩子自己看的书籍、网站、游戏手册、歌词、励志文学和诗歌；你给孩子读的书籍、诗歌、操作说明、网站、动物园的标语牌……

　　* 活动：跳舞，缝被子，射箭，系鞋带，报时，做奶昔，把所有的锅碗瓢盆倒放在地板上并敲它们来演奏，自发地读书给兄弟姐妹听，给朋友发短信，画画，自己洗澡，训练宠物，做手工，做园艺，观鸟，参加莎士比亚夏令营，练武术，制作定格动画

　　* 学校科目：完成若干道或若干页数学题；抄写或听写语法、拼写和词汇；学法语；在现实生活中应用学科知识的活动；记背某个知识；小组课程或网课

　　* 游戏：桌游，卡牌游戏，单机游戏，在线游戏

　　* 在路上：吃饭，洗澡，躺在床上，去图书馆或看牙医——暗藏在日常生活习惯中的所有的谈话和微小的学习时刻

* 家务：清扫，洗衣，收纳，准备食材，修剪花园
* 自发学习：学习热情紧追不舍的时刻
* 挑战：让你或孩子感到困难、沮丧或困惑的事情
* 实地考察：动物园、图书馆、博物馆、历史遗迹、去新的地方旅行
* 养育：关于如何了解某个特定孩子的疑问；你对孩子们单独的和集体的关注程度；兄弟姐妹间的争抢

用你自然的语言来写故事简述，不要把它当作一份评估清单。讲述单独一天的故事，全天都要做笔记，把对话和主题记下来。不要担心简述的这天有没有选到最好的日子或正确的日子，任何一天都可以，因为你每个月都会继续练习一次。最终，你将全面了解你的家庭学校及其运作方式。说实话，有时候把"出错"的一天写下来也是值得的。当你写下这一天时，你可能会注意到它的一些特征，这些特征将有助于你未来做调整。

以下是家庭学校联盟成员克里斯蒂娜的月度故事简述的一个例子。想要阅读其他内容，请加入家庭学校联盟。

克里斯蒂娜的黑莓傻瓜甜点

我们今天的生活从图书馆之旅开始，我总是期待看到孩子们每周都想学些什么的状态。他们在书架上寻找最适合自己的书（或者，更现实一点说，拿够30本到50本书），不管最近喜欢什么书，找书都是他们的一大乐趣。本周的主题似乎是昆虫和两栖动物，这并不奇

怪，因为在夏天的头几个晚上，我们都在等待太阳落山以便追逐和捕捉萤火虫和蟾蜍。并不是只有孩子们每天都期待着这样的日子，我想，看着孩子们在院子里高举手臂、尖叫着奔跑，试图抓住萤火虫，也让我更加快乐。当我听到黑暗中传来"我找到了一个"的声音，看到我的一个孩子出现在街上、手里拿着蟾蜍时，顿觉心里暖暖的。

之后，我们带着从图书馆借的三大包书慢悠悠地走回家，决定接下来要做的就是制作一些黑莓傻瓜甜点。今天是星期二，也就是会有诗歌茶话会时间，我们要读童书作家艾米丽·詹金斯的《极致美味》。这本书讲述了4个世纪以来4个家庭一起制作和品尝同样的甜点的故事。我们觉得做一些甜点，边吃边读会很有趣。我们通常在茶话会时间读诗或做美术学习，但今天我们想改变一下。

当黑莓傻瓜甜点在冰箱里冷却时，我的女儿坐下来听写了一页《安第斯山脉的秘密》的法语。然后，她决定把蝴蝶的身体部位和生命周期画在她的科学笔记本上并贴上标签。

黑莓傻瓜甜点还在冷却，另外3个孩子在家庭活动室里合作制作一辆机器人摩托车，耐心地等待着茶话会时间。我喜欢这样的时刻。

我们今天没有上数学课，而是上了一节有很多测量内容的烹饪课。下午很放松，会有一些安静的独立阅读时间，或者晚上看电影。并不是每一天都像今天这样轻松悠闲。这就是我们喜欢在家上学的原因——我们随心而动，随我们的心情和兴趣而行动，对下一步要做什么感到兴奋。

是时候检查黑莓傻瓜甜点冷却好了没……

试一试

"月度故事简述"的目的在于让你确信,学习是你的家庭生活中持续不断的常态;它们就像肖像画,也为你提供了一个温和、无偏见的视角,来观察奋斗的过程。写故事简述可能会让你感到疲惫;刚调整过的牙套让口腔很痛,导致难以集中注意力;还有其他困难。最重要的是,你家的学习故事的独特性变得明显——科目之间如何相互交织、相互联系,你们一家人如何共同成长。没有两个家庭会有相同的故事。看到自己家庭的故事是件令人兴奋的事。

散点笔记本

我推荐的第二个工具,我将其称为"散点笔记本"。你熟悉的叫法可能是剪贴本、日记本,散点笔记本是我给自己笔记本上各种各样的笔记起的概括的名字(就像数学上的散点图)。这个笔记本没有划分结构整齐的章节,甚至没有包含描述清晰的分类(不过如果你愿意,你可以自由地创建需要的类别)。然而,这个笔记本中包含了一系列重要笔记——帮助我成为更好的在家教育者的笔记,比如:

* 我记下了我读过的关于教育的或某个学校科目的书中的内容。

* 我画出明亮、抽象的形状和颜色,上面写着关键词,把核心理念标注在我经常会翻看的位置。

* 我抄了关于学习和养育子女的重要名言。

* 我列了无数的清单——要看的书籍、鸟类、公园、戏剧,适合全家一起看的电影、网址,允许我们实地参观的企业、艺术馆、音乐

馆，介绍莎士比亚的学习材料，有意义的诗歌，等等。

　　＊ 我学会了欣赏艺术作品，还学着画画。

　　＊ 我做了关于其中一个孩子的笔记，记录下需要额外照顾的情况。

　　＊ 我在教孩子的时候记录下自己所学到的东西（历史、数学、科学）。

如何制作散点笔记本

　　1. 选择一个笔记本。实用的或美观的，由你选择；或者下载像"印象笔记"这样的笔记App。

　　2. 开始。不要等到特殊的某一天才开始，现在就开始。当孩子们抄写时，我也开始抄写我正在读的书。我的抄写行为帮助维持了孩子们的抄写行为。

　　3. 自由写作。写下你对于教育的想法、你自己的学习经历，来启动你的散点笔记本。

　　·我上学时最快乐的记忆是＿＿＿＿＿＿。

　　·如果一个仙女能赐予我一项技能或天赋，我会要＿＿＿＿＿＿。

　　·如果我没有孩子，我会为了自己的乐趣而学习什么？

　　·我希望自己现在能更好地理解什么？

　　·谁说我不擅长＿＿＿＿＿＿？（我相信过他们的说辞吗？我现在还相信吗？为什么相信/不相信？）

　　·如果我能在生活中增加一样东西让自己更快乐，那会是什么？

　　·我怎么知道自己（在某件事上）取得了进步？

4. 收集有纪念意义的物品。把几个信封粘在你的散点笔记本上,用来装小册子、票根、收据和传单。或者,如果你用的是电子版的散点笔记本,把这些拍照存到文件夹里。

5. 给每个领域空出专门的页面。追踪并对应记录孩子在各个领域的学习情况。当你注意到某一页一直是空白时,拿出一天用来深入研究这个主题,一整天都用在这个主题上,看看是怎么回事。

月度故事简述和散点笔记本,这两个工具将为你的家庭学校奠定基础。它们使你能够追踪记录生活之旅,将担忧储存在一个安全的地方以便深入地审视,并坚持实施关于家庭学校的所有抱负和理念。

应用它

1. 开始吧。随身携带你的散点笔记本。

2. 用专门的篇幅写上学习的魔法原力、能力和入口,并加上标题。列出一些在学习热情枯竭时对你有启发的思路。

3. 在每个月固定一天回顾笔记和记述的内容。

4. 群体的环境是有帮助的!和一群同样在用散点笔记本、写月度故事简述的朋友会面。把自己写的内容读给对方听,讨论运用学习超能力的方法,头脑风暴找出教育难题的解决方案,记得点一杯饮品边喝边聊。

第 9 章

在 家 上 学

招募你的家庭来帮助你教育孩子

> 一个有魔力的家，并没有想象中那么理想，但是为住在里面的人建造的。我们有年幼的孩子，所以我们的家必须允许噪声、破损、混乱和大量的身体接触。
>
> ——托马斯·穆尔

前面，我们讨论了如何为家庭生活和在家教育创造一个令人愉快的空间，也讨论了如何创造间涌现学习热情的生活常规状态。然而，如果家庭空间不是有创造性的、开放的、杂乱的学习环境，那么这些原则都只是无根之木。我正是在说你的房子！我们都挤在这个空间里——我们如何才能和谐地生活在房子里，既不会被丢弃的鞋子绊倒，又不会把干净的盘子用完呢？房子本身如何促进在家教育的繁荣？

✳ 凌乱不堪 ✳

让我们搞清楚一件事——在家上学很麻烦。孩子越多，情况就会越糟糕。当一家人每时每刻都待在一起的时候，要保持房间的整洁是不可能的。

事实上，一个家庭学校的房子里边，更像是家装改造的电视节目中"改造之前"的画面。我家也是如此。

除了混乱，再举个例子，家里应该也不会有动力去更换用旧的防水油毡。创造一个舒适的、宜人的家，和一个完美的、华丽的、时尚的家，是有区别的。在家上学的房子有"理想的样态"吗？有的！那就是你的房子现在的样子。一个好的家庭学校的关键是充分利用你所拥有的房子。这意味着，你的首要任务不是让房子保持好卖相，而是使它安全、宜人、可承受学习中的风险。

其实，你的家不一定非得是一幢单独的别墅，它可以是公寓楼或联排别墅。"房子"可大可小，它的院子可有可无。你越不在意保护家具和地板受磨损，就越能无拘无束地拥有理想的家庭学校。告诉自己，你可以在孩子毕业搬出去后重新装修厨房等房间（我就是这么做的）。

不幸的是，今天网上有大量的图片，展示了在家上学的其他家庭过着田园诗般的、质朴且带有半乡村特色的生活。在社交软件上浏览一下，你就会打消"放弃房间清扫"的念头。你还应该在房子的法式大门外保留小溪和种植黑莓吗？灰褐色的墙壁、未安装完的书柜和露着木梁的高高的天花板，是最自然的学习体验所必需的吗？如果你不养鸡或没有开始建造有机花园，是做错了吗？现在就把那些图片放下。你真正的家就足够了——即使它在城市中心，坐落在公寓楼的8层。你的房子和它独特的位置充满了学习的机会。看到它们，使用它们，享受它们。

✳ 乡村学校，城市学校 ✳

因为我们把术语"自然而然的"和大自然联系在一起，很容易误以为，为了促进自然而然的学习，最好的家庭学校也要是迷你农场。早在20世纪90年代，就有一场名为"城市自耕"的运动，当时，在家上学的人住在郊区，他们自己磨谷物做自制面包，自己制作肥皂，把衣服晾在绳子上。我记得曾有一场大讨论，是关于如何推翻家庭协会禁止在后院用晾衣绳的禁令的。出于某种原因，弃用烘干机对于发挥在家上学的效果至关重要。我想，如果我们要让学校回到复式班（多个年级在同一间教室）模式，我们应该重新体验西进拓荒时期的生活，这样才合理。

住在南加州的一个公寓时，我很沮丧。为了写自然日记，我们研究了麻雀和刺柏丛。我的厨房太小了，放不下谷物磨盘，也放不下西红柿罐头。我家没有栅栏围起来的院子，这意味着孩子们不能在没有大人监督的情况下在外面玩耍，否则他们可能会被车撞到。

你知道吗？我们充分利用了公寓和社区的每一寸土地。我们在家上学最好的5年就是在那里度过的。我不在乎有没有一个正式的客厅。我觉得别人已经解决了肥皂的"问题"，我可以直接买回来用（而不是自己做）。我把所有的注意力都放在为孩子们提供良好的教育体验上。我们找了一个干涸的河床去远足，我们尽可能多地去海边，我在客厅放了一张美术桌，我们每周五晚上都一起烤面包，我去超市买面粉。

我们参观了艺术博物馆，我还在墙上挂了画。我在厨房里的晾衣绳上挂孩子们的美术作品，而不是他们的衣服。因为我们是租房子的，所以我不像住在自己买的房子里那样在乎地毯上的污渍。"不在乎"是多么好的礼物啊！我们最大限度地利用了从旧货市场买来的家具。当约翰娜在沙发上涂鸦时，我想，"哦，好吧。这50美元就这么浪费了"。我在沙发上盖了一块毯子。生活照常继续。

我那几年的邻居多蒂，她在把房子的学习空间最大化方面是个专家。她的儿子想（用锤子、钉子和木板）建造一座城堡，但我们的公寓没有院子，所以她把孩子安排在她家的停车位上。孩子在D停车位建造城堡，紧邻的C停车位停放小型货车。事情就这样解决了。

待在一个人口密集的城镇有巨大的优势——所有我们想去的地方都在离家5英里（大约8千米）的距离内：邮局、攀岩馆、图书馆、青年社团、公园、自然中心、芭蕾舞教室、足球场、语言治疗医院和农贸市场。在我们搬到俄亥俄州之后，去任何地方都要15分钟到20分钟的路程，我震惊地看到自己安逸的家庭生活变成了奔波的汽车学校。

这一切都是在说：你现在的房子充满了独特的学习机会，没有比这更好的了。搬到乡下值得吗？只要你不介意开车去参加活动就可以。留在城区值得吗？只要你不介意开车去大自然就可以。重点是把你的注意力放在学习上，而不是房子上。充分发挥你家房子的潜力，用开车外出作为补充。

✳ 设计房子，发挥你家的优势 ✳

我认识的一个在家上学的家庭住在多伦多市中心，在他们的小公寓里，妈妈在窗户下放了一张课桌，坐在桌前可以俯瞰繁忙的城市街道。孩子们可以在学习语法时看着车流滚滚而过，或者看到路灯下的雪花闪闪发光。带轮子的收纳箱里存放着他们需要的学习材料，这样当客人来的时候，家庭学校的用品就可以推到看不见的地方了。一个沙发和两把椅子可以让孩子们舒适地坐着阅读。书柜装饰了墙壁。从博物馆到剧院，这家人可以方便地前往市中心的所有公共场所。城市生活充满了教育的契机。

但我在爱达荷州的首府博伊西市遇到的一个家庭，做出了截然不同的选择——他们搬到了城外。他们家孩子早慧且喜欢动物，孩子爸爸是木工专家。这家人养了宠物狗、下蛋的鸡和放牧的山羊，还需要空间来进行木工活动、制作兔窝和射箭。市中心的房子不适合他们。

确定自己家的类型。如果你们一家人都喜欢莎士比亚、电影和芭蕾，也许需要把地下室改造成一个多媒体中心。如果你们家有人很擅长园艺，那就找一个有大院子的房子，或者在社区里认领一块空地（就像在纽约、波特兰、温哥华和其他大城市注册社区花园那样），和孩子一起做园艺会让你过上最理想的在家教育生活，因为这是你们喜欢的。无论你的家庭特征和文化如何，把它传递给你的孩子，用自己家的房子来实现。如果你家的房子里做不到，那就在附近找一个可以做这些的地方，然后行动！

很多时候，一个家庭会将其他家庭的优势视作理想状态，并认为自己应该做出同样的行为来"成为优秀的在家上学家庭"。不要去想别人是怎么做的。问问你自己：我们擅长什么？我们在做什么？我们想在我们的家庭学校中凸显什么？尽己所能地利用现有的房子，如果还需要其他任何东西，都可以用短途旅行补足。

✳ 或者……搬家 ✳

如果你打心底里确信，搬家会让自己过上最理想的生活，那么搬家没有任何问题。我妹妹一家从镇上的一栋大房子搬到了海边的一间小出租屋，这样他们就可以每天冲浪了。比起房子的面积，他们更需要离家近的海滩。我有一个朋友把家从邻湖的明尼苏达州搬到了靠海的夏威夷岛，因为他们热爱水上运动。我还认识一个家庭，他们利用孩子爸爸的5周假期去"世界学校"——到其他国家旅游。他们选择租房住！为什么要买房子呢？他们更想要外出旅行，所以租房有最大限度的灵活性。

想清楚你是谁，找到一个能帮助你充分实现自我的地方。这可能需要时间来深入了解你需要什么来过自己理想的生活。当你思考这个问题的时候，充分地、欢喜地、自豪地利用现在拥有的空间，这已经足够好了。

＊ 家庭学校必需品 ＊

为在家上学做准备的下一步，是确保你们的生活空间能够支持全天候的在家教育活动。与其处理没完没了的装修项目，不如聚焦于如何让你的生活空间有利于学习。一个好主意是把墙壁涂成明亮、欢快的颜色，尤其是用孩子们自己挑选的颜色来粉刷他们的卧室。但这不是必须做的。一个更好的主意是把旧地毯放在家里的娱乐房里，也就是孩子可能会用胶枪、撒亮片的地方。如果总是担心房间有污渍，你就不能为创造力腾出空间。在家上学的首要考虑因素并不是房子的吸引力，而是孩子和对孩子的教育。始终让房子的设计为在家上学服务。

为了打造一个幸福的家庭学校，可以试试这些：

* 耐用抗造的家具

* 能写作的卧室墙面（我说认真的！孩子离家上大学之后，你自己

还可以在墙上画画）

* 用于创造的、可容纳项目持续进行的空间

* 易找到、易存放的箱子（带轮子的！）

* 适合不同身高、不同年龄儿童的桌子

* 涂上黑板漆（可书写）的墙面或餐桌

* 能够承受泄漏、磨损、污渍的地板

* 紧邻厨房的家庭娱乐房

* 人人有份的足量的高科技设备（一台电脑、一部平板电脑、一台电视、一个游戏机、一部手机，或者更多）

* 家庭娱乐房的台式电脑

* 电视的无线耳机，以便让想看电视的人可以在别人打牌或读书的时候看电视

* 贴艺术品、海报、标志牌的墙面空间

* 一块大的白色写字板——使用它

* 舒适的椅子

* 厨房的脚凳（烹饪，烘焙，自己准备饭菜）

* 便于快速拿取的洗衣篮；在一天结束时对物品进行分类

* 小孩子容易够到的、装着图画书的矮书柜

* 大孩子用的装着小说、非小说书籍、诗歌、漫画的高的书柜

* 放从图书馆借阅书籍的筐，放日常大声阅读书籍的筐

* 可容纳拼图、积木、多米诺骨牌的空旷的地板空间

* 美术桌（第1章）

* 良好的照明

购买高质量的美术用品和便宜的沙发。在家里挂梵高的版画。马上在新餐桌上留下凹痕，这样你就不会再担心孩子将来这么做。把观鸟用品（野外指南、双筒望远镜、观鸟笔记本）装在一个盒子里，放在观鸟的窗口旁边。把所有的数学工具（指南针、计时器、计算器、坐标纸、削尖的铅笔、数棒、硬币、学具卡片）放在一个盒子里。小贴士：每天把所有的课本放回同一个柜子里，这样课本就不会找不到了。

在铅笔旁边放一个削笔刀。准备好备用电池。把角色扮演的表演服放到房间角落的篮子里。在桌上放一个地球仪作为小摆设，或者买一张印有各大洲地图的地毯。在餐垫上放上元素周期表、字母表、全国地图或任何你想让孩子学习的东西。在冰箱上贴诗歌的磁力贴，用它们造句。用一进门的桌子或玻璃门的书柜展示户外散步时捡拾的物品。

一个以学习为导向的房子，其关键在于孩子想知道的东西或你想让孩子知道的东西触手可及。最糟糕的情况是，一个想法的火花冒出来了，却没有工具来实现它。如果你的房子整洁到吹毛求疵的程度，以至于孩子们要得到允许或在大人的帮助下才能得到合适的工具，那么他们的热情在开始行动之前就会消退。可得性对于探索至关重要。更重要的是，允许孩子把家里弄得凌乱不堪。

你必须接受的凌乱不堪是什么？地板上散落着乐高积木，你可怜的光脚板可能会踩到；洒出来的水和油漆；咖啡桌上粘着胶水；脱下来的鞋子扔在房间里；还有被忽视的、留有食物残渣的盘子。孩子们沉浸在自己的活动里，房间里有：出现故障的遥控器，收纳箱旁边乱堆的衣服，没有盖笔帽的马克笔，丢在沙发上的画作，部分零件消失不见的游戏，泥泞的鞋印，因向后倾斜太多次而折断了的椅子腿……你还会想到更多。

关键在于，你如果把精力都集中在保持房子的一尘不染，就不能指望学习如奇迹般发生。我们对完美学习时刻和完美整洁环境的追求是相互矛盾的。你必须从二者中选一个。著名的写作指导者安妮·拉莫特这样说："完美主义意味着你拼命地避免留下太多烂摊子要清理。但是凌乱不堪的画面告诉我们，生活是真实且有意义的。"庆祝那些让你觉得生活真实且有意义的混乱吧！

✳ 在家里帮忙 ✳

我知道你在想什么：你会问，"那我们什么时候清扫房间？"——我们已经谈到了"家务"这个可怕的话题。我的朋友卡罗尔非常讨厌这个词，这在她家是个禁语。卡罗尔从来不把"洗碗"称为家务，让我很佩服！当我想到"家务"这个词时，我自然而然地联想到劳动、工作、乏味和服从。"家务"这个词并不能激励我行动起来，然而，出于某些原因，父母们很喜欢使用它——关于任务清单、义务、责任、成熟以及其他上百种与基本的家庭清扫相关的、令人恼火的强制要求。

"家务"这个词最初描述的是农场里每天需要做的活动，如果你不每天在同一时间挤牛奶，你的奶牛就不会产足够的牛奶。今天呢？我们大多数人都不饲养奶牛。对一个家庭来说，用吸尘器清扫客厅并不是一件不成则败的关键大事。让我们少一点紧绷感，不急着教我们的孩子成为负责任的清扫者，而是把注意力集中在如何在一个并不大的房子里全年无休地工作。

你有力量

孩子们不能选择自己住在哪里；他们不能决定房子的面积、后院的大小、厨房的规模和范围，也不能决定每间卧室要住几个孩子；他们在选家具方面也没有发言权，不能决定选旧货甩卖的沙发，或是奢侈品牌的全新米白色组合家具；他们不能选择樱桃木地板，因为要防止地板被划伤才能保留房子的好卖相。

这些决定都由父母来做。然后他们打着"家务"的旗号要求孩子一起整理房间。因为"孩子们也住在这里"，谁会认为孩子们不用做家务呢？

与此同时，做家务的要求消耗了学习的精力。如果你执着于要求马库斯洗碗，那么他会有多渴望做那两页数学题呢？如果你总因为整理床铺唠叨佩内洛普，他不愿努力学习拼读难道很奇怪吗？其实，一些家庭从做家务开始他们的一天，却想知道为什么他们的孩子在被要求坐着上课时会拖拉。

让我们重新开始。为了家庭的正常运转，洗衣服、洗碗、做饭、掸灰和吸尘、打扫浴室和打扫院子都是必要的。问题是，这些事由谁做呢？我提一些解决方案供你考虑。让我们从最昂贵、最有效的解决方案开始，然后慢慢地说到如果没钱又有一堆孩子该怎么做，好吗？我们开始吧！

✳ 家务可以请人做 ✳

如果你能负担得起，那就请人来做家务！请一位保姆，帮忙完成修剪草坪和做饭等家务。为什么不呢？你作为一个全职的教育者，要带一群孩子。

我知道，你担心这样会把孩子们宠坏。如果他们不拖地、不刷卫生间，能学会承担责任吗？让我来解答你的疑问。我的父母会请人做家务、打理花草，小时候我从来不用除杂草、洗碗或打扫浴室。你猜怎么样？作为一个成年人，我能做所有这些家务，而且我是一个负责任的人。我的兄弟姐妹也是如此。我的父母为我们的家庭提供了这些服务，这让我们有精力活跃在感兴趣的领域。打扫房间需要学吗？它远没有火箭科学那么难，成年人很容易学会。当我还是个孩子的时候，并没有错过什么技能，我过的是充实的、丰富的生活。回首过去，我住在一个整洁的、随时可以活动的、平静祥和的家里。我很感激这一切！

所以：不要有罪恶感！如果你有经济实力，给家人一个整洁的房子和院子作为礼物。专注于你喜欢做的事情，和你的孩子一起学习，好好享用你的房子。

每季度做一次深度清洁

也许你负担不起每周一次的保姆清扫服务，也许你还没准备好请人来干院子里所有的活儿。那么，每季度对房子进行一次深度清洁，或者每半年找人来清理杂物，怎么样？如果窗户上有污点，地毯是脏的，而你又太矮，无法掸去那些高处（冰箱上方、吊扇上方、橱柜顶部）的灰尘，那么半年一次或每季度一次请人来做深度清洁，就会让你松一口气。它就像你生活体验的重置按钮。假期前把地毯蒸一蒸，把窗户洗一洗，可以在你最需要的时候帮你解决心头大患。

一家人一起来维护房间的基础清洁是可能做到的（后面会详细介绍）。

但是，知道不久的将来会有一次彻底的深度清洁和院子整理，这会帮助你摆脱房间凌乱不堪带来的绝望感。雇用专业人士来清洁这些大面积的区域是支持在家教育的一项明智的投资。推迟新的数学课程，用这笔钱种花或清洗地板。请记住：有时候最能改变你的家庭学校的，是营造一个平和、干净的环境——让你生活的地方成为你想要待着的地方。

"自己动手"模式

唉，作为一个成年人，我没有可支配的收入——即使是偶尔请人做深度清洁的钱也没有。我记得有一年我向爸爸要地毯的清洁剂作为生日礼物，我们已经拮据到了这种程度。

雪上加霜的是，我生了一大堆孩子——准确地说是5个孩子。我们一开始住在加州一个没有院子的小公寓里，3个男孩挤在一间卧室里，2个女孩挤在另一间卧室里。后来我们搬到了俄亥俄州的一处大房子，面积更大，卧室也更多。突然间院子和房子多出来许多地方要打理！孩子们对宠物很感兴趣，所以我们又增加了两只老鼠、一只兔子、两只雪貂和一条狗。

念叨着让孩子们做家务的诱惑太强大了，我们屈服于此。我和丈夫制定了每周一次的家务常规。每个星期六早上，我们每个人都有"工作"（因为不愿意用"家务"这个词，我们称这些任务为"工作"，但这并没有多大的改善）。每个健壮的孩子和两个成年人都被分配了房间清扫的任务：浴室、台阶吸尘、厨房、卧室吸尘、掸灰，每周轮换一次。每周六早上我们都一起打扫卫生，每个人都可以边工作边听音乐或有声读物。

不是每个人都喜欢做家务工作。有人怨声载道，有人半途而废。是的，我们对孩子们进行羞辱、责备和训诫——说他们自讨没趣。我一点都不喜欢这样。在很长一段时间里，我都因没有其他选择而感到无力。唯一让我喜欢的是：我们只需要每周付出一次努力，而且我们都在同一时间完成家务工作。我不相信在家上学的日子里每天都要做家务，也不愿意消耗亲子关系，在我想让孩子们好好学习的日子里强迫他们做家务。

在家上学的家庭用很多方法来维持外在的整洁有序，但普遍的经验是，没有哪一种解决方案适用于所有年龄、所有时间。多年来，对我意义重大的一个原则是，确保我让孩子做的任务具有挑战性和趣味性。喷壶对7岁的孩子来说，是令人兴奋的，但对一个15岁的孩子来说就不那么有趣了。清除积雪的时候，吹雪机比雪铲更刺激。

事实上，请记住，机器对清扫房屋有帮助。我认识的一个家庭有9个孩子，这家人以往是用手洗盘子，因为他们的一台洗碗机无法容纳11个人一餐用的所有盘子。一天，我的朋友突然意识到：家里需要两台洗碗机。所以，他们买了第二台洗碗机，是二手的，这完全改变了他们的生活。如果你家人很多，你们可能需要不止一台洗衣机和烘干机。对于一个大房子来说，两台吸尘器可能是必备的。我们家在我们的大院子里用了两台割草机。

一家人要一起完成一项任务，并在结束时庆祝这个大项目进展顺利。扫落叶时，要准备足够的扫把，以便几个人同时扫。扫落叶的时候播放音乐。在打包清掉落叶之前，邀请孩子们在落叶堆里跳来跳去。做完之后，大家一起喝些热的果酒。其他任务也可以集体协作，如果妈妈做晚饭，爸爸和孩子们就负责洗碗，集体协作做家务比一个人单打独斗更可取。在家上学也意味着要做很多准备饭菜的工作，可以考虑每周日休息一天，让孩子们自己照顾自己，这样父母就可以有一天不去厨房了。

另一个对我们有帮助的原则是：把家务交给年幼的孩子。青少年需要到外面的世界体验锻炼，而不是在厨房里。年幼的兄弟姐妹可以承担家务，直到他们十几岁为止。承认家务活是单调乏味的——和家人一起集思广益，找到在保持整洁有序的基础上和谐共处的方法。每个人的标准都很重要。互相妥协是必要的。偶尔改变一下生活常规，也是必要的。

在我们家，随着孩子们长大，尤其是有的已经离家去上大学之后，每周的家务工作越来越令人厌烦了。把任务分配给更少的人，似乎更不公平。除此之外，我和十几岁的孩子的标准也不一致。他们并不介意凌乱的浴室、没有整理的床铺或卧室地板上堆着衣服。我和他们的意见分歧越来越大。一方面，我需要帮助（我一个人做不完）；另一方面，孩子们对房间足够整洁干净的标准与我不同。这让我左右为难。

求助！我需要一些人手

我需要的是帮助。我意识到：为什么不直接求助呢？打破目前的状态，承认我的需要，然后邀请我的家人来帮忙。如果我和孩子们的标准不一致，当我要求他们偶尔帮助我达到我的标准，并且不辱骂他们，不强迫他们认同我的房间整洁标准比他们自己的更合理时，会发生什么呢？

然而，在我提出要求之前，我需要对自己的标准负责。我有时会责怪孩子们，但事实是，我并没有建立起好的房屋管理体系。所以，我订阅了一位家政大师的电子邮件服务，每天都有邮件教我如何管理生活空间。我学到了一些窍门、妙招，使我摆脱了一些最让我挫败的难题。我在睡前擦亮水槽，一边打电话一边花5分钟清理抽屉。

我开始做对自己重要的事，并不指望别人帮忙做这些。例如，如果我看到儿子在电脑前摆着一堆空的椒盐饼干包装袋和各种各样的脏水杯，我就会把它们拿走清洗。我不再唠叨，在家里只做我觉得不得不做的事，我放手了很多。

当家里脏乱到我忍不了时，我就会请求帮助："厨房里堆满了脏盘子。谁有时间帮我把它们放进洗碗机里？超级感谢。"当然，我知道，如果我的提问是真诚的，就不能强求别人回答"好的"。孩子们说了很多次"不要"。我会在被拒绝后坚持清扫，维持对我来说很重要的基本秩序，然后到下一次再求助。我还记得利亚姆第一次答应我的时候——他从电脑前抬起头，说："等我打完这关，我就来帮你。"他做到了。

这太出乎意料了！

几个月后的一天，很晚了我还在洗碗。利亚姆喊道："嘿，你为什么不去睡觉呢？我会熬夜，以后可以帮你洗碗。"我醒来时发现厨房很干净，备受震撼。

承认自己的需要并寻求帮助，对我们所有人来说都是一种转变。我发现孩子们更喜欢帮别人的忙，而不是被安排做家务。我也意识到我的标准是可以改变的。有时候，我对秩序的需求是在吸引别人关心我，我必须承认这一点。比如，我会说："我今天压力很大！看到房间里堆满了书、鞋子、外套和游戏机，压力就更大了。你们介不介意帮我快速清理一下，让我恢复好心情？"有时候，我可能会解释说："我等不及要大声朗读给大家听了！只要我们把房间整理好，我就可以开始了。谁想来帮忙？现在正是最佳时机！"

　　承认自己的需要，使孩子们给予我帮助成为可能。给予和服从的感觉大不相同。这感觉就像相爱和互惠。当他们帮助我时，我真诚地感谢他们。这让我们之间的关系变成了一种相互关心的关系，而不是我在单向贬损他们的懒惰。

　　我也降低了自己的标准，房间清扫可以稍后再做。有趣的是，我现在一个人住，我的家里总是很整洁。我喜欢整洁，但我也想念那些弄乱房间的人（孩子们）。在凌乱的假期里，当我的房子再次成为一家人相爱和生活在一起的地方时，我开心地笑了。

试一试

　　* 当你寻求帮助时，如果孩子说"好的"，让孩子决定什么时候过来帮忙。

　　* 降低你对孩子们如何帮忙的标准（接受他们的努力并感谢他们）。

　　* 在任务中添加一点"呼格"（伴着烛光洗碗，听着有声书刷浴室，吃着冰沙用割草机）。

　　* 和孩子一起完成任务。

　　* 设置5分钟的定时闹钟（快速收纳，快速掸灰，快速吸尘）。在5分钟内完成一些工作。

　　* 在家里找一个独属于你自己的房间或空间，让它保持整洁。家里其他空间的家务要压垮你时，你就退到那里去。

　　* 清理不用的东西。把它打包送人。

  * 把零食放在容易拿到的地方。

  * 忙碌时使用一次性的纸盘。

  * 让每个人有自己的水壶，自己装水、自己喝（不要玻璃杯）。

  * 在4年级时教孩子自己洗衣服。花一年的时间和孩子一起洗衣服，然后把这个责任交还给孩子。让他（她）自己决定洗衣服的频率。（心平气和地允许孩子穿脏衣服）

  * 保持客房浴室整洁（这是你的任务）。把孩子们的浴室留给他们自己。如果他们自己不清扫，你可以每季度清扫一次。

  * 给大一点的孩子强大的家务工具（用割草机、吹雪机、厨房电器、电动喷壶、吹叶机）。让家务变得很酷。

  * 做个慷慨大方的家长：时不时地帮孩子捡起东西，给他们端食物，对打翻的饮料一笑置之，原谅孩子因为沮丧在墙上打的洞……

　　承认你的需要，寻求帮助，接受他人提供的东西，放下不满，降低你的标准。

　　一个幸福的家庭学校需要的房子正是这样：每一寸空间都可以用来学习，凌乱不堪是受欢迎的，人比家具更珍贵，操持家务的标准随着参与人数的波动而变化，而且大多数时候我们都能接受它。

第 10 章

合理期望的魔法

拥抱我们的有限性

唯有联系。

——爱德华·摩根·福斯特

一位妈妈打电话来抱怨她的4个孩子。她详细描述了他们每个人的缺点，称他们"固执己见"。这位妈妈还盖住话筒对孩子们大喊大叫，因为他们太吵了。她告诉我，如果孩子们按照她的计划去做，生活会更容易些。但是没有！他们拒绝了。她已经无计可施了。

我停顿了一下，说："4个孩子，全都固执己见，这似乎不常见。"

"哦？"她回答道。

我尽量温和地问："会不会是他们有一个固执己见的妈妈呢？"

此时通话的氛围突然冷下来了，这位妈妈对孩子们反对在家上学的连珠炮似的抱怨戛然而止，"我没有这样想过……你说的是什么意思？"

我解释说——如果所有的孩子都反对她的计划，也许她的计划就是问题所在。她是否愿意调整自己的期望来满足孩子们的需求？换句话说，在这个场景中，她是固执己见、不易改变的一方吗？

如果这位妈妈精心设计的计划能让孩子们的生活更幸福更美好，他们肯定会抓住机会实施的。但如果这个计划被采纳，可能只有这位妈妈一个人会更快乐。只是她不这么觉得。

✳ 家庭学校的理性原则 ✳

和孩子全天候地待在一起，是一件需要勇气的事。每当我和其他妈妈一起看足球比赛时，都会有一位妈妈对我说："我永远不能让我的孩子在家上学。我们会把彼此逼疯的！"你知道吗？我的孩子有时也快把我逼疯了，我对此深感内疚。我想全年无休地和孩子们待在一起，但一直不停地和他们因为生活和学习讨价还价，也会有负面影响。我不能只是"当妈妈"，（严肃地说，）我也有责任为他们提供教育，但有时这两个角色会发生冲突。

帮助我继续坚持的5项原则

1. **在家教育没法一成不变**。你的孩子长大了，年级也升高了。每个孩子都有独特的个性，对第一个孩子有效的方法对第二个孩子不一定有效。

2. **你会感到无聊**。某个课程是有效的，并不意味着你必须一直使用它。如果你觉得某个阅读项目"无聊死了"，那就给孩子找一个新的。时光流逝，你在第三年喜欢做的事情，到了第七年可能会觉得难以忍受它。

3. **对于在家上学，你不可能一劳永逸**。没有哪一种教育理念或实践方法，可以完美到让你终结对正确方向的追求。你每年都要重新审视和适应在家上学的状态。

4. **生活中的各种事情会不请自来**。得癌症、怀孕、丧失抵押品的赎回权、遭遇飓风和火灾、父母日渐年迈、有人去世、特殊事件、离婚、工作调动，甚至战争……现实无可逃遁。危机来袭的时候，在家上学的顺序暂时往后排。（别担心——它足够灵活，可以适应。）

5. **一个不错的家庭学校就足够好了。**无论你采用哪种教育理念（像传统教育那样结构化的，还是像非学校教育那样非结构化的），你都只是人，人将理念付诸行动的能力是有限的。你会止不住地胡思乱想，怀疑孩子是否真的在学习新知识。你的目标不是完美，而是平和与进步，这就足够好了！

我曾经读过一句话，期望会埋下怨恨的伏笔。那么，如何疗愈呢？全心全意地为你的家庭学校、你自己和你的孩子设定合理的期望。

✳ 对你的家庭学校设定合理的期望 ✳

接纳有限性

我们家庭学校联盟的一位教练斯蒂芬妮·埃尔姆斯，经常分享这样一个原则：“教育孩子，不要心急。”如果我要确保孩子在16岁到18岁的年纪能上大学，这样的想法会使我给孩子施加不当的压力，导致孩子流泪、心灵受伤和表现不佳。

我发现学校的标准是武断的——用同一套体系对待所有的孩子。但家是更温馨的，我可以让孩子按照他（她）自己的节奏学习阅读。我的一个孩子在6岁时开始阅读，另一个快10岁了才开始。如今，他们二人成年了，都是流利的、忠实的读者。他们哪天第一次阅读、哪天起能够独立阅读，这些日期并不重要。

高中数学可以分6年学完，或者更久，也可以只用3年，这取决于每个孩子的天赋。有的孩子可能需要4年（而不是3年）才能上初中，那可以推迟到20岁再上大学。据我所知，对于像书写困难或阅读困难这样的特殊情况，什么时候寻求专业辅导都不迟。在高中和大学之间有一年的间隔期，不仅可以接受，而且令人向往。学习是终身的，我们不需要在18岁的时候就把所有的知识都背会。

在第一条原则之后，还有第二条原则：降低体验成功的门槛。如果你的女儿不能完整地读下来一整个章节的内容，先关注她现在能读下来的部分。指出路牌上或菜单上她认识的某个字。和她一起欣赏句子或段落。如果对你儿子来说，跟上现在的数学学习速度会非常吃力，那么可以减少每天的任务量，直到他找到适合自己的节奏。判断任务量是否合适的标准是他能做多少，而不是你希望他做多少。鼓励他设定自己的目标：他今天能全力以赴地做多少道题？接受他的回答，在一周内允许变化和调整。支持他达到目标，在他达到目标之后为他庆祝。

我们如果相信教育对每个孩子来说都是独一无二的，就可以轻松地接受孩子学东西的时间有长有短，而不是因为自己家孩子和别人家孩子在街上做的事情不一样而大发雷霆。

玩耍的力量

著名的教育评论家、理论家威廉·莱因史密斯提醒我们："学习越像玩耍，它就会越吸引人——除非学生被制度化的教育腐蚀得只把枯燥严肃的工作看作是学习。"制度化的学习不仅会剥夺孩子们玩耍的能力，甚至会剥夺他们把学习想象成玩耍的能力。这对我们最根本的教育目标——乐于求知，是莫大的打击。

当我写关于玩耍和学习的文章时，我不仅仅是在谈论玩具和棋盘游戏。玩耍也是一种探索和自由的态度，玩耍意味着乐趣、愉悦、全身心的参与和正能量。孩子们在玩耍的时候会全神贯注，亲眼目睹会感到非常惊奇；但这种专注又会让我们担忧玩耍不够"严肃"之类的问题。努力奋斗是学习的表现，而轻松自如意味着孩子们不会受到挑战，是这样吗？我们改变一下对教育的看法，会怎么样？如果我们允许的话，玩耍可以完成所有的工作。

研究童年和玩耍的价值的专家大卫·埃尔金德提醒我们："小孩子看这个全新的世界时，是艺术家，是博物学家，是作家，是科学家，还是……这就是为什么小孩子看世界会深感满足。孩子一会儿是忙于研究蚱蜢的博物学家，一会儿是用极具独创性的语言描述一段经历的作家，而且总是在探索社会互动的潜在可能的社会学家。这许多角色都充满了喜悦和兴奋。"随着孩子年龄的增长，家长对快乐探索作为教育的关键失去了信心。我们制定学校的时间表，要求学生听话学习。然而，如果我们将学习的概念扩展到每个年龄、每个阶段的游戏参与，会发生什么呢？

乐趣 + 主题 = 学习

在20世纪90年代，我的小学在家教育项目依靠的是一个非传统的资源——《家庭娱乐》杂志，它充当了一个极好的"非课程"资源。这个杂志引导我走上了一条通往最理想目的地的坚定道路：游戏和学习相结合。杂志里讲的，与我的价值观一致——和你的家人一起玩耍，一起做一些很酷的事情，一起成长。现在回想起来，我发现，这些都是我今天所倡导的爱与学习的自然生活的种子萌芽。

这段早期经历在我心中建立起一个认识——玩耍式的参与表明孩子们在努力学习。我发现，父母认为"乐趣"这个词是学习任务完成后可以做的事情，而孩子们用"乐趣"这个词来表示自己已经全身心投入了。对儿童青少年来说，"乐趣"意味着"关注"，这是他们努力的驱动力。为什么我们要用二分法看待"玩耍"和"学习"呢？

我看到过孩子们"玩得很辛苦"，为了实现心中的目标而付出巨大的努力（无论是用毯子建造堡垒，准备和朋友一起表演的戏剧，还是在电子游戏中通关）。我观察到，他们先是受挫，然后又顽强地克服阻碍目标实现的一切困难。如果你看过一个孩子坚持不懈地折纸，你就会知道玩耍看起来像在工作。

相反，学校的课程有时候是纯粹的快乐，比如抄写或做一页数学题——简单，容易令人满意，毫不费力（我们大多数人认为是玩耍的状态）。约翰娜把抄写当作绝对的享受来对待。她用一个工具包自己裁纸，选出用着顺手的笔，先用铅笔抄下自己最喜欢的段落，然后煞费苦心地用墨水描摹，还用彩铅绘画来装饰每一页。

随着孩子年龄增长，家长容易对学业越来越认真，而忘记了也有很多方法可以唤起大孩子玩耍的力量。高中生可以被送到星巴克做数学题、听音乐、喝咖啡。短途旅行可以把"学习代数"变成一种游戏体验。举办一个讨论文学的读书俱乐部派对，可以改变"做10年级的英语阅读"的孤独感。

例如，我经常建议，如果你的孩子不愿写作，那就定个规矩："你只能在午夜的烛光下写作。"有些孩子喜欢把参加"全国小说写作月青年作家计划"作为一种挑战，每天与成千上万的"准作家"一同写作并统计字数进度。将魔法的力量注入孩子们的世界，看着他们的求知欲增长，家庭学校的价值观便发挥了作用。

重整旗鼓的时刻

无论你的家庭学校把孩子教得有多好，自我怀疑的一天总会到来。在家上学要求你做出承诺——有足够的能力教育自己的孩子。大多数父母都会做出两次这样的承诺，第一次是在孩子还小的时候，父母可以教孩子加减运算、自然拼读和古代历史——自己能够胜任；当孩子准备上高中时，重整旗鼓的时刻就到来了——考虑自己要教生物、高等数学、外语和大学先修课程，无疑是令人生畏的。

有些父母比其他父母更早地遇到了要重整旗鼓的危机——他们把4年级看作"一切都很重要"的时刻；或者他们认为初中是为高中做准备的关键阶段，所以把对上高中的担忧提前到了6年级、7年级、8年级。

无论你的孩子在读几年级，都请放松地面对自己重整旗鼓的时刻。就像鼓起勇气面对幼儿园一样，你也要勇敢面对更令人生畏的高年级。家庭学校的每个阶段都需要你的能力来指导和帮助——你还可以在孩子的生活中增加一些能给他们的教育带来丰富体验和技能的人。大家都是如此。

✳ 对自己的合理期望 ✳

平和、轻松的感觉

平和、轻松、进步——我想要这些——我相信你也想要。当孩子快乐，而且父母可以衡量孩子的学习进步程度时，在家上学的家庭会感受到幸福。换句话说，快乐地学习和成长的孩子，制造出了轻松的父母；成绩突出但不快乐的孩子，或成绩落后但只顾自己快乐的孩子，制造出了焦虑的父母。毫无疑问，那些对每一项教育提议都持抵制态度的不快乐的孩子，会让父母感到震惊和沮丧！

把在家上学作为你的成年探险之旅的问题在于，它的成功与否，取决于孩子们的合作程度。在家上学不像编织东西，你可以根据自己的标准和时间表来决定学习哪些织法，以及如何使用它们。在家上学需要孩子们的参与，你的自豪感和成就感取决于他们是否接受了你希望他们接受的教育。

如果孩子反对你的学习计划，你的自尊心就会受到威胁。给孩子施加压力以达到成人自己的目的，这样的诱惑是巨大的。每年的感恩节，贝蒂阿姨在烤山药时用数学题突击测验你的孩子，鲍勃叔叔吹嘘孩子们的表兄弟姐妹（自己家孩子）是所在初中的优等生，这时危机感就会出现。如果我们成年后的成就感建立在孩子可变的态度和行为上，那我们就完蛋了。这样可不健康。

无能为力与爱

跟我念一遍：我们无力决定孩子的学习成绩。

让这个说法在纸上停留一会儿。无能为力。

我们可以为孩子的学习提供资源和条件，但我们不能活在孩子的脑袋里。学习和成长是孩子们自己要做的事，我们是他们的见证人，而不是他们的控制者。他们对学习的接受程度，与他们对你们之间关系的感受、对学校课程的感受直接相关。除此之外，由于在家教育与（孩子的和你自己的）荷尔蒙、个性、激情之间会产生碰撞，所以关系的和谐程度也会发生变化。

那么，理智的开始就是承认我们不能"做得很好"。在家教育是一项不完美的工作，它在与孩子一同进步，我们可能每年、每月甚至每天都在完善它。一旦你接受了自己无法让孩子成为你想要的样子，你就可以停止挣扎了。放轻松，倒上一杯冰可乐，专注于和你的孩子建立联结。事实证明，这才是一段伟大的在家教育经历的关键。好消息是：你可以努力建立这种联结。

语气语调

几年前，有一个在线家庭学校社区的领导者说："我们所教的一切，都可能被简单的语气语调所毁掉。"我从未忘记这话。当有家长告诉我，自己"什么都试过了"，但对孩子一点用都没有时，我就会怀疑是不是家长的语气语调不恰当。家长是否从一开始就坚持要求孩子做事和反对孩子提出的想法？家长的语气语调是否流露出绝望或压力的感觉？孩子们是否因为感到被操纵和欺骗而配合家长？

如果你发现，其他家庭普遍可行的原则和做法在你的家庭中没有发挥作用，问问自己："我是如何呈现它们的？"你的语气语调是否严厉、急迫、刺耳？你是在表达怀疑或讥讽吗？如果你很难自己鉴别，问问你的伴侣或好朋友，你在面对孩子时有什么表现。有时，我们会把甜蜜的语气语调留给朋友，而单独和孩子在一起时，我们又变回了冷酷、固执的语气语调。

我还注意到，自己是学校老师的在家教育工作者也在苦苦挣扎。他们知道如何设计一节课，并且希望自己的孩子能加入进来，兴致勃勃地参与其中。当孩子并不在意，且没有肯定他们的努力时，他们会感到失望。我记得一位做学校老师的妈妈告诉我，她想回到教室工作，因为她的学生们知道如何感谢她的辛勤工作。

然而，从根本上说，孩子们可能真的不在意。他们认为你做的一切都是理所当然的，这是作为家人的权利和特权之一。孩子们不在乎你的努力，只在乎你的拥抱，他们觉得不需要肯定你的个人价值或才能。孩子们会在你擦伤膝盖或听到坏消息时向你表达爱意，甚至亲你一口，但他们会抗拒顺着你、帮助你更加认可自己的教育工作者形象。如果你在家里使用学校老师一样的语气语调，你就违反了家庭的属性——孩子们天然就知道这一点。这就是为什么合作学习很重要——一路前进，一起学习，这才是民主的学习。

我们自身，对孩子来说至关重要。我们才是重要的，而不是我们的教学设计。和孩子待在一起时，我们创造了学习的环境，把孩子当作平等的个体而不是低幼的学生来看待。当我们赢得了孩子的友善和信任时，所有的教学都变得轻而易举了。

把你友好的声音带到桌子上——做一个同样好奇的人，一个不知道全部答案的人，一个大声表达好奇的人，一个被孩子的想法启发的人，一个从孩子的滑稽举动中享受乐趣的人。请放下你对被服从、被感谢、被欣赏的需求。

你微笑，世界也会向你微笑

促进家庭合作的一个屡试不爽的方法就是——张开你的嘴，保持微笑。说话的时候，记得微笑，让你的语气语调变得更柔和；寻求帮助的时候，记得微笑；介绍一本新书的时候，记得微笑；处理一个具有挑战性的项目时，记得微笑。用仁爱、柔和、温暖来对待你的孩子，微笑很容易传达这些信息。

美国一家提供在线医疗问答的移动互联网公司HealthTap的创始人兼首席执行官罗恩·古特曼，在一次TED演讲（国际著名演讲活动）中分享说，微笑不仅对你周围的人有积极的影响，还可能改变你自己的命运。美国加州大学伯克利分校一项长达30年的纵向研究发现，那些在高中毕业照中笑得最灿烂的学生，对婚姻的满意度最高，在标准化考试中的得分最高，并且最能鼓舞他人。虽然相关关系不等于因果关系，但古特曼想要建立的关联似乎是合理的。在我们的生活中，微笑总是与乐观、轻松相伴而行。如果你面带微笑地面对挑战，你的自信心可能会增强，你的美好愿景更有可能实现；同样，如果你微笑着面对孩子，更有可能激励他们形成积极的人生观。

微笑还能增强耐力。长跑运动员都知道，跑到最累的时候，微笑会释放能量，让他们更加努力。在一切都不顺利的日子里，如果你停下手头的事，找一个微笑的理由，会发生什么？看着孩子们，直到其中一个让你高兴起来。蹒跚学步的小孩子有把我们从忧郁中拉出来的神奇力量；你还可能会发现，如果注视着进入青少年期的孩子，你会被孩子快要成人的模样所感动。

从你的微笑开始。请不要要求孩子对你微笑（这会使人变虚伪），但你可以通过自己欢乐的面容来激发孩子的微笑。可能微笑会让你觉得不自然甚至有点假，出现这种感觉时，自己先想一想，回想一下孩子在你面前的时候，你内心那种由衷的快乐——回想起那些给你带来温暖和喜悦的记忆——然后微笑。

有一次，一个孩子告诉我，他希望他的妈妈也能像我这样微笑。也许他妈妈并没有注意到自己的表情甚是严肃。背负着要微笑的重任，我们的下巴很容易保持紧张，放松它。下次你开口提请求或说要做什么活动时，先动一动你的下巴。先练习对自己微笑，然后对你的孩子微笑。看看会发生什么！这个行为不会有任何坏处。

联结，联结，联结

珍妮·福尔纳是"勇敢的作家"家庭学校联盟另一位出色的教练，她提醒家长们："联结，联结，联结对于家庭学校来说，就像位置，位置，位置对于房地产一样。"联结是一个和谐的家庭学校最重要的特征。我们和孩子的关系不能建立在学习表现上。亲子相处愉快是在家学习的基础，而且是必不可少的成分。说的很有道理吧？我们和孩子一直待在一起，如果能和孩子真心喜欢彼此并且相处愉快，这将大有裨益。当我们没有看到孩子的学习进步，无法确信自己做得很好时，我们就会生气。如果我们把这种焦虑投射到孩子身上，我们就会通过破坏亲子之间的联结，来强迫他们提升对学习的接受能力。

我们能做什么呢？我们是人，我们一定会产生担忧。在敦促孩子接受教育的关心和削弱他们的快乐和参与意愿的压力之间，存在微妙的平衡。我的一位在家教育经验丰富的朋友告诉我，每当她怀疑自己的孩子是否"走在正轨上"时（尤其是在听说别人家孩子很聪明之后，你懂的），她就会带孩子出去吃午饭——一个小时的亲子聊天总能使她安心。孩子的兴趣、想法、词汇量、求知欲、想象力，会在我们耐心地、敞开心扉地坐着倾听时显露出来。这会让我们意识到他们学习之旅的复杂性和丰富性，而不是只把注意力集中在他们做得不够好的一件事上。

有时候，聊天也可以成为孩子找到新道路或新方向的关键。如果你的女儿担心自己在某门课上没有获得需要的帮助，会怎么样？她能要求改变吗，她说的会被听到吗？与你的孩子保持联结。学习很重要，但与联结相比，也只能排在后边。孩子的幸福和安全，以及你们之间的支持关系，是第一位的。无论你相不相信，当孩子们觉得你为他们感到高兴时，他们是最幸福的。

✳ 对孩子的合理期望 ✳

为学习而生的头脑

当你建立与孩子的联结时，有一种对你有益的思路，是了解学习的生物学基础。换句话说：理解孩子的头脑是如何运作的，这样你就不会对他们期望过高。

当代顶尖的教育研究人员，对大多数传统学校中使用的典型的课程策略提出了质疑。成为一个受过良好教育的人所需要的复杂思维能力，会随着时间的推移而增长，其间既有新意识的爆发期，也有整合所学知识的停滞期。但学校不允许这种"爆发—暂停—爆发"的循环模式，学生们都被视作虚假的"平均水平"，并被期望以稳定的、精心编排的速度掌握预先安排的学习材料。

美国加州大学伯克利分校的名誉教授、教育家劳伦斯·洛厄里断言："为了头脑的正常发展，人类需要一个漫长的童年——在此期间，孩子们不需要进行生存活动，直到（头脑发展的）所有阶段都已完成。"一个不关心生存的漫长童年——这在家庭学校很容易做到！给孩子们心理负担，让他们预知成年离家后的责任，破坏了他们本应拥有的、自由而缓慢的、用于让最发达的头脑得以充分发展的童年。通过让孩子们待在家里，关注他们的自然发展，我们为"爆发—暂停—爆发"的循环模式自然地、有效地发生创造了空间。

未见一方面，学校越来越早地把学生推向越来越高级的思维方式。我的一个朋友哭着给我讲，她的儿子对古典音乐充满热情，但在高中有3门课不及格，他的自尊心备受打击。孩子还没有明白学历史或心理学的必要性，只想全身心地做男中音萨克斯手。对于这个孩子来说，一个漫长的童年，意味着他可以深入对音乐的热爱中，同时在这个阶段减轻学习上的负担。

在家上学营造了理想的环境，让每个孩子可以按自己的节奏学习传统科目，同时为孩子的学习热情和目标追求提供了充足的时间。洛厄里还说："教育工作者们做的事，会让人觉得从童年到智力成熟的距离，似乎只是用数量来衡量——也就是说，随着年龄的增长，学生们获得了更大量的经验、更丰富的信息和更广泛的知识。"洛厄里告诫到，这是"关于智力成长的一种片面的观点"。每一个日益复杂的世界观都是建立在先前的框架结构基础上的。我们要记住，"学习的停滞期"并不等于没有学习，而恰恰是技能巩固的关键阶段。

当我们关注孩子应该学习什么，而不是孩子如何处理所学的内容时，我们就忽略了一个有利于顺利发展的关键因素。因此，安全的在家上学的基础是联结——看到孩子的兴趣和天赋的真实面貌，然后为他们提供蓬勃发展的空间，并且将各个科目的学习调整到适合孩子的速度。

战友和援军

当我们成为孩子们的战友和援军时，他们会知道我们是支持他们的。还记得第二种学习能力——合作吗？这就是战友的状态——陪伴、支持、提供指导和资源。我们可以让这种状态更进一步——成为孩子的援军，这意味着，即使孩子还不相信自己，你也深深地相信孩子的能力。孩子可能觉得自己永远学不会阅读，你作为援军，不是只有含糊地安慰（"别担心，宝贝，每个人都能学会阅读"），而是和孩子一起接受挑战，始终相信孩子是最好的，找到有助于他（她）学会的优势和技能，并明确指出："你已经掌握了语言，这是阅读的第一步。一旦你做好准备，就能读出来的。我们继续一起练习吧。"对孩子的合理期望使你成为他（她）的支持者，而不是评价者。

那个时候……祖父母是我的援军

13岁那年，我和祖父母在芝加哥住了两个星期。和所有的祖父母一样，只是因为我对美术工具套装感兴趣，我的祖父母便一时兴起给我买了一包。这套工具包括：好几份一模一样的彩色图片、一个小相框、一瓶胶水、一把美工刀和一盒木制火柴。它的用法是，把这幅图片分割出不同的层次，然后用切好的火柴和专门的胶水制作成一个3D立体作品。

到了回自己家的前两天的夜里，我睡不着，深感内疚！祖父母给我买了这个工具包，但我很清楚自己不可能做出这个作品。我被说明书、胶水、火柴、美工刀弄得晕头转向。祖母听到我在床上哭，过来问我发生了什么事。我坦言自己浪费了他们的钱，根本不可能会做这个东西，我应该把钱还给他们。

祖母把祖父叫进房间，告诉他我的困扰。他们四目相对，然后说："先起来吧！我们现在就开始做这个东西。"当时已经是晚上11点了！

我们摸黑儿走到餐桌前，坐在吃早饭的角落，打开灯。祖母准备了茶和饼干，祖父切火柴，并教我如何拿刀，这样我也可以切火柴。我们屡屡碰壁，我们深感困惑，做了一个多小时。祖父母对我的努力大为称赞，他们说很高兴看到完成的3D立体作品。我们做完之后一起庆祝。

是战友，也是援军。祖父母信任我，而且不是只远远地或口头上信任，他们"帮助我改变了对自己的不信任"，与我一同行动，带着关怀和善意面对我的焦虑和担忧。

我把这个小作品放在卧室的书架上。多年来，它提醒我，我的祖父母爱我、相信我；还提醒我，我可以在受到支持之后克服困难、做成事情。

学校提供教师和教练，不及你自己成为孩子的战友和援军。

作为一名让孩子在家上学的家长，我无数次想起祖父母当时慈爱地、温柔地支持我走出自信危机的方式。当我的孩子觉得书写太有挑战性时，我就想办法让这件事变得更有吸引力、不那么吓人。我们在墙上画画，用凝胶笔和纸，在便签纸上写字。当念单词困难到让我女儿哭起来时，我把练习本放在一边，大声朗读一个故事。当然，我是通过在摸爬滚打中慢慢学会的——在坚决要求、羞辱谩骂、教导孩子要努力都不起作用之后，才试着这样做。

我的座右铭是：当眼泪夺眶而出时，教训就结束了。我还知道，哭的时候，就是爱的时候。爱就是在提供支持、缓解压力。孩子努力克服困难的时候，需要父母的额外支持和想法建议。其他时候，他们需要休息——允许他们远离会带来痛苦感受的东西，我们知道孩子可以改天再继续尝试。

并不是每次都能明显看出来哪个是正确的选择，但既然只有两个选择，那就尝试其中一个。如果是错的，再试另一个。原路返回也没关系！

真正重要的是：对孩子的各种能力持开放态度，在成长的过程中与他们站在一起。我们所拥有的只有爱和尝试。

当你对家庭学校、你自己和孩子保持合理的期望时，与孩子建立联结就很容易了。当你与现实（事物本来的样子，而不是你所希望的样子）保持一致时，你就会在生活中释放出有魔力的能量。如果你在学习的同时，给家人、你自己和家庭学校涂上厚厚的一层"美味的爱"、温暖、原谅和饼干，你就会实现和谐相处、孩子学习进步的梦想。我们试过了打分、严厉的声音和惩罚，让我们试试联结和爱；20年后再见面，看看结果如何。你愿意这样做吗？

第11章

精彩的成年生活

拓宽我们的视野

如果你不去尝试做一些非同凡响的事情，生活还有什么意义呢？

——美国作家约翰·格林

我在我们本地的家庭学校毕业典礼上发表了主题演讲，向在场的毕业生们介绍了他们严厉、保守的父母不为人知的一面：其实父母也曾经离经叛道。我知道在教堂里说话要注意措辞，所以我这样描述他们的父母："他们是21世纪的嬉皮士（反叛传统的价值观）。他们是在'坚持做真正的勇士'，反对机构教育。尽管他们可能看起来并不反叛、激进，但相信我：他们的确是这样的！即使他们随意地穿着牛仔套衫，即使他们设定了晚上回家的门禁时间，即使他们连孩子看什么电影都要管，你们的父母都是勇敢的、敢于冒险的革命者，他们对你们寄予厚望。"

听到这里，在场的成年人都笑着看向我，他们觉得自己被人看见、被人了解、被人理解。我的确理解他们，我也经历过同样的勇敢之旅——敢于畅想自己可以在没有接受过任何专门训练的情况下为孩子提供恰当的教育，就算面对本州或本地学校董事会的压力，我也会捍卫自己这样做的权利。

然而，这场充满雄心壮志的成年人探险之旅，在很大程度上并不为孩子们所知。对于孩子们来说，在家上学和生活是一回事，大部分孩子并不会想到，面对政府的监督、邻居的质疑，自己的父母做出了一个成年人的大胆抉择。

我朋友吉尔的女儿对她说："我一点都不想以后让我的孩子在家上学。你看起来总是很不开心，而且压力很大，做任何事情都没有乐趣。我想成为一个快乐的成年人！"吉尔垂头丧气地问我："你也觉得我看起来不开心吗？"那一刻，我陷入了沉思。我清楚地记得，吉尔对女儿拒绝上她计划好的高中课程感到焦虑；我也记得吉尔经常担心自己是否有资格教孩子（她自己没有上过大学），她的不安全感致使她设置了严苛的标准。

通过和吉尔聊天，我明白了：吉尔希望孩子们能获得比自己更好的教育。她强行要求女儿们获得学校认可的学习成就，而这让她在孩子们达不到要求或不像自己那样认真时变得暴躁。

吉尔的女儿萨拉很有创造力（现在是一名平面设计师），但她觉得，达到妈妈期望带来的压力让她简直要窒息了。更糟糕的是，她妈妈对女儿成年后的唯一设想是做一个殉道者——被迫成为在家上学的传承者。吉尔想知道：她是不是没有给女儿们创设积极的在家上学和成年生活的愿景？

✻ 长大成人的好处 ✻

孩子们可能知道，总有一天他们要独立生活、自己赚钱。他们可能也知道，独立意味着各种各样的探索机会。无论如何，家长是他们最主要的成年人榜样。当孩子们看着你的时候，他们看到的是什么样的成年人呢？是让成年生活看起来值得期待的成年人吗？还是让成年生活看起来充满了痛苦的牺牲、无尽的责任，却没有快乐呢？

孩子们作为在家上学的学生，一直和我们待在一起，所以我们作为成年人的生活方式对他们如何设想未来颇为重要。你享受自己的成年生活吗？还是你认为自己要等到孩子长大之后才有资格享受人生？你会将孩子放在一边去拓展自己吗？比如体验某个新事物、为了学习而学习、谈论书籍和电影，或探索某个新地方？如果你有一份有收入的工作，你会自豪地分享它还是抱怨它无聊且有压力？有些孩子抗拒长大，是因为他们觉得成年人的生活除了无休止的责任，一点意思也没有。

例如，如果工作那么无聊，那么当一个青少年被告知自己必须学习代数才能上大学、找到工作时，这就可能会成为他学习代数的阻碍。相反，如果找工作意味着有机会过上美好的生活——使用先进的工具，和聪明的、酷酷的同事一起工作，能赚更多的钱供自己更好地探索世界，那么为了上大学而好好学习就变得有意义了。

父母们急于提醒青少年，他们不知道未来会发生什么。父母背负着"成人、责任"的两块巨石，从"父母之山"走下来，向他们宝贝的青少年发出厄运的预言：

你以为你未来的领导会容忍员工每天睡过头、迟到吗？好好想想吧！

你想得太简单了，年轻人！现实世界要求很高！

等到你自己买单付账的时候再说吧。这可不是件轻松的事！

如果你现在化学考不及格，就没有大学要你了。

你以后的人生打算做什么？去烤汉堡、卖汉堡吗？

多么阴郁的成年生活画面啊！谁愿意在这样的噩梦中长大？最好像彼得·潘那样一直长不大，趁着还能玩的时候整天玩。难怪有些青少年像是粘在了电脑上——这是他们有望抓住童年快乐和自由的最后机会！

因此，为人父母有一个重要的部分是你要不断地进行自我教育，把自己作为成年人所拥有的机会和权利最大限度地展示出来，让成年生活看起来值得期待，见证你的孩子渴望美好的成年生活。事实上，你能给孩子们最好的礼物，就是从你自己的技能、爱好、天赋和机会中获得真正的快乐，而不是从他们的。

✳ 我没时间做这个 ✳

照顾家里的6个大孩子和1个婴儿已经让你筋疲力尽了，我明白的。在家上学对每个家庭来说，都要占据相当多的时间和精力。很难想象在你满满当当的生活中再添加任何元素。没关系！关于在家上学，有一个鲜为人知的秘密是，那些让孩子在家上学的父母自己也会继续学习——在家上学会唤醒成年人的学习兴趣。当你的学习兴趣在孩子面前爆发出来时，请尽情地享受它，让你的成年生活看上去更精彩。

✳ 午睡时间属于你自己 ✳

在我的孩子们还不到6岁的时候（那时我有3个孩子），有一天，我们读了小巨角战役和坐牛先生的故事，他们3个里没有一个表现出感兴趣。坦率地说，美国与美洲原住民关系的悲惨历史完全超出了他们的理解范围。最小的宝宝早已在我胸前趴着睡着了，我把离得最近的一张纸（放在客厅的地板上，随时准备拿过来）塞进书里，标记读到的位置，然后把小宝宝送回他的卧室；再把更不愿听这些故事的两个孩子（分别是4岁和6岁）赶回床上，打开录音机播放迪士尼的音乐，让他们安静下来。

然后，我像着了魔似的跑回沙发上坐着，把书放在自己怀孕的肚子上，头靠着枕头，继续读了一个小时：我必须知道那场战役究竟发生了什么，我必须理解"卡斯特最后一战"以及为什么苏族印第安人对我们的军队感到愤怒，我渴望智力上的新刺激——而它就来自我从图书馆为孩子们借的一本书里。

这就是精神食粮。年复一年的怀孕、哺乳和照顾小孩的事务，在那一个小时里戛然而止，我如饥似渴地读着那些对孩子们并没有吸引力的人和故事。孩子们当时太小了，根本不关注这些，而我正处在关注这些的年龄。我在他们醒来之前读完了一整章，感到心满意足。

那时我觉察到一个事实：我想在家接受教育，我想再知道一些事情。我惊奇地意识到：我爱学习！作为妈妈，我的角色从家庭学校的教师转变为和孩子共同学习探险的伙伴。

✳ 激活成年生活 ✳

在我小的时候，我爸爸经常对我说："现在尽情玩耍吧，不然等你长大后，你会后悔没有充分享受这些空闲时间。"但人不可能在失去空闲时间之前就珍惜它，换句话说，当我以父母为榜样时，他们忙碌的成年生活在我看来是非常向往的。

我爸爸拿到私人飞行员执照之后，带我们去飞行。我妈妈是一名自由撰稿人，她在美国各地为一家出版公司做演讲。我爸爸是一名诉讼律师，他常在吃晚餐时给我们讲他遇到的诉讼案例，这些案例非常有趣，其中的许多案例我至今仍记忆犹新。我父母都打网球，我爸爸还打高尔夫球，我妈妈还跑步。他们为朋友们举办了许多精彩的主题派对（我和兄弟姐妹会在家里看到穿着表演服的客人）。

我的父母也为我和我的朋友们举办派对，让我们体验他们的乐趣。我的父母去过南太平洋的塔希提岛这样远的地方；他们是每月读书会的成员，有大量的藏书；他们买了洛杉矶国王队的曲棍球比赛的季票，当他们的朋友不能和他们一起去时，他们就会带我们一起去看；我爸爸会做木工活，我妈妈会给我们缝衣服；他们一起观看戏剧、欣赏交响乐，然后为我们找儿童表演剧院和管弦乐队。作为一个孩子，我当时迫不及待地想长大！

然而，在我高中毕业的时候，我父母的婚姻破裂了，我所珍视的成年生活的美好画面在离婚的冲击下幻灭了。在破碎的原生家庭的灰烬中，我燃起了对在家上学的渴望——我要做一个尽职尽责的妈妈，一个教育家，一个为家庭牺牲自我的人；我要用我的成年生活来服务我的孩子，而不是只顾自己享乐。

我全身心地投入家庭教育中，阅读相关的书籍和文章，采访让孩子在家上学的朋友，下定决心要把它做好！但一本关于在家上学的畅销书让我产生了犹豫。这本书的作者描绘出一幅壮丽的图景：在家上学的孩子成年后会做一些伟大的事情，比如竞选政治职位或成为国际组织的志愿者。然而，她也坚称，女性的最佳职业选择是"在家教育孩子的妈妈"。

我也是一个妈妈——这是我第一重要的身份。然而，我不禁开始思考：我们养育孩子，让他们找到对世界做出贡献的人生道路，可如果所有的女孩在成长过程中都认为自己应该成为在家教育孩子的妈妈，那会怎么样？如果一个女孩被寄予的期望是优先考虑在家教育她的孩子，她还能立志成为一名科学家吗？是不是未来的科学家（或其他某种职业）全部只是男性或未婚女性？

我必须要说，这对我来说完全无法接受。尽管我很喜欢家庭教育，但我也知道自己已经是成年人了——要为人类正在进行的事业做出独特的（或大或小的）贡献，而不仅仅是抚养下一代。我希望我的女儿们也能有同样的想法：她们在意自己是谁，而不是仅仅在意她们将来会把谁抚养大。

如果你是一位妈妈，是不是不可能同时养育孩子和追求自己的职业、事业、兴趣、热爱呢？我开始思考，在30多岁的年纪，既要担任尽职尽责的妈妈老师，又要成为把握这个年纪独特机会的成年人，这意味着什么。

我开始满足自己对学习的渴望，同时我也陪伴着孩子们学习。在教孩子们写作的同时，我也开始了自己的写作生涯，尽管每周只有几个小时，但练习写作唤醒了我的活力。

我创立"诗歌茶话会时间"，既是出于自己对诗歌的热爱，也是希望能激发孩子们对诗歌的热爱。我通过每天晚上做饭时听有声书来提升文学素养。我在下午看电影时，孩子们就坐在我旁边，有些孩子会和我一起看。结果，约翰娜迷恋上了小说家简·奥斯汀的作品，我们一起读了其中的几本。她开始跳古典舞，还基于小说《爱玛》写了一部同人小说，讲述南北战争时期发生的故事。

不仅如此，在我把根据简·奥斯汀小说改编的电影《理智与情感》的原声带带回家，并在抄写时播放之后，雅各布发现了自己对古典音乐的喜爱。他选择学习吹萨克斯，并加入高中的管弦乐队参加演奏。这不是我计划好的结果，是我在自己学习探索过程中的意外惊喜。

我每周都会在我们本地的家庭学校合作小组看到这种现象——父母们给孩子们带来了热情和技能，触发了各种各样的学习之旅。我们的家庭学校合作小组的生物课是由两位护士教的——她们是让孩子在家上学的妈妈，兼职做护士。孩子们对科学的热情意味着一年内参加了10次解剖实验（不像本地的公立高中，为了孩子们的安全，将解剖实验改为计算机模型演示）。相比于在电视屏幕上看到蚯蚓或青蛙，孩子们更愿意亲自动手操作。解剖是真实的，也是危险的、大人才能做的、令人兴奋的。

手语、摄影、辩论技巧、跆拳道、微积分、高级写作——熟练的成年人（家长们）各显神通！他们为孩子们展示了精彩的成年生活体验。让孩子在家上学的父母们每周都在向我证明，把自己独特的才能和兴趣与教育孩子结合起来是有可能的。这不仅是可以实现的，而且大大丰富了孩子们的学习经验。

✳ 让自己变得精彩的更多方法 ✳

成年人展示自己的精彩生活，一种方式是深入学习学校科目，另一种方式是追求新的兴趣。如果你一直想学写实素描（像我这样），现在就可以开始做。与其为了让孩子去学画画，从而让自己有理由一起学，不如先忘掉孩子们！购买视频教程、铅笔和素描本，花点时间学习教程，然后练习，就在孩子面前练习，每天中午都练习。孩子会看到你在刻苦努力，会对你的作品印象深刻；孩子可能会在你画得不顺利的时候鼓励你、表扬你、提醒你继续努力；孩子可能会加入你！成年人的学习探索会感染带动周围的人。

我认识一个在家上学的家庭，这家人为了好玩而采用"翻转家庭"模式（在家庭学校采用翻转课堂模式）。父母教两个儿子如何粉刷石膏墙、重新布线、刷油漆、重新铺设管道、安装橱柜和地毯、选择五金，以及设计景观。这两个男孩学会了使用工具、拆除墙壁、铺设木地板。这是父母送给他们的一份大礼：男孩们成年后可以重新装修自己的房子，父母也有可以继续做的副业。成年生活岂不令人期待！

✳ 家庭文化 ✳

有一个方法可以将为家庭学校所付出的努力和父母成年生活的探索结合起来，那就是关注家庭文化。在我们家，书籍、戏剧和诗歌主导着家庭文化。我和丈夫都很喜欢莎士比亚，并积极地成为本地莎士比亚剧团的志愿者。孩子们当然也想参与其中，因为这是他们身边很酷的成年人在做的事情。在我们的带领下，5个孩子都走进了剧院，他们几乎观看过莎士比亚每一部戏剧的现场表演。孩子们和戏剧演员成了朋友，其中两个孩子更是加入了青少年表演社团。

我的一位朋友家的家庭文化是跑步。她和丈夫在上大学时认识了彼此，两人每周的约会都一起跑步。结婚后，他们继续保持这一传统——在马路上跑，在社区里跑，在度假时跑。不出所料，他们的4个孩子也都在跑步中逐渐长大，而且加入了越野队和田径队。跑步也是酷酷的成年人会做的事！现在，他们的孩子已经成年，考虑将跑步作为择偶的标准之一。所以真的太棒了！

此外，担任志愿者是将自己的精彩延伸到社区的方式。我有个朋友在临终关怀医院工作。她的女儿们通过妈妈的眼睛看到了从生到死的旅程，而这位妈妈在给予临终者支持和爱的过程中感受到了自己的价值。

＊ 独处时间 ＊

对于成年人，并不是所有的探索都需要分享。当我渴望学习更多艺术知识时，我经常带着孩子们去本地的艺术博物馆，但我也会独自去参观博物馆，或者和朋友一起去，但不带孩子们。事实上，我的第一个"成年人的周末之旅"是在芝加哥，在那里我遇到了一个同为在家教育者的网友。我们周六一整天都在艺术学院惬意地欣赏艺术家乔治亚·奥基夫和马克·夏加尔的作品，一刻不停地谈论绘画和文学。这是一次值得称道的自我关怀经历。

然而，有时，自我关怀要付出一些代价。某天，我的女儿约翰娜在辛辛那提市参加足球比赛并踢进了她的第一个也是那次的唯一一个进球，当时，我正站在乔治·修拉的名画《大碗岛的星期天下午》前，如痴如醉地欣赏着画作。收到家人的短信时，我突然感到一阵内疚：我是不是把自己看得比女儿更重要？我是不是不应该去芝加哥？因为我们非常乐意为孩子每一次的成长而欢呼，所以我们总是很难优先考虑自己。

有一瞬间我突然意识到，约翰娜的每场足球比赛我是否在场，对于她的健康成长并不是必不可少的，她其实并不怎么喜欢足球。而我对自己、对友谊、对旅行、对艺术的投入最终对她产生了更深远的影响。如今，约翰娜满世界旅行，把朋友放在第一位，热爱艺术，并能及时地照顾好自己、满足自己的需求。有时候，自我关怀是精彩的成年榜样中最健康的部分。

读研、创业、外出兼职、竞选公职——许多家庭教育工作者都需要在自己的这些愿望与在家教育之间进行取舍。对于在家教育的你来说，关键是要认识到，你现在付出了多少努力，与达到目标之后还能付出多少努力，这二者之间需要平衡调节。有备无患，这对家里的每个人都是有益的。

✳ 你的孩子也希望以你为荣 ✳

不管孩子们如何掩饰自己的真实感受，他们都希望以你为荣。我们都知道孩子是父母身上点点滴滴的集合体，我们愿意相信自己的父母是善良的、能力强的人。这意味着，即使你从来没有直接从你的孩子那里听到这样的话，孩子也会和自己的朋友谈论你、在背后夸赞你。当孩子为你感到骄傲时，他（她）也会为自己感到骄傲。

你跑过半程马拉松吗？你的孩子有在终点线为你欢呼吗？

你有把自己画的画送去参加画展吗？你的孩子有没有见过这幅画和其他的画一起贴着价目表、挂在角落里？

你42岁了还去冲浪吗？

你是否在读研究生，撰写论文、参加考试、对自己的成绩感到紧张？

你是否用过"成人专用"的工具——比如链锯或工业缝纫机？

也许你正在学习做一名瑜伽教练或潜水教练吗？

也许你有自己的淘宝店铺吗？

也许你养鸡是为了把鸡蛋卖给朋友吗？

你去过很远的地方旅行吗？

你会优先安排和朋友相处的时间吗？

对你来说，体育比赛、音乐剧或知识讲座重要吗？

也许你参加过政治竞选，或在本地的动物收容所做过志愿者吗？

你曾独自出去看电影、吃晚餐、享受一点属于自己的时间吗？

有很多方法可以展示成年生活的好处。找到那些能让你微笑的人。当你挖掘自己的个人兴趣和抱负时，你家孩子的成年生活也会充满无限可能。

✳ 喂！喜欢在家上学也是个好主意 ✳

人生只有一次。是的，一次。如果你选择把成年后的大部分时间花在对孩子的在家教育上，那么你一定要喜欢它。事实上，如果你被公立学校的糟糕模样或自己应该在家教育孩子的信念困住，认为自己必须让孩子在家上学，这不会对任何人有帮助。孩子总能学会要学的内容，没有孩子想因为自己在家上学而剥夺他们最爱的人（爸爸或妈妈）的活力和快乐。在家上学是一种特权，也是一种机会——当它不再带给你这样的感觉时，你有必要退一步，问自己几个问题。

你现在过的生活，是否符合自己小时候、十几岁时或刚成为父母时的想象？

你在做那些你认为成年人都在做的事吗？如果不是，为什么会这样呢?

你现在可以添加些什么,来开始做成年人会做的事的第一步呢?

生活没有重来的机会,它总是朝着一个方向前进。这意味着,如果你把自己想做的事搁置到孩子长大以后,你可能会错过它。你想成为计算机程序员吗?不要犹豫。科技日新月异,你要及时跟上形势。到你"准备好了"的时候,本地的大学里你感兴趣领域的课程可能已经取消了。或者,你可能会生病甚至得癌症,导致一切被打乱。

让孩子在家上学需要占据你10年到25年的成年生活时间,这意味着(对我们大多数人来说)自己想做的事要等待这么多年。当你现在就为自己的热情腾出时间(哪怕每周只有一小时)时,其实是在为孩子们成年离家后自己的新生活搭建桥梁。你为自己热情似火的学习经历保留了一点火种,这将使你给孩子提供的教育更加生动有趣。

知道你自己是谁,知道家庭学校之旅结束后,除了孩子带来的舒适惬意,还有什么能带给你快乐,这很重要!除此之外,让孩子在家上学可能会引导你做出注定要做出的贡献。

如果在家教育不再是你的快乐源泉,那就开始把注意力转移到你向往的成年生活上面,恰恰是这种转变可以为日渐式微的家庭学校注入活力。我有几个朋友重回大学读书,或者获得了更高的学位,还有一些已经开始工作或投简历找工作。有的朋友已经开始创业,还有的朋友重新追寻自己的兴趣或热情。当我开始读研时,我对帮助孩子在家上学的热情高涨,经常向孩子们分享我学到的东西。实际上,我的论文让雅各布形成了一个重要的见解,正是这个见解促使他选择了人权法这一职业。如果我暂时搁置研究生学业，等孩子们都成年离家再去读研，这一切就不会发生了。

此时，你可能还会注意到，自己的承诺、坚持、努力的信念感增强了。当你不能再读一本经典小说，需要看《人物》杂志休息一下的时候；当你逃避记录日常购物的账目，选择先织一会儿围巾的时候，你会触碰到学习饱和的边界（学不动了）。这样的经历有助于你和孩子更好地理解彼此。

如果你发觉在家上学已经不再有意义，如果你根本没有精力去拓展自己的成年生活，让它变得更美好，也许是时候评估一下你家里正在发生的隐性教育了，让我们来看看是什么让你的生活失去了快乐和活力。但是，在你读下一章之前，请先看看我写给你的这一封信——一位在家教育的妈妈写给另一位在家教育的妈妈或爸爸的信。你可以为了孩子，也为了你自己而读它。

✳ 一封鼓励信 ✳

亲爱的优秀成年人，

世界上最容易的事情就是忽视自己的需求，尤其是合理的需求，比如睡够觉、吃得好、玩得开心、听喜欢的音乐、锻炼身体、享受性生活、保持心态平和。为了我们最亲的家人，我们会忽视自己想要或需要的东西（或者根本不知道自己想要或需要）。

随之而来的是什么呢？对我来说，亏待自己时，我会向我爱的人发泄。我不会大喊大叫（至少，我不常这样做），我会产生期望，期望我的孩子能成为我最欣赏的样子，这样我就可以通过他们来实现我的追求（因为通过我自己来实现是不可能的）。于是，我把精力投入到塑造他们的教育、性格、爱好和光明的未来上。

直到我耗尽了全部力气，他们依然不接受我给他们的生活制定的美好计划时，我就崩溃了！为什么他们不配合我为他们设计的绝佳教育方案和未来景象？为什么他们看不到我为了让他们少受磨难、多享快乐所做的努力？他们什么时候才能意识到，我心里对他们的爱，是完完全全的、全情投入的、近乎狂热的爱？

唉，身在福中的孩子不会注意到父母给予的所有好处。孩子有一种神奇的本能，认为父母所做的一切都是理所当然的——这是一个幸福的、功能良好的家庭的标志。匮乏会让孩子对一小点善意都心存感激；富足使孩子有权利和自由说："不！我不喜欢那样；我不想那样；那对我不起作用。"

你要摆脱这样的信念，即让孩子在自己的管束中成功地度过童年，是家长的终极目标和幸福的关键。不是这样的！也不应该是这样！你只有一次生命，它不应该只用来为别人的生命服务，即使他们是与你同住的家人也不行。

与此相反，你要找回自己的某些东西——带着那个充实的自己进入家庭和家庭学校。你自己也要出现！记住：是那个令人惊叹的你，潜藏在充满爱意的妈妈形象之下的你自己。是时候将那样的你展示出来了。

愿你尽情休息、欢笑、学习，重拾乐观之心。

记得对自己好一点！

朱莉（本书作者）

PART FOUR

☆

第四部分

打破魔咒，重燃魔法

要想真正过上诚实的、有爱的、自律的生活，我们必须敢于直面现实。

——约翰·布拉德肖《治愈束缚你的羞耻感》

一位在家的年轻妈妈阿什利，向我吐露了一个她不能与朋友分享的秘密。她家到处都堆满了盒子、书、餐盘、文件夹、各式各样的帽子、美术用品、玩具和乱七八糟的衣服。她家的餐桌上堆满了"东西"，所以不下雨的时候，一家人就在后院野餐桌的一个干净的角落里吃晚饭。家里的过道上堆放着成堆的报纸和杂志，她确信总有一天会用到它们。她清理出一条狭窄的小路，穿过大厅，来到拥挤的卧室。她的烤箱里装着脏盘子，小摆设、空盘子、空杯子和垃圾信件堆满了台面。根本不可能让孩子坐下来做一页数学题，因为没有整洁的桌面可以用。阿什利一直不敢寻求帮助，但她社区里的一位邻居已经向儿童保护服务中心举报了她。这位妈妈担心儿童保护服务中心会带走她的孩子，只要醒着，这种强烈的恐惧就会一直盘踞在她的脑海里。

向我袒露她最深的痛苦和耻辱，这需要多么大的勇气！必须要认识到这一点！我非常钦佩她，不真诚不足以解决这么大的问题。她曾寄希望于一个新的写作项目能激励她把家里收拾得井井有条。实际上，我知道我的写作项目相关的材料将会出现在另一堆没用过的材料旁边。我们必须从她痛苦的源头开始，从那些成堆的盒子、材料开始，从她不敢扔掉它们开始——所以我们就这么做了，我们从认清现实开始。

第 12 章

隐性教育

家庭功能失调对学习的影响

> 教育是一种环境——也就是说，孩子在父母营造的环境中生活，这环境造就了他们自己的生活理念。
>
> ——夏洛蒂·梅森

教育是一种环境，而不是一间房子，不是一个简单的项目，不仅仅是受官方认可的教学活动。孩子们在家里学到的东西，在很大程度上是无形的——家庭生活的氛围与他们对幸福的体验直接相关。

你可以拥有一流的课程，把你的房子打造成一个充满游戏和想象的仙境，但你的家庭学校仍然可能分崩离析。无形的力量塑造了你的家庭如何共同生活，这创造的是学习的核心环境。

✳ 在家上学的真实场景 ✳

这是一个微妙的话题，但对在家上学的发展至关重要，无论它是作为一项活动还是作为我们家庭生活的一部分。孩子在家上学的教育质量，与孩子在家的感受之间存在着莫大的关联。在家上学的孩子每天都和家人待在一起，如果家里充满了敌意，加上并没有校车可以将他们带离这个环境，那孩子们必须学会不间断地做出反应，而且没有任何其他经验可以拿来与自己的经验做比较。

尽管孩子心怀美好的希望，但在家上学注定避不开各种类型的家庭功能失调，这就是问题所在。许多家庭学校的家长让我们倍感失望，一些家长被证实使用暴力或对婚姻不忠，一个著名的家庭（电视上的名人）被发现兄弟姐妹之间有猥亵行为。家长相当于家庭学校的商业领导，他们承认自己忽视了孩子，到世界各地兜售他们的课程和教育理念，却生活在谎言中——只公开展示家庭生活幸福的一面，回到家，亲子之间剑拔弩张。

在这些家庭中长大的孩子被教导要把这种功能失调隐藏起来，结果却遭受到痛苦。今天，专为在家上学的"校友"设立的康复小组解决了在家上学的独特创伤——假装一切都很好而实际上一切都不好的创伤。

✳ 不开心的在家上学者 ✳

家庭学校的父母和我说，他们被自己正在过不幸福的家庭生活吓坏了，他们担心自己的婚姻和孩子。一位女士写道，她嫁给了一位牧师，并且管理着教堂的家庭学校支持小组，却失去了自己的宗教信仰。这样的变化带来了一场危机，对她和她的家庭而言，以及对她所在的紧密联系的宗教家庭学校社区而言都是一场危机——她还能管理家庭学校小组吗？她的孩子们是否会被怀疑为对其他孩子有"坏"影响？她丈夫的工作会受到影响吗？

当我朋友的丈夫酗酒且失业时，她想知道自己应该离开他还是留下来、爱他、支持他。孩子要怎么办？如果她离婚了，她会放弃让孩子在家上学吗？找到这些问题的答案并不容易。

我认识的另一位妈妈透露，她无法停止对孩子大喊大叫，就像她妈妈对她一样。她每天早晨都对自己说不要再大喊大叫了，但一天结束时，在再次屈服于失控的愤怒之后，她瘫倒在床上，感觉自己是世界上最糟糕的家长。

许多妈妈都说，她们努力培养和支持孩子的兴趣和技能发展，结果孩子刚刚萌芽的自信却被爸爸下班后的无意的、不友善的评论完全击碎了。妈妈们要怎样才能让丈夫看到，丈夫晚上冷酷的语气和轻率的批评破坏了自己白天的全部努力？

更糟糕的是，这些女性中有一些是丈夫语言虐待和精神虐待的对象，这些妻子带着真诚进入婚姻，换来的却是指责和愤怒。当你的决定经常被诋毁、你生活在愤怒随时会爆发的恐惧中时，你很难信任自己面对孩子、教育孩子的本能反应。

有时候，孩子们给家庭造成挑战并不是他们自己的过错。例如，如果你有一个孩子患有自闭症，需要24小时的照护（包括使用轮椅和特殊的喂养设备），对这个孩子必要但不均等的关注将会影响到其他孩子。这需要家长有责任心和创造力来确保其他正常孩子的需求也得到满足。没有人要被责怪，但这的确是一个具有挑战性的环境，尤其是在家上学的时候。

抚养和收养孩子也会影响父母分配给大孩子在家上学的精力和时间——有时是短暂的一段时间，有时是大孩子的整个童年。

偶尔地，家庭中的一个孩子会表现出家中隐藏的愤怒，并表现出好斗和敌意，却被人们错误地指责为"问题孩子"。

也许你的婚姻已经岌岌可危了。例如，当一对夫妻在丈夫出轨后决定继续在一起时，在家教育孩子的妻子的情感消耗是巨大的，她很可能会分心，遭受低自尊的折磨，还要处理自己想突袭检查丈夫的冲动。我认识的一位妈妈告诉我，活在丈夫伤害之中的这些年，她感觉自己就像行尸走肉一样——在这种情况下，她很难满怀爱和教育的魔力面对孩子。

我知道的另一个家庭，因为丈夫有看色情片的习惯而断了网。当妻子试图控制丈夫的冲动行为时，他们的孩子在教育上处在了真正的不利地位。

在家上学还有其他阻碍。如果父母确诊了癌症，家庭学校将在化疗期间发生巨大变化。产后抑郁，怀孕需要卧床休养，做手术，肌肉酸痛、结肠炎等慢性疾病，学习障碍，龙卷风、泥石流等自然灾害，这些都会影响在家上学的效果，至少在一段时间内会有影响。

如果是怀了双胞胎的妈妈？那她所熟悉的生活将戛然而止，在孩子两三岁之前，没有办法以对待一个孩子那样的精力组织家庭学校，同时照顾数量倍增的孩子。

你离婚了，或者年迈的父母搬来一起住；也许你在接受童年创伤治疗；有时为了赎回抵押品、缓解经济压力，你需要外出赚钱一段时间。这些生活变故需要不计其数的能量。

在家上学会受到所有这些因素的影响，还有你现在可能正在考虑的其他因素。眼前的解决方案（新课程或新方法）不过是创可贴似的权宜之计，只有更深层的工作才能使我们的家庭健康、完整、功能良好。

✳ 功能失调的家庭 ✳

美国短篇小说作家弗兰纳里·奥康纳曾说："任何度过童年的人，都已掌握足以支撑其余生的生活智慧。"我们每个人都有故事要讲，我过去常常嘲笑这样的观点，但随着年龄的增长，我逐渐明白：童年可能不仅成就了一些精彩的短篇故事，还影响着我们成年后的选择和最深切的夙愿。

每个家庭都是由不完美的人组成的，家庭成员之间就像碰碰车一样相互摇晃和碰撞——有时会带来极大的快乐，有时则会带来创伤。我们都难免有痛苦，但一个不正常的家庭是长期处于痛苦之中。

美国布朗大学列举了下列在"有毒的"家庭中常见的功能失调的特征。无论你的家庭属于长期功能失调还是只是偶尔越界，这张清单都值得被当作健康指南浏览一下。运用这些信息来正视你的家庭的真实面貌，以便于你和家人获得转变和成长的机会。

功能失调家庭的特征

• 父母一方或双方有成瘾或强迫行为（例如药物成瘾、酗酒、滥交、赌博、过度劳累和/或暴饮暴食），且对家庭成员造成了强烈的影响。

• 父母一方或双方使用威胁或暴力行为作为主要控制手段。儿童可能不得不目睹暴力，可能被迫参与对兄弟姐妹的惩罚，或者可能生活在伤害随时爆发的恐惧中。

> •父母一方或双方压迫孩子，将孩子视为私有财产，其主要目的是回应成年人的身体和/或情感需求（例如，父母自我保护或使抑郁的一方振作起来）。
>
> •父母一方或双方无法提供或威胁要撤回对子女的经济支持或基本的身体照顾。相似的，父母中的一方或双方无法为孩子提供足够的情感支持。
>
> •父母中的一方或双方对孩子施加强烈的专制控制。这些家庭通常严格地坚持一种特定的信仰（包括宗教的、政治的、经济的、个人的），在符合角色期望、遵守规则方面毫无灵活性。

✳ 当家庭受到伤害时 ✳

当孩子们过着他们认为理所当然的生活时，在家上学会蓬勃发展——孩子们生来就很安全，所以他们不知道自己拥有的生活有多美好，而我们中的许多人从未有过这样的生活。虽然我的童年记忆大多是幸福的，但我无法摆脱一种感觉：自从父母离婚后，所有的幸福都成了海市蜃楼。健康的家庭生活是什么样的？家庭中哪些问题是"常见"的，哪些问题对我、我的婚姻和我的孩子来说是危险的？我的治疗师莎伦向我描述了一种健康的家庭生活——和家人共度一个夜晚，这也是我一直在过着的生活。

孩子们和我一起待在家里，他们在房间里玩电子游戏，我开始准备晚饭。我看了一眼时间：再有10分钟，他们的爸爸也就是我丈夫戴夫就要回来了。我有点不耐烦了，漫长的一天让我很累，累得没有精力陪孩子们做作业，也没有精力准备晚饭。我告诉自己：等戴夫回来，我就彻底轻松了，我们会一起处理家里所有要做的事情。

终于，戴夫推开家门回来，我如释重负，肩膀放松下来。我微笑地看向他，他微笑着吻了我一下。他挥手向孩子们打招呼，没有多说什么，然后和我一起走进厨房，拿起刀开始做饭。我们一边做饭一边聊天。晚饭准备好之后，戴夫帮孩子们洗手，我把菜摆到桌上，我们一家人一起吃饭，亲切地谈论着一天发生的事情。

晚饭后，我们一家人一边聊天，一边收拾桌子，把用过的碗放进洗碗机。然后我和丈夫各自陪一个孩子做作业。把孩子们送回卧室睡觉之后，我们放松地看起了电视。我最主要的感受是：家人待在一起的地方就是家，我们会一起变得更好。

我静静地坐着听她讲，心中想着我的家、我的生活。我的胸口一阵剧痛，对许多家庭来说，莎伦讲述的这个画面，它的可信度和中彩票一样小。我问莎伦，像她这样的家庭是如何处理冲突矛盾和意见分歧的。她回答说，健康的家庭会出现问题，但处理问题是大家共同的任务负担，没有相互指责和推诿。当有人心情不好、欺负家庭成员时，想办法解决问题、恢复和谐比分辨是非对错更重要。善意是家庭关系的重要特征，家人可以自由地表达自己的感受，期望着被倾听、被理解。

我让自己想象一种平和的、无忧无虑的生活，我想知道有多少家庭像莎伦家那样生活，又有多少家庭不是如此。

反思活动

现在先暂停一下。花几分钟思考或在纸上写下你在自己原生家庭（自己成长所在的那个家）的感受。平和感？焦虑感？压力感？不安全感？支持感？回想一段你感到被爱和被理解的记忆。再想一个你觉得被忽视或被贬低的例子。

描述一下离家之后回家的感觉。你期待回去吗？你担心家人回来时的心情吗？

考虑一下父母两人：你是否更喜欢其中一位？为什么？找出一两段能帮助你描述你和父母关系的记忆。

你觉得你的兄弟姐妹很亲近或对你有威胁吗？

童年时遇到的最大的困难是什么？最大的快乐又是什么？这两件事中有谁出现？他（们）的存在如何增强了或减弱了这些体验？

你现在希望你的家庭生活是什么样的？

想到什么就写下来，让你的想法和笔触自由驰骋。

没关系，我会等着你想完、写完。

✳ 升级版的家庭 ✳

当我们长大后建立自己的新家庭时，会下意识地回应自己的童年——上述你刚刚回想的经历。我们想要确保自己的新家庭是"升级版的"：我们会极尽投入，给家庭建立规则，料理家务，允许自由，要求孩子听话，拥有美满的婚姻生活；我们或是去旅行，或是待在家里；我们或是认真地信仰宗教，或是放弃压制性的宗教信仰；我们或是给孩子帮忙，或是允许孩子独立，或是给孩子加油打气，或是留出适当的距离；我们会少喊叫，多拥抱；我们会读书，生篝火；我们或是紧跟科技潮流，或是远离网络；我们或是吃健康的食物，或是放纵地吃糖。防止自己小时候遭受过的痛苦重演、确保积极的部分会发生，这种愿望驱使着我们做这样的决定。

有哪里不对劲吗？与我们合作的是我们的孩子，孩子有自己的观点、个性、偏好、欲望、需求和才能，孩子不是另一个你。孩子生活在社会、经济、科技、政治不断变化的崭新时代，孩子对幸福的看法与你不一样。

然而，为了过上理想中的生活，我们使用了无效的策略。例如，为了营造平和喜悦的氛围，我们只是将其当口号一样大声喊出来；我们口说想要赢得孩子的信任，然后又用怀疑的眼光看待孩子；我们赞颂"热爱学习"的理念，然后拒绝选孩子喜欢学的主题。

就好像是，我们生来就会注意到缺少了什么，而不会为眼前正在发生的好事感到高兴。恰如我的朋友多蒂说过的那样："当我看到孩子们在外面玩耍时，我会想：为什么他们不在房间里看书呢？当他们在房间里读书时，我又会想：为什么他们不去外面玩耍呢？我从来都不快乐。"这就是问题所在：理想中的家庭生活幸福景象，给实际的生活带来了压力。我们非常担心自己会犯错误、错失幸福，于是诉诸强迫要求、压力和控制——这些恰恰破坏了我们想要的生活状态。

✳ 有毒的教育 ✳

我在20多岁的时候，努力去理解什么是"做健康的父母"。然而，我仍会时不时地掉入试图控制孩子行为的陷阱。畅销书《天才儿童的悲剧》的作者爱丽丝·米勒提出了一个术语叫"有毒的教育"，多年来它对我意义重大。她是这样解释的：

我用"有毒的教育"这个词，来指代那种旨在通过公开的或隐蔽的强迫要求、控制和情感勒索等手段摧毁孩子意志、使孩子听话的教育方法。

她的工作重点在于，帮助父母理解观察和确认孩子情感状态的重要性，认识到孩子需要以独立个体的身份被他人所知，而不是作为父母的延伸。对应的诱惑在于强调服从而不是培养孩子的自我意识，强调控制而不是支持探索，强调符合成人制定的标准而不是保护孩子的好奇心。当我们从用权力控制孩子转变为与他们合作时，也就是与孩子建立起同为学习伙伴的情感关系，在家上学就会蓬勃发展。

✳ 让我们谈谈大喊大叫这个话题 ✳

美国南加州一个阳光明媚的早晨，我和朋友艾琳推着两辆婴儿车、带着10个孩子去农贸市场。在繁华的街道上，男孩们一直在前面跑来跑去，让艾琳和我感觉很不舒服。她会叫她的儿子："大卫！慢下来。"我会对诺亚大喊："嘿，别走在路边！有汽车开得很快！"婴儿车的速度跟不上男孩们，他们跑得飞快，几乎要被汽车撞到。最后，在我们火气冲天的时刻，艾琳看着我，我看着她。她说："如果不是你在这里，我现在就会对他们大喊大叫！"我突然笑了，因为我的想法和她一样。我们一直在退缩，给人一种我们很克制的错觉，而事实上，我们已经无计可施了。

确实如此：我曾经在家对着孩子们大喊大叫，艾琳也一样。很疯狂吧？如果你问我，我会告诉你大喊大叫是一种不可容忍的教育方式。大喊大叫是我们在感到疲倦、挫败和无能为力时使用的策略，是我们在化为一摊伤心的眼泪之前的最后一搏，它是代表着绝望的工具。

✳ "啪嗒克嗒克" 瞬间 ✳

让我来分享一个关于"啪嗒克嗒克"的故事。我的孩子们创造了这个词，用来形容我火急火燎的样子。忙碌的一天可能会失控：太多的活动，时长不达标的学习，蠢事频发，时常批评我的丈夫，厨房里没有可用来做晚餐的食材。突然，散落在过道的鞋子把我点燃了。"把这些鞋子捡起来！谁把外套落在沙发上了？快挂起来！现在就做！"在愤怒的浪潮中，我让我所有压抑着的焦虑和痛苦席卷了整个房间。

孩子们后来告诉我，在那种情况下，他们会对彼此说："别担心。妈妈在'啪嗒克嗒克'。我们快点清理一下。她马上就会好的。"孩子们为我的爆发行为编了一个代号——"啪嗒克嗒克"，他们看到了它的本质。我任由自己的沮丧低落像煮开的牛奶一样，在平常总是沉着冷静的身体两侧起泡。孩子们知道这是暂时的，与他们无关（多么健康的想法啊！）。然而，本不应由他们来承受这些。

家长们总是为大喊大叫辩护，但他们没有意识到这对孩子造成的影响。想象这样的场景——你正开心地在街上走着，猝不及防地听到喇叭里传来一个声音："马上停下来。我们是警察。"

不用多说一句话，你的身体就会进入"音叉模式"，喇叭的音量和权威会使你的神经系统紧绷且焦虑。即使什么事都没有，你也会觉得自己有麻烦了——这就是我们对孩子大喊大叫时他们的感受。我们提高嗓门，会让孩子的神经系统高度警觉。这是自然而然的、自动化的过程。我们是大人，是有力量的一方，而孩子不是。大喊大叫是一种有害的管理工具，我们必须选择更好的做法。

我们都会有"啪嗒克嗒克"的时刻，但是，承认处在沮丧状态才是更健康的表达方式。我们习惯于把沮丧快速掩藏起来，或者把它分配给别人。其实不然，我知道必须如实面对自己的情绪，否则我就会把我的愤怒发泄到别人身上。

我可以对自己说："鞋子又堆在过道里了。我生气了！我差点崴到脚踝。我感到无能为力。没人在乎我。我要控制！我想被人关注，被人疼爱。这不公平。"

当我没有照顾到自己的需求时，我的愤怒总是会立刻涌现。承认处在愤怒状态能够使我重获力量，想到各种各样的选择：我可以自己捡起鞋子，可以求助于他人，可以坐在另一个房间里直到冷静下来，可以泡一杯茶，可以向最好的朋友发一条吐槽短信寻求宽慰！我不需要把扔得到处都是的鞋子当作孩子不爱我或孩子很懒惰的证据。

✳ 反其道而行之 ✳

多年前，一位朋友和我分享了一个有助于缓解消极情绪的法宝——她建议我反其道而行之。有一天，当孩子们乱成一团，闹得我心神不宁的时

候，我让自己停了下来。我想哭，因为我对他们的不当行为无能为力；我
希望他们能配合我的要求。大喊大叫只会让每个孩子都生我的气，我完全
明白这一点。

无奈之下，我走到客厅中央，放低身体，双腿交叉，一言不发地坐着，
强忍着眼泪深呼吸，抚摸着宠物狗，安静地等待。5分钟过去后，孩子们频
频看向我，他们都变得安静下来，面带困惑，露出害羞的笑容。他们一边
向我走过来，一边滔滔不绝地讲着小故事。整个气氛恢复如常，这个过程
中我一句话也没说。从客厅中央我的沉默开始，这一天继续进行。讽刺的
是，正是我放弃了对他们的控制，让我的孩子们安静了下来。

✳ 说出糟糕的真心话 ✳

如果你和我一样，就会在被邀请说出真心话时遮遮掩掩，想办法说得
不那么生硬和痛苦。人们很容易给痛苦贴上积极的标签："他们还是小孩
子，我知道他们不是故意让我难过的。"同样的，我们也容易把责任直接推
到孩子身上："他们故意让我心烦，这些讨厌的小家伙！"

这两种"真心话"都没有考虑到你当时的真实心理活动，说出最诚实
的、听起来很糟糕的真心话——原始的、未经编辑的、未加修饰的版本，
会让你感到绝望。"我觉得自己被抛弃了，不被别人欣赏。我害怕失败，我
觉得自己不够好。"认清自己内心深处的真心话需要练习。起初，烦恼或
焦虑似乎源于别人的行为或态度，我们试图控制外部环境以保持内心安
静。然而，这种努力反倒会导致冲突激化，因为其他人永远无法带来我们
企盼的平和。与此相反，我会在有足够的心理能量时挑战来一张"情绪自

拍"——把相机（视角）翻转过来，问自己："我内心有什么行为或态度是自己还没有意识到的？我能做些什么来照顾自己？我现在的感受是什么？"

在情绪最激烈的时刻，可能很难停下来，很难不爆发。但是，进行自我内心的探索永远不会太迟。我们有无限次的暂停机会——可以选择在之前、之中、之后、再之后、再再之后、再再再之后的任何时候停下来。当我情绪失控或把焦虑转嫁给孩子们时，我的状态并不会自带终止期限。

✳ 家里的天气怎么样 ✳

如果责备的习惯持续存在，那么是时候更加慎重地审视一下家庭文化中存在的习惯了。"大多数老师和家长都知道，每个孩子都是一个复杂的情绪天气系统，但人们过去认为，并且大多数教育工作者也相信，理解和感受是完全分离的。其部分原因在于，尽管有临床心理学把情感放在重中之重的位置，但其他对教育有重大影响的心理学分支，在很大程度上低估了情感在思想和行动中的作用。"研究大脑的学者凯恩解释道。

当我们在家教育孩子时，情感和教育的联系更加明显，孩子是家庭文化的情感风向标，孩子的感受必然会影响其学习方式。凯恩夫妇的"12条脑智学习原理"中的第11条这样说，"复杂学习的能力因挑战而增强，因威胁而抑制"。你还记得学习的最佳状态吗？我们在第5章讨论过的"放松的警觉"，长期处于压力之下是不可能达到这种状态的。如果孩子表现出情绪波动且集中注意力的能力没有问题，你要重点关注孩子的情绪，而不是重新评估所学的项目。是什么导致了异常？什么能让孩子回到放松的警觉状态？

几年前，我们团队为"勇敢的作家"项目的妈妈们举办了一场集体活动，我做了一场"隐性教育"主题的演讲。在演讲中，我带领大家回顾了自己的童年——由性骚扰、暴力、忽视冷落和言语虐待等创伤造成的痛苦，以及这些创伤如何影响我们养育子女和在家上学的体验。一年后，一位勇敢的妈妈私下告诉我，当时参加那场活动，设想着未被治愈的自我对孩子们在家上学和生活的影响，她感觉像被狠狠地打了一拳。童年的不愉快记忆依然充斥在她的脑海里，但是在过去的一年里，她已经开始向好转变了。

她把这个故事用电子邮件发给了我（我在获得她的许可之后做了匿名处理并分享出来）：

我是一个会忍不住大喊大叫的人。其实我并不经常这样，但是一旦恰好被触发了，我的愤怒、沮丧、受伤和所有其他的情绪，都会以大喊大叫的方式表现出来。我讨厌这样，也因此讨厌自己。我一直在努力克服它。我有在学着改变，但这不是借口，我知道我应该做得更好。我丈夫也是个容易大喊大叫的人。我通过那场改变我想法的活动了解到：我的家庭学校不需要改变，我在这方面做得很好……需要改变的是我自己。是我辜负了（我的孩子）——因为事实如此！

在（那场活动的）最后一天，当我们和小组成员在一起交流时，有人问："你们家的天气怎么样？"在返程的飞机上，我一直在想家里的"天气"，并试图用日记记录下来。我突然想到可以用天气图标来表示家里的氛围，这种记录方式非常细致，希望能拥有更多阳光明媚的日子。

我的基本思路是：

* 晴空万里＝最好的天气。每个人都很开心，他们的需求得到了满足，家里的气氛很积极，家人之间的关系得到了滋养。

* 局部晴朗＝一切都好，但也许有人需要更多一点的关心。

* 电闪雷鸣＝空气中剑拔弩张。

* 下雨＝有人流泪了。

* 狂风大作＝一场"风暴"正在酝酿／袭来。

* 多云＝没有什么不好的，但那天也没有特别的快乐，只是有点无聊。

现在，我已经能够觉察到情绪的模式和触发点，留心风暴正在袭来，并尽我所能避免它。在回避的问题上，它有时对我面对风暴也很有帮助。我有和事佬性格的一面，会不惜一切代价维护和谐——但我知道这并不总是最好的，有时经受风暴只是为了获得晴空万里。

我每天都在日记里用这些小图标记录我们家的"天气"，我一直在努力，尽管这是一条坎坷的道路。我曾走过我并不想走的路，希望它们可以停留在过去。我在努力疗伤，希望能经过疗伤拥有我梦想中的家。我从你的话中得到了安慰——"你损坏的任何东西都可以修复"。我们已经走出了很远的距离，家里现在比一年前要好得多，希望我们能继续沿着这条有成长、有信任、有情感安全的道路走下去。那场活动拯救了我，为我铺平了道路，让我最终能够痊愈，成为我孩子值得拥有的好妈妈。

这是一个强大且简单的工具。

每个家庭成员都对家庭整体的天气有贡献，追踪情绪天气是一种温和的记录形式，有助于增强对情绪的感知，并创造机会产生新的行为。我喜欢这个思路！

✳ 对伤害进行管理 ✳

我们大多数家长都会努力保护孩子的身体安全，比如确保孩子没有吞下洗衣凝珠或喝下漂白剂。然而，我们有时会忘记孩子的情感安全。家应该是每个人展现真实自己的地方。在家里，不用担心别人会轻视或利用他们。

也就是说，每个父母都会犯错，我们的孩子也会犯错。风暴酝酿，倾盆大雨来临，过后便是新生和成长。好的家庭之所以能蓬勃发展，是因为他们能从这些坏天气一般的糟糕情境中恢复过来。家长由于自我保护和恐惧对孩子造成的所有伤害，都可以得到修复。

谢天谢地，我有机会弥补一些以前的大错误。

那个时候……我们跌落到为人父母的最低谷

我曾相信我会免于面对做青少年（大孩子）家长的挑战，因为我已经找到了与孩子建立亲密关系的金钥匙，我们是如此紧密地联结在一起——按需哺乳、同吃同睡、在家上学，我总能知道孩子们的想法，他们总会愿意和我分享自己的梦想。

然而，当大儿子诺亚14岁时，我发现我这个信念失败了——这个瘦高的青春期男孩很快就变成了他自己，与我渐行渐远。他出现了我看不透的想法，他有自己的想法和观点。

诺亚迷恋上了重金属音乐，他喜欢金属乐队、愤怒机器乐队。我们的家庭文化还没有从拉菲的儿歌转变到嘈杂的吉他和激进的歌词。我和诺亚的爸爸禁止诺亚听某些乐队的歌，我们也限制了诺亚的阅读范围，因为我们认为他还没有准备好读我们认为的"成年人读物"。

然而，不管我们有什么限制、有什么惩罚，诺亚还是有办法按自己的意愿读书、听音乐。有一天，一个转折点出现了：我们发现诺亚在听一本被我们禁止的有声书，我们担心诺亚的选择与我们相去甚远，这让我和他爸爸都很不安。那一天，在恐惧的驱使下，我们跌落到了为人父母的最低谷。

我们大声的指责和愤怒的喊叫在房子里回荡，让这个聪明的、充满好奇心的孩子措手不及。声音吵醒了其他孩子，我们把他们赶到楼上的房间去休息。我们似乎预见到了宝贝儿子以后的厄运——既然他做不到不听我们禁止的歌、不看我们禁止的书，我们怎么能相信他能安全地开车驾驶、清醒地离开派对回家呢？既然他做不到遵守父母提出的极其合理的限制，他怎么能学会在工作中尊重他的老板呢？

　　诺亚的反应（在事后看来）似乎很简单：是的，他开车会很可靠，也不会酒后驾车。他为什么不努力工作呢？这和听音乐、看书有什么关系？他试图唤起我们积极的看法，"妈妈，你会喜欢这些歌词的"，以及"爸爸，这本书有很棒的哲学主题"，他无法理解我们对他快速成长的大脑设定的严苛限制。

　　斥责持续了30分钟，我们越来越绝望，依然没有任何迹象表明诺亚"听明白了"。我们做得太过分了——乔恩把音乐播放器摔到墙上，它被摔成了碎片。随后是一片肃杀的寂静。我们击碎了诺亚最后的防御，只留他无话可说、泪流满面、心如刀割。我永远不会忘记那个让我不寒而栗的领悟："控制是虚幻的。诺亚属于他自己。我们给了他迎头痛击。"我感到身心俱疲，既害怕又羞愧。讽刺的是，我们对诺亚造成的伤害比任何一本书或一首歌要大得多。

　　我们（我和诺亚的爸爸）聊了不到一天就意识到，我们已经严重破坏了和珍贵的第一个孩子的关系，我们已经力不从心了！很显然，养育青少年的方法与养育小孩截然不同。我和乔恩一起想各种办法来修复这种伤害，我们笨拙地道歉了，但这还不够。诺亚需要的是我们改变方向，和他一起迎接成年，而不是控制他。幸而，我们做到了。

　　是时候以面对青少年的方式对待我们的孩子了。这段旅程不是他的成长，而是我们的放手。我勇敢地抬头面对，满怀兴趣、不加评判，和诺亚一起听他喜欢的音乐，读那些歌的歌词。我略感不适，但依然坚持如此。就在那时，我注意到其中激进的政治主题和强有力的诗歌。我问了一些自己感到好奇的问题，诺亚兴致勃勃地谈论起政治、社会身份和音乐。他分析了歌词的所有细节，还分析了我们喝茶时欣赏的莎士比亚戏剧和诗歌。我开始欣赏愤怒机器乐队，我现在不仅知道金属乐队的歌，而且喜欢这些歌——它们会让我想到诺亚，想起那些年的时光。

乔恩用了其他的办法。他买了重金属音乐会的门票作为诺亚的生日礼物，并和诺亚一起去烟雾弥漫的体育场里听了5个小时嘈杂的音乐，这让诺亚大吃一惊。

这两个行为带来了转机——它们并没有消除我们先前的暴怒造成的全部影响（这是心理治疗要做的事），但改变了我们对待诺亚的态度，让我们能够一次又一次地通过对话共同重建关系。到最后，我发现，没有任何机制可以保护孩子免受这世界的暴力、肮脏的污染。能保护他们的不是限制，而是联结；不是小时候陪他们一起睡，而是在他们成长过程中，与他们共同创造美好的、欢迎父母进入的青少年生活。

要是我们多年前把拉菲的歌词真正听进去就好了：

万物都在成长，姐妹们在成长，兄弟们也在成长。万物都在成长，妈妈们在成长，爸爸们也在成长。

我很感激诺亚忠于自我的态度使我们放弃控制，学着如何与蓬勃生长的他建立联结，否则我们会错过很多。

今天的一些家庭学校是有害的，不是因为课程内容很差劲，而是因为我们为人父母的方式很糟糕。以著作《治愈束缚你的羞耻感》闻名的学者约翰·布拉德肖提醒我们，为人父母的真正工作，是学习如何应对孩子独立的情感生活——帮助他们了解自己的全部感受，如何避免否定孩子（或假装疏远孩子），然后如何将这些有机融合在一起。

你可以告诉孩子不要做某些事情，你可以吓唬他们，你可以惩罚他们……研究者戈尔曼和同事们获得的临床证据可以充分证实，当孩子有情绪并被父母正确对待的时候，当孩子的情绪被讨论的时候，当父母和孩子坐在一起的时候，家庭功能运转会有多好，孩子对情绪的控制能力会有多强。

如果我和丈夫乔恩是花时间去好奇而不是惊慌，我们俩，还有诺亚和他的音乐和书籍之旅可能会有一段截然不同的体验。我们本可以和诺亚一起分享他从儿童到青少年的成长历程，而不是试图把他变成让我们感到舒适的样子。做这件事需要胆量，我们自己必须成为勇敢的学习者！

我们都会有受伤感和不安全感，现在要做的是找到一种与这些痛苦共处的方法——不要让我们的受伤感或不安全感控制我们（进而控制我们的孩子）。家庭学校的核心特征必须是联结——联结永不失败。你的孩子值得拥有有能力给予关爱的好父母。

第 13 章

对"做对了"祛魅

在家教育中一致与正确的"危险"

一个从未学会信任的人，会把强烈的情感当作亲密，把执着当作关心，把控制当作安全。

——约翰·布雷萧

勇敢的学习就是信任的魔力——信任你自己，信任你的孩子，信任这个过程；信任意味着事先不知道结果。家庭中的日常魔法是可以用心去感受到的，而不是用眼睛去看见。信任允许中途改变，允许修改策略，允许满足需求。

信任是试着放手，离开泳池边，看看自己能不能游过去；是相信救生圈会在你需要的时候出现。你也可以允许自己爬出泳池，没人强迫你必须待在水里。

我们大多数人对待在家上学都没有这种程度的信任，我们在寻找万无一失的策略和捷径，想要有保证的结果。因此，我们变得紧张、执着、控制欲强。

✳ 思想教条 ✳

许多父母都抱着一种包治百病的生活哲学——一种确保他们的孩子在成长过程中免受伤害的方法。人类对系统有偏爱，我们对自己说：如果我正确地运用这个系统，我就会得到一个有保证的结果。

大多数在家教育的妈妈（超过99%的在家教育者是女性）一开始都有一种理想化的妈妈观。《家在哪里，学校就在哪里》一书的作者，美国西华盛顿大学的社会学家詹妮弗·洛伊斯通过研究论证：美国的文化"将好妈妈的标准提高到了前所未有的高度"，今天的妈妈承受着双重压力——既要全心全意地照顾珍宝一般的孩子，又要完成女性自我实现的女权主义梦想。在家上学是同时实现这两个目标的强有力的解决方案。

洛伊斯是这样解释的："新教徒利用在家教育将传统的性别观念与更现代的'理想女性'定义整合了起来，而自由的妈妈们利用在家教育来勉强接受自己不外出工作的现实。在家教育让这两个群体获得了'仅仅是'全职妈妈以外的身份。"

然而，这项艰巨的任务——养育并完整地教育自己的孩子（通常没有接受过养育或教育方面的培训）是令人望而生畏的！为了支持这项任务，我们聚在一起，为自己制定越来越小的规则，希望所有的努力都能获得一个光明的结果。佩玛丘卓禅师在她的著作《美丽生活：充满不确定和变化》中说得很好：

作为个体，我们有不可撼动的人生信条，用它来安慰自己。我们抓住一种立场，作为简洁地解释现实状况的思路，不愿意忍受不确定性以及对其他可能性持开放态度引起的不适。我们执著于这种立场，把它当作我们的个人信仰，并且变得非常教条。

✳ "真正的" 信仰体系 ✳

我热衷于追求近乎偏执的理念，做一个真正的信徒！也许你也是如此。与传统意义上的现代生活背道而驰的理念有很多例子：在家分娩、母乳喂养、照顾孩子、宗教狂热、坚持婚姻、素食主义、非学校主义、农村生活、单身家庭生活、无神论、收养特殊的孩子、无屏幕/用木制玩具的生活方式、在家上学、有机园艺、寄养孩子……选择以反传统的方式生活需要投入大量精力。这里有一个潜在的假设，坚持不懈地奉行某一种教条思想，将会带来令人称羡的、幸福的、健康的家庭生活，而且会被全世界看到。

例如，我在初为人母时对母乳喂养有一个信念：这样喂养婴儿会带来自然免疫力、亲密的母子关系和良好的营养状况。随着时间的推移，我变得很教条，完全拒绝奶瓶喂养，而且认为使用奶瓶的妈妈对孩子"没有我那么用心"。我对母乳喂养充满了热情，从不把孩子交给保姆照看，也从不使用奶瓶，我觉得自己有责任忠诚地捍卫母乳喂养在主流社会中的地位。

当一个朋友收养了一个婴儿并用奶瓶喂养她时，我不得不重新考虑，难道我真的相信，她收养的孩子会因为奶瓶喂养而让母子关系变差吗？尽管我对母乳喂养有着美好的回忆，而且能毫不犹豫地再来一次，但我不得不问自己：是什么让我产生了把母乳喂养奉为圭臬的教条思想，而不是只将其视为婴儿喂养的适宜选项？

我又花了15年的时间才明白思想教条的危险：不管你的个人需要、经历和环境如何变化，它都要保持对一种理念的绝对遵循。在家教育的父母寻找志趣相投的朋友以躲避其他人的审视。真正的信徒以绝对的忠诚紧紧抓住教义，把所有不好的结果归因于没有正确地练习（担心信仰体系会被错误的、不那么虔诚的实践者摧毁）。

在家上学的超级明星被奉为理想生活的榜样。当追随者遇到障碍时，该群体中的信徒（教义的守护者）会提醒那些正在努力的人，要更完美地践行这些实践经验和原则，否则他们将无法获得该体系所带来的成果。他们说，失败不在于制度，而在于实践制度的人。最终，其中一个榜样被证明是伪君子，这个信仰体系便崩溃了。追随者呢？他们想知道哪里出了问题，下一步该怎么走。思想态上的游民经常从一种信仰体系转向另一种信仰体系。

你知道，一个群体会因对待不符合其体系标准的非成员或成员的方式陷入思想教条的陷阱。真正的信徒和领导者是排他的、苛刻的吗？他们是否更关注系统的规则（甚至是"非系统的规则"），而不是每个人的需求、个性和贡献？

✴ 残酷的善意 ✴

我在网上最震惊的经历之一，来自一个致力于帮助父母善待孩子的电子邮件群。他们的认知前提是孩子们需要被爱、被了解，相信孩子们有自己的智慧。父母们被敦促认真对待他们的孩子，调整自己的视角，从孩子的角度看待问题，以有爱的心态容忍孩子的幼稚和不幸。他们的工具是什么？是非强制和合作。我喜欢这些原则。

然而，这个群体本身就充满了成年成员和领导者之间的愤怒和敌意，交流选用的词汇要经过最严厉的审查，发布自己挣扎经历的成员因不了解情况而受到指责和羞辱，情绪的爆发导致成员的感情受到伤害，每隔几个月就会有成员成群结队地退出。理念拥护者们斥责新成员，质疑领导者的语气。这让我觉得很奇怪！孩子的观点从未受到质疑，而成年人的观点却经常遭到诋毁。不知为何，父母和孩子之间的善意从未在这个群体的成员和领导者之间表现出来。我觉得很困惑——这怎么可能呢？

后来我意识到，当人们把注意力放在一种理念上而不是人际关系上时，他们就会变得残酷——即使他们提倡的是友善。太讽刺了！不仅如此：当一个环境受到教条思想的控制时，成员们就不会自由地说出他们经历的真实情况。他们从渴望变成假装——隐藏不起作用的东西，只分享他们认为这个群体想听的东西。我注意到，我因家庭成员没有达到这个群体的理想而憎恶他们。我担心如果这个群体的领导者知道了我没有在家庭中完美地采用这些原则，会让我失去参与这个群体的权利。

当成员身份和参与资格依赖于"做得对"时，不足、失败和意见分歧就会被隐藏起来。忠诚的成员描绘的光鲜的、精心策划的形象变得比真实更重要——比说出可怕的真相更重要。最后，这种理念奏效的根本原因是没有人被允许分享混乱的、不完美的实际情况。让我冷静一下。这就是你遵循的理想模式吗？它们可能是虚假的——或者充其量，它们只是把失败和怀疑排除在外。

更糟糕的是，达到模范的压力导致家庭关系紧张——伴侣之间、亲子之间，甚至兄弟姐妹之间，可能都存在分歧。即使这个系统声明它不是一个系统，这种情况也会发生。有时候，放任自流的努力比有组织的、有计划的行动更令人麻痹和困惑。

✴ 坚持温和地说出真心话 ✴

跳出有毒的思想循环，第一步是说出真心话。假装风平浪静不是恰当的选择。与之相反，说出真心话，并使用温和的表述。从你的真心话中看到潜藏的可能性，而不是对自己严加批判。要说真心话，但要温和仁慈地说。

例如，许多在家教育孩子的妈妈，简直快被要把一切都做到完美的压力压垮了。她们想同时做专注的妈妈老师、专业的家庭主妇、思维敏捷的成年人。她们期望自己有创造力、有组织能力、有智慧能满足孩子的各种需求。一旦没有做到，妈妈们就会责怪自己。

要勇敢一些，从突破极限开始。然后用你最温柔的妈妈的语调去表达——就像你小时候撞坏了妈妈的车时，你希望她用的那种语调。就是那种声音——用它来帮助你勇敢地面对自己的真心话。

1. 说出真心话：我希望自己是那种能想出创造性方法来学习数学的妈妈。孩子讨厌数学，我觉得这是我的错。对此，我的行动是唠叨、争吵，而不是邀请、激励孩子。

2. 请温和地说出真心话：我小时候缺乏数学练习，现在是治愈这段悲伤历史的机会。如果我和孩子一起踏上数学学习之旅，会怎么样？我知道谁可以帮助我成长、改变我与数学的关系吗？

从说真心话做起，面对消极的自言自语。当你这样做的时候（这可能伴随着伤心流泪），请换个角度想象一下，在那样的时刻你会如何照顾自己，从而让自己摆脱困境。为了你自己、为了孩子、为了你对教育的看法，你可以做到。

从这里开始做：

1. 如实评价今天的自己。你是谁——不是你想成为谁，不是你认为自己应该是谁，不是你的伴侣希望你成为什么样的人。你今天的需求、愿望、能力是什么？承认它们的存在，善待它们。

2. 带着爱去评价你的孩子。你的孩子是谁——用有爱的眼光看待孩子，用所有能想到的词句温柔地描述孩子的个性、优点和缺点。

3. 扩大你的教育选择。你有什么选择——把所有的可能性都摆出来，你不需要向任何人证明任何事情，证明在家上学的有效性并不是你的责任。要务实，不要空想。把孩子的想法也考虑在内。

一旦你诚实地回答了这些问题，给自己一些时间来消化你已经确定的真心话。不要急于解决问题，允许自己多停一会儿。当你说出真心话时，你的潜意识就会自动承担起寻找新想法的任务。

根据我的经验，家长们会在3个因素中考虑2个因素——他们可能会关注孩子的想法和教育的选择，但忘记了考虑自己的需求或个性。例如，一位家长可能会读到夏洛蒂·梅森教育思想的书，关注书中优美的语言和20世纪的教育理念，而忽略了这本推荐读物让她感到厌烦的事实。当家长的真实想法与学习模式脱节时，其愤怒就会随之而来，而这种愤怒会直接指向孩子。

再举一个例子：有些孩子的结构意识很强，但孩子家长的风格是自由散漫的。如何在二者之间协调，从而为每个人带来满意的学习体验？这2个因素对家庭学校的快乐都很重要。

而另一些家长，可能会关注自己的需求和教育的选择，但忘记评估孩子的情况。我遇到过一位名叫戴娜的妈妈，她对女儿凯西过于活跃的学习方式（凯西讨厌坐在座位上）感到失望。在学年过半的时候，戴娜把女儿送进了本地的一所小学，想要"给凯西一个教训"。显而易见地，凯西在进入学校环境之后很吃力。当我在一次会议上遇到戴娜时，我向她分享了合作的力量。戴娜从未想过，自己的行为其实是在要求这个活跃的社交达人完全靠自己去独立完成学习任务。

第二天，凯西做学校作业的时候，戴娜和她一起花5个小时完成了任务。临睡前，女儿凯西紧紧地拥抱着妈妈戴娜，在她耳边轻声说："妈妈，我爱你。今天真是太有趣了。"戴娜发现，无论是家庭学校还是传统学校，紊乱的关系都与教育理念无关。相反，合作和联结确保了她希望看到的女儿的学习状态。

最后，还有一些家长从不曾意识到教育选择不止一种，他们只是严格地对待孩子，让孩子配合家长的决定。我此前经常浏览的一个家庭学校论坛上遍布这样的帖子："我不讲任何废话。我只是告诉我的孩子们，这是作业任务，你们最好把它完成，否则你们一个月都不能用电脑。这招真的有奇效！"

但这招真的有作用吗？在这种模式里，孩子会学到什么关于学习、家庭、人际关系的课程？以及接受到什么样的隐性教育？

无论你选择哪种教育方式，家庭和谐的关键都是确保这3个因素都被纳入教育和为人父母的考量之中——你可以放下对检验某种方法的执着，转而关注你周围的人和选择的可能性。

✳ 有时候你做不到 ✳

还有另一种方法可以忠于为人父母和教育孩子的愿景，避免陷入思想教条的陷阱，那就是承认"有时候你做不到"。例如我的朋友莉兹，她在生第五个孩子时第一次遇到健康危机——肾上腺疲劳症。当时，她和丈夫刚搬家到新的地方，丈夫也有了一份新工作，第三件新事情——一个新生儿的到来——让她崩溃了。莉兹和丈夫是他们社区在家教育的倡导者，也是许多人的榜样。然而，在生病之后，莉兹意识到此时必须要放弃在家上学，才能有足够的时间恢复身体。放手把孩子们交给别人来教育，即使每天只有几个小时，也需要很大的勇气。第一次，莉兹所有的孩子都要去街对面上学。孩子们要带午餐过去，还有可能受欺负；他们每天上午10点钟就穿上大衣和靴子出发了。

和我打电话时，莉兹解释说："我一直以为我们会拥有美丽的家庭学校，就像我们在书里读到的那样。我一直在想，如果再努力一点，我就能做到了。但是现在太难了，我不得不承认，在现阶段，我还做不到，我需要把孩子交给别人代管一段时间。今天，我意识到我们是在为我们自己的家庭书写学校故事，它只为我们自己存在，而不是为其他人存在。"

多么深刻的领悟啊！教条思想的存在阻碍了这种诚实的反思。终于，莉兹康复后又把孩子们带回家了。现在，她的孩子中有几个会在一些时段去本地的高中，还有几个完全待在家里。她的家庭故事包括了多样的教育选择，甚至包括全家在哥斯达黎加的一所语言学校学习西班牙语！的确，她的在家教育经历对他们一家人来说是独一无二的。

思想教条的危险之一是，它排除了完美的选择。例如，你可能在拒绝让孩子上本地公立学校的同时，发现它也能在某些方面为孩子提供有利条件；还可能认识到，对一个好学的孩子而言有效的模式（例如传统的教育模式）会给另一个不那么有条理的孩子带来困扰；同样的，一种方法可能在某一年有效，而另一种方法在其他阶段有效。当我们对很多选择持开放态度时，就为每个人创造了因自己的故事而独一无二的机会。我们的目标不是要设置一个通行版本的在家教育模式，假定在家教育对所有的孩子都适用；而应该是因材施教，让孩子成为最好的自己。

＊ 两种教育模式的故事 ＊

我记得我从读研究生的时候恰好开始研究非学校教育理论，把它用于对孩子的教育。我希望能看到我的孩子们找寻到自己独特的热爱，然后用尽所有的时间去追求自己的热爱，成长为自我指导型的熟练的学习者——当然了，孩子们自己学到的所有知识都会自动成为他们读大学的基础准备，而我几乎没有参与其中（在我的设想中）。与此同时，我每周上两次研究生的历史文物主题课程，这些课程由教授负责设计教学大纲、准备内容、布置相关阅读材料、提供幻灯片。

在那些年里，我开始明白：我喜欢读研。我喜欢那种老师已经为我准备好课程的感觉。我在自己的领域学习了15年，在学习者聚集之处，我唯一的任务就是跟随老师的思路，这让我备感轻松。

然而在家里，当我摸索着应用非学校教育模式时，我会为给孩子们做的准备感到愧疚。比如让他们读一本书或给他们上一堂基于我的教育经历的课，我会担心我在干扰他们——如果总是我在以某种方式引导他们，他们便永远不会探寻到自己的热情。

某一瞬间，我终于明白了：我意识到教育有多种多样的方法，每一种都有其优点和不足。有的时候，在别人做好准备之后，你只是简单地"到场参加"就是一种真正的享受。还有的时候，不受限地关注一个主题，而且不会被其他人的安排所打断，的确感觉很棒。两种模式都是有效的。当我意识到自己喜欢读研这种传统学习方式的时候，我放下了对原先的教育理念的执着，自由的气息弥漫在整个房子里。突然之间，所有的教育选择都涌现出来。当约翰娜表示对公立高中的非全日制教育感兴趣时，我并不认为这是对在家上学的否定。这是多样性！正如我一个在家教育的朋友苏茜曾经说过的，"多样性是生活的调味品。我从来没有连续3年遵循同一个教育理念，我喜欢尝试新事物，我的孩子们也一样"。

我们能给自己的礼物是允许自己尝试教育实验。为什么不允许呢？人生只有一次。

✳ 我们自己的学校 ✳

一位参加了"勇敢的作家"项目的妈妈告诉我，在人生充满挑战的阶段，她请我们的项目帮助她教女儿们写作。接下来的事情可想而知，她的非学校教育群组表示她不是一个"真正的"非学校教育者，因为她购买了一套课程来帮助孩子学习写作。她激情澎湃地写道："我想对他们说：我们不是非学校教育者。我们是'我们自己学校的成员'——我们以适合自己的方式让孩子在家上学。"

当你因为种种原因不能给你的孩子你想要的教育，比如癌症、离婚、抑郁等情况，或者你已经厌倦了在家教育时，至关重要的是你要让自己自由地审视其他的选择，即使有些选择很早就被排除了也没关系。跳出教条思想的束缚，意味着我们要坐到标有"所有选项"的桌子旁。要创造"足够好"的家庭生活和在家教育，需得基于完全理智的认识。我们做出选择，依据的是对自己是谁的如实评价，而不是对不想成为某种人的焦虑。

✳ 打破你现有的叙事 ✳

几年前，我在《滚石》音乐杂志上读到对传奇摇滚歌手布鲁斯·斯普林斯汀的采访，因为那次的新专辑与以前的作品有所不同，他做出了解释："我不知道自己想做什么。我必须打破当前的故事情节，突破熟悉的环境，搬到洛杉矶住三四年，远离一切与我有关的东西。""打破你现有的叙事"的观点一直萦绕在我的脑海里。如果我们害怕探索选择的边缘，我们就不知道自己想要什么。

斯普林斯汀接着描述了这个过程的感觉："你意识到必须绘制自己的人生地图，这样做是对父母的尊重，你把父母传递给你的美好品质发扬光大，同时把负担和重量放下，这样你的孩子将来也会省去很多苦恼。"

当我们基于自己的个性和孩子的独特性来考虑教育选择时，将会发现新的活力和机遇。我们能给孩子的最好的教育是这样的：你有无数种方式可以到达自己想去的地方；我在这里一起帮你找到前行的方向。

有时候你必须打破你现有的叙事——你认为一切应该如何发展，它应该是什么样子，它应该是什么感觉。有时候，你能做出的最好的教育选择是你从未考虑过的。事实上，我们中的一些人不就是这样开启在家教育的吗？

第 14 章

解除诅咒

如何重燃魔法

请无条件地爱你的孩子，给孩子大量的目光接触、身体接触和专注。

——罗斯·坎贝尔

当你如实地完成了对家庭动态的评估，是时候找到一本新书，让它像火柴一样重新点燃你的家庭对学习的热爱。父母的首要任务是保护孩子的身心健康，如果你正在做这件事，那么你做得很对。

面对家庭危机，我们能做些什么呢？幸运的是，能做很多事情。作为一个土生土长的美国加州人，从记事起，我就一直热衷于谈话治疗。我曾经告诉孩子们，即使我付不起他们上大学的学费，他们也可以请我支付他们的治疗费用。我确实做到了。

也就是说，父母往往想要"解决问题孩子"，而不是解决问题本身。如果你和你的某一个孩子（或所有孩子）正面临着困难，作为父母请先去接受治疗，去掌握一些视角、工具和策略，以便更好地做"问题孩子"的父母。孩子身上的问题往往反映了你自己的盲点。

除此之外，如果你让孩子去接受心理治疗，而自己却没有先去，孩子会很自然地察觉到你认为问题出在孩子身上。然而，如果你在要求孩子去接受治疗之前自己先去，孩子就会知道治疗对于那些想要过有意识的、健康的生活的人来说是一个自然的选择。治疗对情绪和心理健康都有好处——就像洗牙和去健身房有益于身体健康一样，没什么好羞愧的！不仅如此，你是在花钱请人听你说话，你不需要回报对方什么！

有的支持团体专门面向成瘾、依赖共生关系、家庭暴力、离婚、哀伤、进食障碍等问题。纸质书籍加在线交流社区，可以帮助解决天底下存在的所有问题。自我教育，寻求帮助，持续成长。你的孩子会感谢你的。

✳ 对待常见的情绪起伏 ✳

本书的剩余部分为你提供了3个简单易用的工具，当你面临为人父母、教育孩子的挑战时，它们可以帮助你在精疲力竭后重新整装出发。

B型清单

A型的父母告诉我，他们需要在待办事项清单旁边打钩，"跟随学习热情的引导"简直会令他们发疯。他们希望能够像这样列出一个清单：

* 阅读6页书
* 完成12道数学题
* 学完亚洲历史部分

这些父母告诉我，他们不可能相信家庭学校的"自然学习"方式，因为他们是A型人，他们需要知晓计划、遵循计划、检查计划完成情况。计划清单是什么内容由我们自行决定，所以——我们可以换一个类型！这是"B型清单"：

待办事项

* 与每个孩子进行眼神交流。

* 专心倾听，不要走神。

* 孩子有进步之后，给予孩子拥抱。

* 记录一个孩子自发分享的小故事。

* 当孩子处于挣扎中时，陪在孩子身边。

* 在具有挑战性的活动中添加奖励。

* 花一下午的时间做游戏。

* 关注孩子的进步，并大声讲出来。

* 一起谈论正在读的书。

* 为今天的数学题找到一个现实生活中的应用。

* 忍住愤怒的话语。

* 对那些让你不舒服的兴趣保持好奇。

* 课间让大脑休息一下。

* 跳过今天最难的部分。

* 微笑。

* 当着孩子的面向伴侣分享孩子的成功。

你还能从这本书的经验中补充什么？

* 今天做一件新的事情：准备、执行、享受、回忆。

* 使用惊喜、神秘、风险或探险来加强你要呈现的主题。

* 使用4种能量（好奇、合作、专注、庆祝）中的一种。

* 在课堂上激活头脑、身体、心灵、精神。

* 把房间弄乱，让它就这样乱着。

* 与孩子平和地交流，而不是大喊大叫。

* 参与孩子的爱好，了解和理解它。

* 回想一下今天家里的情绪天气。

* 做一项活动，以帮助你成为活得精彩的成年人。

* 通过谈话治疗来获得一点自我照顾。

做一个使用B型清单的A型人！

意外的幸福

有时生活像在水下一样沉重，你透过令人窒息的厚重的水凝视着天空，想知道自己是否能再次呼吸到幸福的氧气。感恩清单似乎像是惩罚，而不是释放。在某个这样的时刻，我的朋友雪莉告诉我不要拼尽全力变得幸福，这个负担太重了；相反，她建议把幸福的责任丢给宇宙。与其刻意营造感激之情，还不如简单地捕捉一天中让我意外感到幸福的那一刻。

第二天早上醒来，我对着空气说："我感觉不到幸福。如果有幸福，来找我吧。"我以被动的方式捕捉幸福。那天晚些时候，闪烁的光线透过百叶窗照了进来，意外的阳光给我带来了一丝希望，让我感到如释重负。对"意外的幸福"持开放心态已成为我的不二法门。

当一切都失败时，让幸福的时刻自己找上门来。把它们记下来，或者至少暂停一下。觉察，感受。笔记本是储存这些意外幸福的好地方。

发薪日

依然是这位聪明的朋友雪莉，她在听到我女儿被俄亥俄州立大学录取的消息后说道："发薪日！"我笑着问："你在说什么？"她回答说："我们的在家教育没有薪水，而当孩子有所成就或做了一些了不起的事情时，对我们来说就像获得了报酬。所以今天是你的发薪日。"我喜欢这个说法！

发薪日比比皆是。下面是一些例子：

* 当你难过时，孩子过来安慰你。

* 孩子第一次大声朗读。

* 16岁的孩子通过了驾驶证考试。

* 你的孩子在剧目表演中扮演角色。

* 一群孩子自发地打扫美术桌。

* 每周都在举办诗歌茶话会，每个人都喜欢它。

* 你的孩子决定出国上大学，想邀请你过去看看。

* 你无意中听到20多岁的儿子夸耀自己曾在家上学。

发薪日就是你的付出和努力得到回报的时刻。我们的勇敢作家社区的成员在Instagram和推特社交软件上使用#发薪日标签来庆祝他们梦想的实现。发薪日积少成多，不可替代。留意它们，数数它们，记录它们。

＊ 你只需要把大部分事情做好 ＊

我们无法解决家庭里或在家教育中的所有问题。有时，我们会超常发挥、做得很好；还有时，我们难免会遇到难题、手足无措。足够好的在家教育和家庭生活意味着你是有意识的——做出选择，怀着善意去行动，乐于改变和成长。如果孩子们明白自己能讲出你的错误并被倾听，如果孩子们知道你在努力，如果孩子们能感受到你的认真，他们会原谅你的错误。如果你能在在家教育之旅中结交朋友，找到有助于成长的工具，拥有合理的期望，你也能原谅自己的失败。这本书就是用来帮助你了解工具和拥有期望的；欢迎来社交媒体上找我，我会给你介绍新朋友。

✳ 成为智者 ✳

智慧不是收集更多的事实和信息，好似它们最终会自动融合成真理；而是以新的方式看待和认识同样的旧事物。正如我的同事辛西娅·布尔乔常说的，重要的不是了解更多的事，而是与更多的人一起了解。

——理查德·罗尔

变得智慧的起点是认识到："嘿，我需要智慧！"我们凭借集体的经验、共同的记忆，以及每年都以新视角、更深层次共同领悟那些恒常之事，逐渐变得智慧。

偶尔停下来做个评估是很重要的，我们大多数人顺其自然地沉浸在熟悉的原生家庭体系中，没有意识到它需要审视和改革。1989年，诺亚两岁的时候，我第一次读到羞耻感和为人父母之间的关系，我发誓自己永远不会用强迫要求、控制或责备的方式来养育孩子。短短12年后，我回望过去，发现自己未能达到曾经的理想标准。当时的我是多么缺乏经验啊，根本无法预知，恐惧、忧心以及自身的局限性会以无数种方式将我的心紧紧束缚，扭曲得难以解脱。我无法看到自己没有看到的东西是什么，我无法知道自己不懂的东西又是什么。这让我想起了一句谚语："你身处罐子里，无法看到罐子上贴的标签。"（近似于中文的"不识庐山真面目，只缘身在此山中"）

变得智慧的第一步是成为一个勇敢的学习者。我们作为家长踏上这段旅程是为了让孩子接受教育，颇具讽刺意味的是，孩子的学习之旅实际上取决于我们。我们需要承认，建立新的家庭时，我们已经力不从心了。每个新家庭都难免有一些功能失调——我们有多愿意把它讲出来并与之合作呢？摆脱原有的家庭经验，需跳出熟悉环境，反思其对现今生活的影响。我们一次又一次地这样做——没有一劳永逸的方法，它会在家庭中持续存在。

我们的目标不可能是创造一个完美的家庭学校。一个健康的家庭和家庭学校营造了一个空间，在这个空间里，尽管偶尔会有愤怒的情绪爆发或彼此伤害的情况发生，但日常习惯、愿望和生活方式能够适应每个成员不断变化的需求和愿望。留意我们日常生活中平凡的魔法，可以点亮父母和孩子每个人的学习。我们会在运用这种联结和快乐的流动时，发现教育和生活是一样的，我们所需要的一切都可以在热爱和学习中找到。这是一个过程——坎坷的、不可预测的但又美妙的过程。

在约翰娜去上大学之后，有一天，我和她打电话聊天。我有一段时间没打电话给约翰娜了，这让她很失落。我的生活被还在家里的3个孩子填满了，他们的足球训练和在家教育占据着我所有的精力。成年的诺亚住在外边，但也需要我的支持和帮助。约翰娜感到自己被忽视了。

然而，在我们聊天的过程中，约翰娜突然意识到：我是5个孩子的妈妈。她恍然大悟，说道："等一下，我明白了，你的注意力在来回转移，你不可能每天都以同样的水平照顾每个孩子，所以你要根据我们的需要轮流照顾我们每个人。"我顿了一下，正要为我对5个孩子的关爱辩护——然后我看到了她所看到的：这是真的，我的确在轮流照顾我的5个孩子。

在家上学的时光里，我们日复一日地回应着各种各样的需求和要求，同时希望实现自己的梦想：培养出受过良好教育、情感完整、有责任心的成年人。好似总有开花结果的那一天，我们可以高呼："就是它！这就是我的成果！"

没有什么是永恒的，包括毕业典礼、婚礼、新工作和外孙的降临——这些都是瞬间，转瞬即逝。我们尽力而为：到场参加，欢欣庆祝，投入关爱，跃跃欲试，继续前进。

几周前我和妈妈打电话聊天。我的妹妹艾琳已经50多岁了，妈妈每周都会去看她几次。艾琳有很多事情要操心——住在家里的孩子们，一个来交换的寄宿学生，一个孙子，自己的全职工作。妈妈对我说她很担心艾琳，希望艾琳的生活平静祥和。在妈妈说话的时候，我突然意识到一个震撼的事实，打断了她的话："等一下，你的意思是，等我的孩子们50多岁了，我还会担心他们的幸福吗？"

妈妈大笑起来："是的。这种心态永远不会结束。"

老实说，这是个好消息。我想和我的孩子们一起过丰富精彩的生活，而不仅仅是为了上大学才教育他们。我的确做到了，我和孩子们建立了深厚的联结；不管他们多大年龄，我都非常在乎他们。即使经历过一些苦痛，我们也在家庭学校和生活的其他时刻体验到了真正的快乐。现在意识到这一点让我深感宽慰和快乐。

这一永恒的承诺包含了6种教育理念和多次非学校教育的尝试。我们参加了两种不同的合作小组，聘请了一大批数学教师，有的孩子全天就读公立高中，有的只是一部分时间去学校。我的5个孩子中，有4个大学毕业了，还有一个尝试了3次后放弃了，找到了自己满意的职业道路；有一个孩子从法学院毕业后搬到了泰国生活。孩子们要么自己出国留学，要么出国去看望生活在国外的兄弟姐妹。

在成长的岁月里，我们一起分享了无数的诗歌茶话会，数了数百只鸟；我大声朗读过两遍《哈利·波特》系列丛书；我们去意大利进行了一次"一生难得的旅行"，这让8岁的凯特琳宣布"即使不能再看任何的画作，我也无所谓了！"，10年后，我和她一起参观了莫奈在巴黎的画廊；我和孩子们开派对，去户外散步，去滑雪；我们学习了拉丁语的词根、莎士比亚的作品、法语和希腊语；我参加了数百场棒球、曲棍球、篮球、极限飞盘、足球、国际象棋比赛；我在观看戏剧和芭蕾舞表演时长时间起立鼓掌。

我忘记教孩子们美国政府相关的知识了。

我们家没有一个人能精通钢琴。

我们从来没有找寻到一劳永逸的大扫除窍门。

生活在不停地向前，一些我认为理所当然的东西破碎了——我和丈夫乔恩离婚了。但我们依然尽力地关爱和照顾我们成年的孩子们。我们找到了避免继续痛苦的方式，做出了艰难的选择，逐渐适应了新的生活状态。作为有血有肉的普通人，我们原谅了自己，也原谅了对方。

在家上学、为人父母，是一场带着无畏信念踏入未知的勇气之旅，你坚信自己对孩子来说已经足够：这是终极的勇敢学习之旅。除此之外，别无他法。无论你给孩子提供的是最好的还是最差的，孩子都会接受，并把它变成自己发出炫目光芒的燃料。孩子们每天都会给我们带来惊喜和惊吓。只要你与孩子们保持联结，并时不时在敬畏中驻足思考，你就是在做正确的事情。看！只有神奇的人类才能做到这些！

继续加油吧！我支持你。

ACKNOWLEDGMENTS
致 谢

和所有善于学习的人一样，我在所研究和钦佩的无数前人的研究、著作和事例的基础上，建立了自己关于学习和热爱的理念。我希望在呈现自己的观点和解释的同时，抓住了前人思想的精髓。如有错漏，责任完全在我。

回首过往的人生，我很容易对自己做的选择后悔，或是因为思虑不周，或是因为过于理想主义，或是因为没有足够的生活经验。但有一个选择我一次都没有后悔过，那就是在家教育我的孩子们。这件事带给了我源源不断的回馈，这些温柔的回忆对我来说一年比一年珍贵。感谢在家教育的先驱者伊斯利和威瑟斯一家人，他们最先向我展示了20世纪80年代在家教育令人向往的图景——充满快乐的家庭生活和学习状态，干练有为的妈妈老师。

感谢我的经纪人丽塔·罗森克兰茨，她准确把握了本书的主题。丽塔精准的洞察力使我把本书的焦点转移到正确的目标上，我很感激她在帮助我澄清主题的同时给予大力支持。我还要感谢我的编辑，塔彻派瑞吉出版社的约翰娜·恩吉。她理解了我写的意思，并巧妙地将其打磨成现在你们手中这本编辑精良的书。我的出版经历中，没有比与约翰娜和她的团队合作更好的了。

感谢我的写作公司"勇敢的作家"为我编写本书提供了平台。两名核心成员的加入让这个小小的公司日渐壮大。感谢辛迪·克拉克：如果没有你对我忽略的细节的专业介入，"勇敢的作家"公司就不会有今天的样子。你是最棒的伙伴！感谢珍妮特·弗朗茨：我们长久的友谊加上对家庭学校想法的探讨，已经发展成为工作伙伴关系。谢谢你们。

感谢"勇敢的作家"核心团队的其他成员，尤其是：柯尔斯滕·梅里曼、蒂亚·莱文斯、斯蒂芬妮·埃尔姆斯、珍妮·福克纳、道恩·史密斯、贝丝·米勒、宝拉·霍顿、玛丽·威尔逊、苏·安特查克、理查德·鲍威尔、汤姆·戴维斯和比尔·巴卡洛。

非常感谢本书涉及的所有家长和家庭学校联盟的所有成员，尤其是在本书中出现的故事，既包括实名故事，也包括匿名故事。感谢大家对这个项目的热情参与。

特别向"秘结社"的女士们致敬，她们是我成长过程中最好的朋友和主要的聊天伙伴。

感谢以下几位朋友为本书做出的重要贡献。感谢多蒂·克里斯滕森一家人，我很高兴30多年来都与他们维持着深厚的友谊。感谢我的在家教育"盟友"和好朋友雪莉·米勒，她提出了一些至关重要的概念（发薪日和意外的幸福）。感谢贝丝·克劳斯，感谢她所做的一切，尤其是认真照顾我的孩子们。感谢马拉松伙伴帕特里斯·莫斯比，他在跑步时听我讲自己的想法，有数千英里之远，如果没有他的支持，我不可能写出这本书。帕特里斯，我为你准备了一款樱桃味的润喉糖。

感谢我的爱人吉姆·谢弗。在开始写本书手稿时，我的脚踝意外骨折。是吉姆每天为我的写作提供后勤保障，他在冰箱里放满食物，帮我在伤口处冰敷，还经常逗我笑。

感谢科特·斯皮尔博士，他为我提供了关于家庭功能失调和如何建立情感健康的重要见解。

感谢我的同事们：梅丽莎·威利，是我在工作平台Slack上的得力助手，也是一位热情的教育梦想家。皮特·埃尔伯博士，让我拥有了在写作和教育中自由冒险的力量。苏珊·怀斯·鲍尔博士，是我的企业家、家庭教育家和作家朋友，我们之间的谈话给我带来了更多的问题而不是答案，这让我非常满足。来自Rootedinlanguage.com网站的丽塔·切瓦斯科，提供了关于学习挑战的宝贵见解；来自Girlfriendology.com网站的黛巴·霍珀特，和我一起进行头脑风暴，我们喝着红酒，吃着牛排沙拉，畅所欲言。同样幸运的是，偶然的机会让我认识了才华横溢的芭芭拉·奥克利博士，她的书和课程让我的想法得以拓宽并越发坚定。

感谢孩子们的爸爸、曾与我结婚25年的丈夫乔恩·博加特。如果没有乔恩的坚定支持，我绝不可能在1992年尝试如此大胆的教育实践。乔恩对世界各地的关心、对文学的热爱，以及他大而有趣的聊天风格，塑造了我们的家庭文化形象。我很感激乔恩答允我在书中分享我们的故事（既有美好的，也有不那么美好的时刻），从而为他人提供帮助。

感谢我的每个孩子允许我讲他们的成长故事，诺亚、约翰娜、雅各布、利亚姆和凯特琳都是典型的终身学习者。感谢他们开放的心态和准确的意见。简言之，他们是我一生中最爱的人。

　　最后，也是最重要的：感谢我的妈妈卡伦·奥康纳。她是一位屡获殊荣的作家，温柔地引导我走过了这段出版之旅，她从一开始就信任我能做成这件事。妈妈对我的出版计划直言不讳地提出了中肯的修改建议，她读了手稿的最终版本，标注了一些特别的、突出的段落。最让我感到幸运的是，在家教育尚未出现时，我的妈妈就已经是一名在家教育者了——在我的整个童年期，她都明显地表现出了对书籍、探索和学习的热情。而这些热情，也成就了我成为在家教育的妈妈老师。"谢谢你"远远不够，我爱你，妈妈。

如 何 学 习

用更短的时间达到更佳效果和更好成绩

书　名：《如何学习》

著　者：（美）亚当·罗宾逊 著

定　价：49.00元

出版社：中国青年出版社

美国公认经典学习方法书

"赛博学习法"让学习者实现终身学习自我驱动

12个赛博学习问题与学习材料对话

贯穿学习到考试的动态全过程

美国著名学习问题专家，总结并分享世界名校尖子生学习之道，创造一种全新的学习方法，让学习变得扎实、轻松、高效，成为学习高手。